LA
SOCIOLOGIE

ESSAI

DE PHILOSOPHIE SOCIOLOGIQUE

PAR

E. DE ROBERTY

Multi pertransibunt, sed augebitur scientia.

PARIS

LIBRAIRIE GERMER BAILLIÈRE ET Cie

108, BOULEVARD SAINT-GERMAIN, 108

Au coin de la rue Hautefeuille

—

1881

BIBLIOTHÈQUE
SCIENTIFIQUE INTERNATIONALE

PUBLIÉE SOUS LA DIRECTION

DE M. ÉM. ALGLAVE

XXXVII

BIBLIOTHÈQUE SCIENTIFIQUE INTERNATIONALE

Volumes in-8° reliés en toile anglaise. — Prix : 6 fr.
Avec reliure d'amateur, tr. sup. dorée, dos et coins en veau. — 10 fr.

VOLUMES PARUS

J. Tyndall. LES GLACIERS ET LES TRANSFORMATIONS DE L'EAU, suivis d'une étude de M. *Helmholtz* sur le même sujet, avec 8 planches tirées à part et figures dans le texte. 3e édition.......... 6 fr.

W. Bagehot. LOIS SCIENTIFIQUES DU DÉVELOPPEMENT DES NATIONS, 3e édition.................................... 6 fr.

J. Marey. LA MACHINE ANIMALE, locomotion terrestre et aérienne. Avec 117 figures dans le texte. 2e édition................ 6 fr.

A. Bain. L'ESPRIT ET LE CORPS considérés au point de vue de leurs relations, avec figures. 4e édition..................... 6 fr.

Pettigrew. LA LOCOMOTION CHEZ LES ANIMAUX. Avec 130 fig... 6 fr.

Herbert Spencer. INTRODUCTION A LA SCIENCE SOCIALE. 5e édit. 6 fr.

Oscard Schmidt. DESCENDANCE ET DARWINISME. Avec fig. 3e édit. 6 fr.

H. Maudsley. LE CRIME ET LA FOLIE. 4e édition.............. 6 fr.

P.-J. Van Beneden. LES COMMENSAUX ET LES PARASITES dans le règne animal. Avec 83 figures dans le texte. 2e édit....... 6 fr.

Balfour Stewart. LA CONSERVATION DE L'ÉNERGIE, suivie d'une étude sur LA NATURE DE LA FORCE, par *P. de Saint-Robert*. 3e édit. 6 fr.

Draper. LES CONFLITS DE LA SCIENCE ET DE LA RELIGION. 6e édit. 6 fr.

Léon Dumont. THÉORIE SCIENTIFIQUE DE LA SENSIBILITÉ. 2e édit. 6 fr.

Schutzenberger. LES FERMENTATIONS. Avec 28 fig. 3e édit.... 6 fr.

Whitney. LA VIE DU LANGAGE. 3e édit..................... 6 fr.

Cooke et Berkeley. LES CHAMPIGNONS. Avec 110 figures. 3e édit. 6 fr.

Bernstein. LES SENS, avec 91 figures dans le texte. 3e édition. 6 fr.

Berthelot. LA SYNTHÈSE CHIMIQUE. 4e édit................. 6 fr.

Vogel. LA PHOTOGRAPHIE ET LA CHIMIE DE LA LUMIÈRE, avec 95 figures dans le texte et un frontispice tiré en photoglyptie. 3e édit. 6 fr.

Luys. LE CERVEAU ET SES FONCTIONS, avec figures. 4e édit. 6 fr.

W. Stanley Jevons. LA MONNAIE ET LE MÉCANISME DE L'ÉCHANGE. 2e édit. 6 fr.

Fuchs. LES VOLCANS ET LES TREMBLEMENTS DE TERRE, avec 36 figures dans le texte et une carte en couleurs. 3e édition........ 6 fr.

Général Brialmont. LA DÉFENSE DES ÉTATS ET LES CAMPS RETRANCHÉS, avec figures et deux planches hors texte. 2e édition.. 6 fr.

A. de Quatrefages. L'ESPÈCE HUMAINE. 6e édition.......... 6 fr.

Blaserna et Helmholtz. LE SON ET LA MUSIQUE, avec 50 figures dans le texte. 2e édition................................. 6 fr.

Rosenthal. LES MUSCLES ET LES NERFS. 1 vol. in-8 avec 75 figures dans le texte. 2e édition.............................. 6 fr.

Brucke et Helmholtz. PRINCIPES SCIENTIFIQUES DES BEAUX-ARTS, suivis de l'OPTIQUE ET LA PEINTURE. 1 vol. avec 39 fig. 2e édit........ 6 fr.

Wurtz. LA THÉORIE ATOMIQUE. 1 vol. in-8, avec une planche hors texte. 3e édition.................................... 6 fr.

Secchi. LES ÉTOILES. 2 vol. in-8 avec 63 figures dans le texte et 17 planches en noir et en couleurs, tirées hors texte. 2e éd. 12 fr.

N. Joly. L'HOMME AVANT LES MÉTAUX. Avec 150 fig. 2e éd. 6 fr.

A. Bain. LA SCIENCE DE L'ÉDUCATION. 1 vol. in-8. 2e éd...... 6 fr.

Thurston. HISTOIRE DE LA MACHINE A VAPEUR, revue, annotée et augmentée d'une Introduction par *J. Hirsch*. 2 vol. avec 140 fig. dans le texte, 16 planches tirées à part et nombreux culs de lampe. 12 fr.

R. Hartmann. LES PEUPLES DE L'AFRIQUE, avec 93 figures dans le texte.. 6 fr.

Herbert Spencer. LES BASES DE LA MORALE ÉVOLUTIONNISTE. 1 vol. in-8.. 6 fr.

Th. H. Huxley. L'ÉCREVISSE, introduction à l'étude de la zoologie, avec 82 figures. 1 vol. in-8............................... 6 fr.

E. de Roberty. LA SOCIOLOGIE, essai de philosophie sociologique. 1 vol. in-8.. 6 fr.

Rood. THÉORIE SCIENTIFIQUE DES COULEURS. 1 vol. in-8 avec figures dans le texte et une planche en couleurs................. 6 fr.

VOLUMES SUR LE POINT DE PARAITRE

G. de Saporta et Marion. L'ÉVOLUTION DANS LE RÈGNE VÉGÉTAL.

E. Carthaillac. LA FRANCE PRÉHISTORIQUE D'APRÈS LES SÉPULTURES.

Coulommiers. — Imp. PAUL BRODARD

AVANT-PROPOS

La sociologie est un domaine acquis à l'homme et parcouru par lui en tous sens en même temps qu'une terre totalement inconnue; un domaine acquis, car l'humanité en a pris possession depuis des siècles, et rien ne nous touche de plus près que les phénomènes si particuliers et si complexes à la fois de la vie sociale; une terre inconnue, car les générations actuelles, quoique dernières venues en date, s'y sentent encore entièrement vouées au hasard, forcées de poursuivre leur chemin au gré de l'inspiration individuelle et de l'instinct collectif, ne sachant comment s'orienter au milieu d'un nombre immense de faits dont la réalité sensible et concrète leur tombe sous la main, mais dont la liaison rationnelle et abstraite leur échappe.

Dans ces conditions, et je ne crois pas qu'on cherche à en contester l'exactitude, je n'ai pas besoin de plaider les circonstances atténuantes pour les erreurs de doctrine que j'ai pu involontairement commettre dans ce livre.

Excluant rigoureusement l'hypothèse, prise dans le sens de supposition immédiatement invérifiable, de la philosophie, qui est une méthode pour arriver à une conception d'ensemble de tous les phénomènes connus, autant et plus encore que cette conception même, — je fais, dans la science particulière, une part très large (assurément trop large au gré de la plupart de mes condisciples philosophiques) à l'usage régulier de ce moyen si puissant et très souvent unique pour découvrir les rapports cachés des phénomènes. J'admets également l'hypothèse dans ce domaine mixte de la connaissance qui n'est déjà plus de la science, qui n'est pas encore de la philosophie, qui tient de la première et participe de là seconde, qui forme la transition naturelle de l'une à l'autre, en un mot, dans la philosophie de la science particulière. C'est là un domaine spécial, presque nouveau et fort peu cultivé. L'ancienne métaphysique n'en faisait pas beaucoup de cas; c'est à peine si elle pressentait la nécessité de cet échelon intermédiaire entre la science et la philosophie. Les divers courants de la pensée moderne commencent à en tenir sérieusement compte. L'œuvre immortelle du fondateur du positivisme est une tentative grandiose, faite en vue d'en déterminer les limites et d'en tracer les contours généraux. Mais la pensée moderne tend à confondre les philosophies particulières des sciences avec leur philosophie générale, ou du moins à considérer les premières comme des parties intégrantes de la seconde.

Il me semble, au contraire, que, loin d'épuiser la philosophie proprement dite, les philosophies particulières des sciences n'en sont que les assises. La philosophie scientifique ou positive est une généralisation suprême des philosophies particulières, comme chacune de celles-ci est une dernière généralisation des faits, des théories, des lois et surtout des méthodes de la science spéciale correspondante. Le sol commun est la science : les philosophies et la philosophie forment les deux constructions superposées qui s'y élèvent et qui sont, chacune à un degré différent et à un titre particulier, nécessitées par les tendances naturelles de notre esprit vers l'unité, la simplicité, l'accord final des idées entre elles.

Ce livre est un essai, dont toutes les parties appartiennent au domaine de la philosophie particulière de la science sociale. Son défaut principal, défaut qui sera de longtemps encore celui de tous les ouvrages de ce genre, est de traiter de matières relevant de la philosophie d'une science qui existe à peine, qui n'est pas constituée d'une manière définitive. Dans ces conditions, j'ai dû, de toute nécessité, user largement de l'hypothèse sous toutes ses formes. Les lois qui régissent les sociétés et qui expriment les relations constantes des phénomènes sociaux, tant entre eux qu'avec les phénomènes et les propriétés d'un ordre différent, étant presque totalement inconnues, et les grandes découvertes sociologiques étant encore à faire, je ne pouvais évidemment en déduire ni les méthodes sociologiques, ni les divisions de la science, ni une détermination précise de ses rapports avec les sciences voisines ; à tous ces égards, je ne pouvais que faire des inductions approximatives dont les lacunes inévitables devaient naturellement être comblées par des suppositions. La déduction faisant défaut, l'hypothèse a pris, dans les chapitres qu'on va lire, sinon toute la place, du moins bien plus qu'il ne lui en revenait de droit. Au nombre de mes suppositions, il y a quelques conjectures dont la vérification ne pourra être entreprise de sitôt ; le lecteur les distinguera facilement des hypothèses que j'ai tâché de vérifier moi-même à l'aide des faibles moyens que la science actuelle des sociétés met à notre disposition.

Une grande partie du travail que je soumets aujourd'hui au jugement de la portion du public européen qui s'intéresse à ces sortes d'écrits, a paru primitivement sous forme d'articles. Les dix premiers chapitres de ce volume, sauf quelques corrections et modifications apportées par la suite, ont été publiés dans *la Philosophie positive*, revue dirigée par mon cher maître E. Littré et mon ami G. Wyrouboff [1]. En outre, une publicité plus spéciale est récemment échue à mon livre. J'ai tenu à faire paraître ce travail d'abord dans la section russe de la *Bibliothèque scientifique internationale*. Je n'ai eu qu'à me féliciter de cette résolution. Le succès de l'édition russe a dépassé mon attente à ce point, que je puis presque considérer la publication actuelle comme

____
1. Mars-avril 1876 à juillet-août 1878.

une nouvelle édition. Et à ce propos, me prévalant du caractère vraiment international de la *Bibliothèque scientifique*, je saisis l'occasion qui se présente pour exprimer au public de mon pays ma profonde gratitude.

J'ajoute que mon livre a été l'objet de nombreuses et vives critiques en Russie. Je serais mal venu de m'en plaindre : elles ont certainement contribué à répandre mes idées (qui, dans leurs fondements essentiels, sont celles de l'école positive) dans telle partie du public qui autrement leur serait restée de longtemps encore inaccessible. Ces attaques m'ont d'ailleurs semblé fort naturelles, venant d'un parti où la confusion des idées générales est depuis longtemps à l'ordre du jour. Cette confusion menace même de passer à l'état de véritable dogme d'une philosophie aussi essentiellement dissolvante et intérimaire que l'est sa cause directe, l'intolérable situation actuelle des choses politiques et sociales dans un grand pays justement impatient de prendre enfin, après tant d'espérances déçues, possession de lui-même. Il me sera toutefois permis d'exprimer un regret, celui de n'avoir pu, dans la discussion soulevée par mon livre, recueillir une seule observation, une seule objection offrant le caractère de ces communications utiles qu'un auteur est toujours désireux de mettre à profit pour une rédaction nouvelle de son œuvre.

LA
SOCIOLOGIE

LE PROBLÈME SOCIOLOGIQUE

CHAPITRE PREMIER

CONSIDÉRATIONS PRÉLIMINAIRES

Multi pertransibunt, sed augebitur scientia.

1. *Le problème sociologique. Aberrations courantes.* — La science sociale en est encore à chercher sa véritable voie. Depuis Comte qui a nettement posé le problème d'une science des sociétés continuant la série scientifique, arrêtée, de son temps, à la biologie, cette question a traversé une phase importante de son développement, mais une phase initiale et préparatoire seulement. On peut dire que le problème sociologique est profondément entré dans la conscience scientifique de l'époque, mais qu'il n'en est point ressorti encore sous sa forme objective, c'est-à-dire comme science sociale constituée. A cet égard, un travail d'élaboration lente, quoique sûre, se poursuit activement dans les esprits, sans avoir, toutefois, produit jusqu'à présent les résultats espérés.

Des erreurs nombreuses et capitales ont été commises : c'est à ce prix que les grandes idées deviennent la propriété des multitudes. On a marié la nouvelle science à tous les systèmes métaphysiques qui se partagent encore la faveur du public, on l'a poussée tour à tour dans les bras de toutes les préconceptions courantes, de toutes les hypothèses populaires, de tous les jugements traditionnels et de toutes les nouveautés scientifiques à la mode. Il ne faudrait pourtant pas s'en plaindre. Des germes féconds ont pu être déposés de cette manière, et, très certainement, ils l'ont été. *Multi pertransibunt, sed augebitur scientia.*

Trois aberrations ont surtout été grosses de conséquences. On a jeté la science sociale dans les voies déductives ; on a nié son caractère de science abstraite, et on l'a représentée comme une science essentiellement concrète, en tout point semblable à la géologie ; enfin, on lui a donné pour guide une lueur trompeuse : l'analogie universelle. Des penseurs remarquables ont attaché leurs noms à ces vues qui se touchent, d'ailleurs, évidemment de près, et la foule des chercheurs n'a pas manqué de suivre docilement ces hautes autorités.

Mais la plupart du temps qu'est-ce qu'une erreur, sinon une portion de vérité ? En appelant erronées telles solutions du problème sociologique que je ne saurais admettre, je ne veux donc que constater leur caractère de vérités incomplètes et partielles. Et, d'autre part, en reprenant, à mon tour, dans les pages suivantes, ce même problème à un point de vue qui me paraît différer sensiblement de ceux auxquels il a été principalement traité jusqu'à présent, je n'ai pour me soutenir dans ma tâche qu'une seule espérance et qu'une seule ambition : tomber dans des erreurs moindres ou atteindre des vérités moins incomplètes que celles qui sont contenues dans les opinions que je combats.

2. *Méthodes logiques générales et méthodes scientifiques particulières.* — Il est facile de voir que le débat engagé porte principalement sur une question de méthode. Mais il faut s'entendre à ce sujet.

Il ne s'agit plus aujourd'hui, d'opter, pour la nouvelle science qu'on désire « constituer », entre la méthode objective qui moule ses conceptions sur les réalités, qui parcourt successivement les trois termes de toute recherche : observation, conjecture, vérification, et dont la fonction essentielle est de maîtriser entièrement ce dernier terme, et la méthode subjective qui moule les réalités sur ses conceptions, s'arrête au second terme de la recherche, et ne saurait aller au delà de l'hypothèse pure et simple. Il ne s'agit même plus de choisir entre l'induction proprement dite et la déduction.

Les progrès de la psychologie moderne et les discussions si souvent renouvelées sur la méthode, ne laissent plus subsister aucune obscurité impénétrable, aucun doute grave à l'égard de l'unité fondamentale de la méthode générale des sciences. C'est l'association psychique, fondée non pas sur la contiguïté des sensations dans le temps et dans l'espace (ce qui donne lieu aux phénomènes plus simples de la perception), mais sur des rapports de ressemblance, qui est la source unique et l'unique fondement de la classification, de l'abstraction, de la définition, de l'induction, de la généralisation, du jugement, du raisonnement, de la déduction, de l'analogie. Toutes ces opérations se réduisent également à associer des idées qui se ressemblent, diffèrent ou se ressemblent et diffèrent à la fois. Ces procédés de l'esprit peuvent, par un effort psychique particulier, être considérés séparément ; mais jamais, dans aucune recherche sérieuse et de longue haleine, ils ne pourraient être appliqués les uns sans les autres. Ils se tiennent tous, ils se complètent, ils se remplacent mutuellement, ils s'entre-aident et s'associent intimement dans l'accomplissement d'une seule et même fonction. Il y a longtemps déjà qu'on a comparé l'induction et la déduction aux deux phases cardiaques, la systole et la diastole, qu'on ne saurait évidemment faire fonctionner isolément pendant un instant. Je le répète : il ne s'agit plus ni d'attribuer à la science sociale un caractère exclusivement déductif qui lui est aussi étranger qu'à toutes les autres branches de la connaissance humaine, sans même en excepter les mathématiques, ni d'en faire cette science étrange et sans pareille qui se refuserait obstinément à vérifier ses inductions à l'aide des ressources puissantes de la logique déductive ou syllogistique.

Mais la question de méthode ne s'épuise pas tout entière par des généralités de ce genre. A côté de la théorie il y a la pratique, et si la première doit gouverner la seconde, c'est à la condition que celle-ci soit toujours consultée et qu'il soit fait selon ses besoins, si ce n'est selon ses désirs. En admettant donc théoriquement que toutes les sciences emploient à la fois tous les procédés logiques sans exception et tous les moyens d'investigation que leur offre la constitution intime de notre esprit, pour constater des relations de ressemblance et de dissemblance entre les phénomènes qu'elles étudient, on ne peut ni ne doit nier, en fait, que chaque science possède ce que l'on est convenu d'appeler des méthodes particulières, c'est-à-dire une technique spéciale, un choix d'artifices efficaces, une adaptation particulière des méthodes générales aux exigences de chaque cas particulier, aux conditions diverses dans lesquelles se trouvent l'observateur et le phénomène à observer.

En un mot, les méthodes particulières de chaque science sont, à proprement parler, des outils de travail ; et, si cet outillage n'est pas exactement le même, quant aux détails, pour toutes les sciences, le travail à accomplir y étant différemment conditionné, néanmoins ces distinctions ne se rapportent ni à la matière première de l'outillage en question — c'est-à-dire aux méthodes logiques générales — ni, peut-être même, aux traits les plus essentiels de sa construction intérieure. En effet, beaucoup de divergences caractéristiques, quant aux procédés particuliers de chaque science, s'expliquent par des considérations de temps, de lieu et surtout d'évolution, et apparaissent ou disparaissent à mesure que changent ces conditions extérieures ; en tout cas, une grande partie de ces différences dépend du degré de développement atteint à un moment donné par chaque branche des connaissances humaines. Ainsi, quoique dans les mathématiques on étudie la nature autrement que dans la physique ou dans la chimie, et quoique ces deux dernières sciences, à leur tour, diffèrent sensiblement, à cet égard, de la biologie, nous voyons de nos jours s'effectuer un rapprochement marqué entre la première de ces sciences et le groupe des sciences inorganiques.

Il est impossible, enfin, de ne pas constater que les différentes sciences forment, par rapport à l'outillage spécial d'investigation qui leur est propre, non pas des unités isolées et indépendantes les unes des autres, mais des groupes renfermant plusieurs sciences à la fois ; que ces groupes réunissent les sciences dites voisines dans la classification généralement adoptée aujourd'hui, et que cette double association de sciences et de méthodes particulières est fondée sur une communauté d'attributs objectifs qu'on désigne par le terme général de complexité plus ou moins grande des phénomènes.

Mais, de tout cela, il ressort avec évidence qu'il ne suffit nullement d'indiquer à une science les méthodes logiques générales qu'elle peut ou doit suivre, pour qu'aussitôt cette science commence sa tâche et entre dans la voie d'un développement régulier, comme il ne suffit pas de donner à un ouvrier des morceaux de fer ou d'acier pour lui fournir l'outillage nécessaire à son travail. A l'un il faut un soc, à l'autre une hache, au troisième un marteau. Tant qu'une science ne connaît pas ou n'a pas élaboré ses méthodes particulières, il lui manque quelque chose d'essentiel : c'est une science qui n'est pas constituée. Tel est encore l'état où se trouve la science sociale, et le problème fondamental que la philosophie particulière de cette science est appelée à résoudre se présente naturellement sous cette forme : quelle est la méthode spéciale de la science sociale, ou bien encore qu'est-ce qui manque à la sociologie pour être une science constituée ?

A la question ainsi posée, nous répondons : ce qui manque à la science sociale, c'est une *histoire naturelle de la société*, c'est une description, la plus comparée et la plus analytique possible, des phénomènes sociaux. En d'autres termes, ce qui fait défaut à la science sociale, c'est de comprendre que, tout en étant une science abstraite, elle est, par la nature même des phénomènes qu'elle observe, une science essentiellement *descriptive*. C'est là, en deux mots, la thèse que nous défendons ici. Ces termes : abstrait et descriptif, appliqués à un corps de doctrines scientifiques, passent ordinairement pour être contradictoires ou, du moins, contraires. C'est à tort, croyons-nous.

3. *Abondance de faits sociaux observés et connus.* — Mais, avant de parler de l'outillage spécial de la science sociale, disons quelques mots des matériaux auxquels il devra être appliqué et qui, grâce à son emploi judicieux, pourront enfin recevoir leur forme scientifique ; car qu'est-ce, après tout, que la science, sinon une vaste et grandiose manufacture qui donne aux produits bruts de l'observation — aux faits de tout genre, journaliers ou séculaires, sautant aux yeux ou se dérobant à la vue — la forme ou la façon qui seule peut les rendre propres à un éternel usage, à la direction puissante des forces combinées de l'humanité ?

Personne, certes, ne prétendra qu'il y ait jamais pu avoir, à aucune époque historique, ce qu'on pourrait appeler une disette de faits sociaux. Autant vaudrait nier l'existence, à cette époque, de la société. Mais on peut se demander, même de nos jours, si ces faits ne passent pas le plus souvent inaperçus et inobservés et si, par conséquent, ils ne sont pas comme non existants pour la conscience et la science humaines. Pour ma part, je crois peu à ce prétendu défaut d'observations sociales. La masse des faits sociaux connus de tout le monde me paraît pouvoir parfaitement soutenir la comparaison avec les faits connus des autres domaines scientifiques. Il n'en saurait être autrement, en vérité ; et on le comprend très bien, quand on songe à l'intérêt immense que ce genre de faits a toujours présenté à l'humanité à toutes les époques. La sociologie a cela de commun avec la partie « introspective » de la psychologie, que, à ne considérer que la masse et la valeur pratique des connaissances accumulées depuis des siècles, ces deux disciplines peuvent être également placées au premier rang des sciences par leur richesse, leur abondance gnostique. L'homme connaît tant et tant de choses sur lui-même et ses relations avec ses semblables, qu'il est permis de douter qu'il en sache plus, au point de vue de la quantité seule, sur la nature. Qu'on consulte les moralistes, les philosophes, les poètes, et la liste interminable des auteurs de tous les pays et de tous les temps qui ont fait de l'homme leur étude préférée. Quelle mine inépuisable d'observations psychologiques et sociologiques ! Certes, ainsi que nous le verrons tout à l'heure, il existe des causes dont l'action rend parfaitement compte de ce fait, qu'un nombre comparativement restreint d'observations dans le domaine des sciences de la nature a produit des résultats immenses, tandis que la masse des faits sociaux observés encombre inutilement la science qui doit finalement les expliquer. Mais ce n'est pas de ces causes qu'il s'agit, pour le moment. L'accumulation seule de grandes quantités de matériaux n'entraîne pas nécessairement après elle la construction immédiate de l'édifice auquel ces matériaux sont destinés. La société a tant d'intérêt à connaître tout ce qui la concerne, qu'il est évident qu'elle ne s'est jamais fait faute de relever, individuellement et collectivement, une masse de détails, une quantité immense de faits sociaux ayant tous les degrés imaginables d'importance. En même temps, la conservation des résultats acquis de cette manière et leur transmission à une postérité éloignée s'obtenaient par les moyens les plus divers : tel vieil adage, tel dicton populaire ou juridique résume quelquefois toute une théorie sociale, renferme des trésors de sagesse politique, contient en germe une loi empirique du monde social.

4. *La morale et le droit.* — Comme exemple à l'appui, je rappellerai ici qu'il y a encore deux filons d'observations sociales extraordinairement riches et qui n'ont presque pas été touchés par la bêche des sociologistes modernes : c'est la morale et le droit. Qu'est-ce, en effet, que la morale ou plutôt ce qu'on appelle les principes universels de la morale, si ce n'est un résidu particulier des faits sociaux, un rejaillissement ou réfléchissement, plus ou moins conscient ou inconscient, des lois les plus intimes de l'organisation sociale ?

En vérité, il me paraît impossible de ne pas voir que le seul fondement objectif acceptable des principes de morale, du moins de ceux d'entre eux qui appartiennent à tous les pays et à toutes les époques et qu'on appelle ordinairement éternels, immuables, etc., — ne peut être que l'organisation, la structure intime de la société et les lois qui régissent cette structure et son fonctionnement naturel. Une infraction quelconque à ces lois est aussitôt ressentie comme une peine ou une douleur morale, un acte mauvais ou immoral, une injustice, enfin un crime. Ce sont là des gradations, des variations d'un seul et même phénomène.

Le droit apparaît ici comme une excroissance naturelle de

la morale, un ensemble de phénomènes sociaux qui se rattache spécialement à une seule série de ces variations. Il est vrai qu'Aristote a déjà prétendu « qu'il n'y avait pas de droit dans ce sens, comme le feu qui brûle de la même manière chez les Perses et les Grecs » ; mais il était réservé à la philosophie sociale de nos jours de prouver que cela n'était juste que dans certaines limites de variabilité et de modification, qui dépendent essentiellement de la simplicité ou de la complexité relative des phénomènes. La science juridique, si routinière et si étroite dans ses vues de détails et souvent si scolastique dans ses vues d'ensemble, est pourtant parvenue à comprendre la véritable nature du droit, cette propriété qui le distingue, d'être immanquablement dans les choses avant d'être dans la loi ; elle sait que légiférer n'est pas inventer, imaginer, créer, mais trouver, découvrir, — un procédé de science sociale. Dans l'histoire du droit, interprétée d'une manière scientifique, nous avons donc, à un certain point, un véritable cabinet d'histoire naturelle de la société, une sorte de muséum social, où l'on ne saurait faire de trop longues haltes et de trop sérieuses études.

Ceci s'applique également à l'histoire de la morale qui est le fondement du droit ou plutôt le droit lui-même, vu d'un autre côté et surtout de plus haut. La morale, celle qu'on enseigne et qu'on inculque en l'appuyant sur une croyance religieuse quelconque, comme celle qui s'est affranchie de tout joug théologique ou métaphysique, doit être définie : l'hygiène sociale. On a tort de prétendre que la morale indépendante suppose à la fois et des « problèmes métaphysiques résolus et des problèmes métaphysiques éludés ». Rien de plus faux. La morale en elle-même n'est solidaire d'aucune métaphysique. Les préceptes et les règles de la morale sont de véritables préceptes d'hygiène et de conservation, non individuelle, mais sociale. En ce sens, il n'y a pas, et il ne saurait jamais y avoir de morale individuelle. La morale et l'hygiène, traitées comme des sciences dérivées ou d'application, réfléchissent exactement, l'une l'organisation sociale, l'autre l'organisation physiologique ; et, prises ensemble, elles forment probablement la branche la plus importante de nos connaissances pratiques. L'une sert directement à la conservation de la société, et, indirectement, de ce qu'on appelle aujourd'hui l'homme social ; l'autre, à la conservation de l'individu, de l'homme physiologique, et par lui, de l'espèce. Un principe de morale transgressé est ressenti par le corps social comme une injustice, exactement de la même manière qu'une règle d'hygiène violée est ressentie par le corps animal comme une douleur physique. A force d'être répétée, la transgression

morale aboutit infailliblement à un état permanent de corrup-
tion sociale, comme les règles de l'hygiène, à force d'être vio-
lées, se vengent toujours en produisant la maladie. Nous supposons que l'homme isolé, c'est-à-dire l'homme comme il n'a
jamais existé, est incapable de ressentir une injustice. Directement, cette hypothèse est invérifiable ; mais indirectement, et
par approximation, elle se vérifie complètement par l'étude
comparée des tribus sauvages et des nations civilisées.

5. *L'altruisme.* — Cette vue sur la morale et le droit me paraît posséder encore l'avantage de pouvoir expliquer d'une
manière satisfaisante l'origine et le développement progressif
de l'altruisme, cette pierre d'achoppement de la psychologie
fondée sur la physiologie. En effet, le sentiment altruiste ne saurait être, à mon avis, représenté comme un complément organique originaire du sentiment égoïste, ou comme l'indispensable second plateau d'une balance, dont le premier plateau
serait formé par l'instinct de conservation commun à tous les
animaux. Cette balance s'établit un jour, il est vrai, cela est un
fait indiscutable ; de plus, je ne veux nullement nier qu'il existe,
au sein de l'organisme vivant, des prédispositions purement
physiologiques, une aptitude cérébrale ou nerveuse quelconque,
des tendances héréditaires, enfin ce que Kant et son école appellent des formes innées, qui sont des conditions biologiques
évidemment nécessaires pour qu'un être vivant puisse ressentir
les sentiments si complexes de la sympathie. Ce que je nie
d'une manière absolue, c'est que les sentiments sympathiques
ou, en un seul mot, l'altruisme soit non seulement un sentiment simple, mais encore un sentiment d'ordre organique,
comme l'est, à coup sûr, l'égoïsme. Ce dernier est positivement
un instinct biologique : c'est l'instinct de conservation vitale.
L'altruisme, au contraire, prend sa source non pas dans le jeu
exclusif des conditions physiologiques, mais principalement
dans le jeu des conditions sociales. Loin d'être un principe irréductible de la nature humaine, l'altruisme peut être considéré
comme la résultante naturelle des forces sociales qui mettent en
présence et — déterminant des réactions innombrables — accordent finalement entre eux les penchants égoïstes des individus
formant une société. L'altruisme est le produit de la réaction
inévitable du milieu social, réaction qui est expérimentée et ressentie mille fois par l'individu et qui peu à peu devient en lui
une disposition, une qualité psychique fonctionnant d'elle-même
et gagnant encore en force et en spontanéité au fur et à mesure
de sa transmission répétée par la voie héréditaire. C'est dans
ce sens seulement que nous définissons l'altruisme : l'instinct de

conservation des collectivités humaines. De même que l'instinct de conservation vitale ne saurait présider originairement aux phénomènes organiques ou en être une cause initiale, mais doit être considéré comme un produit naturel de certaines propriétés préexistantes, de même l'instinct de conservation sociale ne saurait présider originairement à la formation des sociétés, ou en être la cause primordiale, mais doit être considéré comme le produit nécessaire et le plus précieux de l'association humaine, ce fait fondamental de la science des sociétés.

Je crois que l'égoïsme, avec tous ses corollaires psychiques et psychophysiques, suffit amplement à expliquer la formation des premières ébauches de sociétés et l'apparition sur le globe de cette nouvelle propriété fondamentale de la matière : la sociabilité. L'altruisme est l'aspect psychologique de cette propriété, et c'en est, à peu près, l'équivalent individuel. Mais c'est toujours et avant tout un produit social qui ne devient cause ou force sociale qu'au fur et à mesure de sa production même, c'est-à-dire au fur et à mesure du développement du corps social. Voilà pourquoi le fond de toute morale, dans le sens que nous donnons à ce mot, est fait exclusivement de sentiments altruistes, c'est-à-dire est formé par des considérations de bien-être social, et non, comme le prétendent les auteurs individualistes qui ne s'élèvent pas à la conception d'un « corps social », par des considérations d'utilité individuelle, c'est-à-dire par les fameuses théories de « l'égoïsme interprété ». C'est la conscience de l'utilité sociale, l'altruisme dans la seule acception possible de ce mot, qui est la base immuable de la morale, et aussi du droit, car le droit n'est qu'une formule pratique, trop souvent, hélas ! défigurée par des éléments qui lui sont complètement étrangers, du sentiment exclusivement social que les uns appellent sentiment moral, les autres sentiment de la justice, les troisièmes sentiment altruiste, et qui, comme nous l'avons dit, doit être défini l'égoïsme social, l'instinct de conservation appartenant à toute collectivité humaine.

6. *Causes qui ont retardé l'avénement de la science sociale.* — Quoi qu'il en soit, du reste, la question que nous avons soulevée plus haut, à savoir s'il y a en réalité abondance ou défaut de faits sociaux observés, malgré sa grande importance pratique, n'intéresse que médiocrement, au point de vue de la théorie, la thèse méthodologique que nous défendons ici ; car il est bien évident que, de quelque côté que tombe le diagnostic à établir à cet égard, et soit qu'il indique une véritable pléthore ou qu'il annonce une anémie sérieuse de matériaux

sociologiques, la question principale : si en sociologie il faut surtout décrire, et comment, ou s'il faut avoir recours à certains procédés méthodologiques employés par d'autres sciences, demeure entièrement réservée. En effet, on peut répondre qu'il faut faire de la science sociale une science descriptive dans les deux cas, avec cette distinction que, dans le second, il faut encore s'appliquer spécialement à rechercher et accumuler les faits dont on prétend manquer.

Supposons donc un instant, et sans préjuger autrement notre thèse principale, qu'il y a réellement à inscrire, au bilan de la science sociale, une richesse gnostique presque sans exemple, et demandons-nous ensuite à quoi a abouti cette abondance de faits observés et connus, ou plutôt pourquoi elle n'a abouti à rien ; car tout le monde sait que la science sociale (et cela est vrai au même degré de la psychologie) est la plus pauvre entre toutes les sciences au double point de vue de la valeur scientifique de ses théories et des lois générales ou même empiriques qu'elle a su établir jusqu'ici.

L'explication superficielle de cet état de choses, explication que tout le monde pourrait donner, se réduit à cette remarque, que toute richesse, y compris celle de connaissances, doit être considérée comme morte ou n'existant pas, tant qu'on ne sait pas s'en servir. Or, jusqu'ici, l'homme n'a évidemment pas connu l'*usage scientifique* des faits psychologiques et sociologiques qu'il observait, collectionnait, amassait et, jusqu'à un certain point, classait et analysait, pour les appliquer à de tout autres fins que le but rigoureusement scientifique. Longtemps il ne s'est même pas douté qu'une science psychologique ou une science sociale pussent exister au même titre que les sciences traitant des phénomènes inorganiques et organiques. Et, fort longtemps après, il n'a fait que très vaguement entrevoir cette possibilité. Une vive lumière n'a été jetée sur ce sujet que de notre temps par Comte et sa grande conception philosophique.

Cette explication, pourtant, ne suffit pas, car il reste toujours cette question : pourquoi l'usage scientifique des faits de la société est-il demeuré si longtemps totalement inconnu ; ou bien encore, comment se fait-il que les faits sociaux épars et non coordonnés, mais déjà suffisamment observés et, parfois même, profondément analysés, abondent, et que les lois, c'est-à-dire la constatation des uniformités de relation entre ces mêmes faits, manquent ?

Comment concilier cette apparente contradiction ? c'est-à-dire, et supposant que tel est réellement le cas, comment en déter-

miner la cause efficiente ou en trouver l'explication naturelle ?
A cette question, nous allons essayer de donner une réponse
aussi brève que possible.

7. *Formule de Herbert Spencer. Correction de cette formule.* —
Dans un de ses écrits, M. Herbert Spencer formule cette loi
psychologique, que l'ordre ou la succession historique et naturelle dans laquelle les différents groupes de phénomènes sont
réduits par l'esprit humain à l'uniformité de relations ou à la
loi, dépend de la fréquence avec laquelle les relations uniformes de ces groupes se présentent distinctement, par l'intermédiaire des sens, à notre expérience. Par conséquent, dans
toute phase de développement scientifique donnée, les mieux
connues parmi les uniformités naturelles seront toujours celles
qui ont le plus souvent et le plus vivement impressionné l'esprit.

Il est inutile de démontrer que cette formule n'est qu'une
paraphrase, en termes empruntés à la psychologie, de la succession historique établie par Comte à la base de sa classification des sciences abstraites. Il est, en effet, indubitable, que ce
sont les phénomènes les plus simples et les plus généraux qui
laissent le plus fréquemment et le plus distinctement apercevoir leurs relations (et qui dit relations dit relations uniformes
ou lois) à nos sens et, par suite, à notre conscience et à notre
esprit.

Mais M. Spencer ne se contente pas de cette formule générale, qui s'accorde si bien avec le principe évolutif de Comte. Il
la résout en plusieurs formules particulières, ou, comme il le
dit lui-même, du principe général il tire plusieurs principes
dérivés qui doivent expliquer plus immédiatement et, par conséquent, plus clairement, l'ordre historique dans lequel se développent nos connaissances. Ces principes sont, chez lui, au
nombre de six ; et, puisque chacun d'eux influe, pour sa part,
sur l'ordre dans lequel apparaissent les différentes catégories
de lois qui sont l'objet des différentes sciences, on peut les
appeler influences ou conditions avançant ou retardant la constitution définitive de chaque science.

Enumérons ces influences. Ce sont : 1° la façon plus ou moins
directe dont notre bien-être personnel est affecté par les phénomènes ; 2° la position plus ou moins en vue de l'un des deux
phénomènes entre lesquels il s'agit de percevoir une relation ;
3° la fréquence absolue de répétition de cette relation ; il y a des
relations qui sont toujours présentes, d'autres qui sont extrêmement rares, des relations qui s'établissent complètement dans
un court espace de temps et d'autres qui demandent un temps
fort long pour se manifester, etc., etc. ; 4° la fréquence relative

de cette répétition ou celle qui est limitée par des conditions de lieu et de temps, de pays, d'époque et de nation ; 5° la simplicité de certains phénomènes et de leurs relations ; 6° enfin, ce que M. Spencer nomme assez vaguement le degré d'abstraction d'une relation, et ce qu'il explique en disant que les relations comparativement plus concrètes ou synthétiques forment toujours l'objet des premières acquisitions scientifiques.

Je crois que M. Spencer se trompe en donnant ces six principes partiels comme l'équivalent de sa première formule générale. Cette dernière ne me paraît réellement coïncider qu'avec une seule de ces propositions dites dérivées , avec celle qui se rapporte à la simplicité ou la complication des phénomènes. La simplicité d'un phénomène (ainsi que sa généralité, que M. Spencer omet entièrement) est réellement une condition objective qui correspond à cette condition subjective : fréquence et vivacité d'impression produite sur l'esprit par une relation uniforme. Toutes les autres conditions énumérées plus haut n'atteignent en aucune façon ce but subjectif ou psychique. Dans tous ces cas si différents, les relations uniformes dont se préoccupe avant tout la science abstraite, échappent presque totalement à notre attention, tandis que les phénomènes eux-mêmes, les faits concrets nous impressionnent fréquemment et fortement.

La complication du phénomène empêche la vue claire de ses relations diverses, et c'est ainsi qu'on arrive inévitablement à très bien connaître certains faits et à ignorer complètement les lois qui les régissent. Cela devient de la dernière évidence dès qu'on applique chacun des critériums de M. Spencer séparément, d'abord à des phénomènes simples et puis à des phénomènes compliqués.

Prenons, par exemple, les phénomènes physiques d'un côté et, de l'autre, les phénomènes biologiques ou sociaux, et comparons-les successivement à tous ces différents points de vue. Les phénomènes et les relations purement physiques, tels que l'attraction des masses et des molécules, l'électricité, le magnétisme, etc., ne sauraient, sans faire violence au sens direct des mots , être présentés comme affectant plus immédiatement notre bien-être personnel, comme étant pour nous une source plus riche de peines et de plaisirs, comme s'offrant plus souvent aux sens, comme se répétant plus fréquemment en tous temps et en tous lieux, enfin comme présentant des groupes concrets plus distincts que l'état de notre organisme, que nos sensations, nos idées et nos passions (phénomènes qui ne nous quittent jamais), ou que les mille intérêts divers qui s'agitent au sein de la société la plus primitive. Et pourtant la physique est une science parfaitement développée, au lieu que la biologie, la psychologie et la sociologie ne sont encore parvenues à établir que très peu de relations uniformes entre leurs phénomènes si multiples et si variés.

Mais, en revanche, la médecine, la philosophie pratique, l'économie sociale envisagée comme un art, la politique considérée de la même manière, ont fait leur apparition bien avant les parties les plus simples de la physique scientifique.

Je crois donc pouvoir conclure que les propositions particulières de M. Spencer, et même sa formule générale, lorsqu'elle est grossièrement interprétée, ne s'appliquent en aucune façon aux sciences des relations, c'est-à-dire à ces groupes de lois naturelles que les modernes appellent sciences abstraites, mais s'adaptent parfaitement aux sciences des faits, sciences dans l'ancien sens du mot, en vertu duquel on appelle encore aujourd'hui de ce nom les études pratiques sur le droit, la médecine, les différents arts techniques, l'art politique, etc., etc.

Je crois pouvoir également conclure à la vérité de ce que j'ai avancé au sujet de l'abondance de faits et d'observations, et de la pauvreté de théories et de lois, qui caractérisent la nouvelle science sociale. Cette double affirmation se trouve corroborée et vérifiée en même temps par la loi de Comte et par les six propositions de M. Spencer. En combinant cette loi et ces propositions, nous arrivons infailliblement à ce résultat, au moins aussi certain que les principes dont nous le faisons dépendre : que les faits sociaux sont, avec ou après les faits physiologiques, ceux qui, d'un côté, ont toujours donné lieu à une quantité relativement plus grande d'observations, et, de l'autre, ont laissé le moins apercevoir les relations uniformes qui les unissent entre eux.

Ainsi disparait l'apparente contradiction signalée plus haut entre l'abondance des matériaux de construction et l'état si peu avancé de l'édifice scientifique lui-même, le développement tardif de la science sociale. Au lieu de se contredire ou même de s'exclure mutuellement, comme cela pourrait sembler à première vue, ces deux faits apparaissent intimement liés, se supposent l'un l'autre, et sont également nécessaires et naturels.

CHAPITRE II

DE LA MÉTHODE SOCIOLOGIQUE

8. *La question de méthode. L'observation et les méthodes logi-ques.* — Après avoir brièvement indiqué, à la fin du chapitre précédent, quelques-unes dés causes efficientes, à mon avis, de l'état actuel de la sociologie, je puis maintenant passer directement à l'exposition des principaux arguments sur lesquels j'appuie mon opinion quant au caractère essentiellement descriptif de cette science.

Je pose, en conséquence, ces questions : quel est le rôle de la description dans une science et qu'est-ce qu'une science descriptive? Pourquoi la science sociale serait-elle nécessairement obligée d'avoir recours à la méthode descriptive, et comment concilier ce moyen d'investigation scientifique, assez peu estimé en général et plus spécialement attribué aux sciences concrètes et appliquées, avec le caractère abstrait des vérités sociologiques?

On voit facilement que le problème indiqué au commencement du premier chapitre est presque entièrement contenu dans ces questions. Je dois toutefois remarquer que je délaisse ici, à dessein, beaucoup d'arguments spéciaux, qui pourraient pourtant servir à ma thèse et que je me propose de reprendre dans la suite de ce travail ; car je crois qu'il est plus simple de déduire d'abord le caractère spécifiquement descriptif de la sociologie directement du rôle qui appartient à la description dans les sciences en général.

L'observation, dans la plus large acception de ce mot, qui en fait le synonyme de l'expérience en général, est incontestablement la base de toute étude pouvant prétendre à un caractère scientifique. Un phénomène, ou une partie d'un phénomène, doit être observé, avant de fournir matière à l'analyse scientifique, de même qu'un objet extérieur ou agissant sur nos sens doit être perçu d'abord, et puis conçu, avant de pouvoir être observé dans le sens scientifique de ce mot. Une observation scientifique, même quand elle porte sur le fait le plus individuel et le plus concret, est toujours plus que ce fait lui-même; c'est déjà une généralisation assez étendue, fondée sur un grand nombre de perceptions et de conceptions distinctes, et qui n'est considérée comme un fait que par rapport à des généralités plus hautes. Chacun sait, du reste, qu'il y a des observations dites plus générales, et d'autres dites plus particulières.

C'est sur cette base commune de toutes les sciences, l'observation, que se greffent naturellement les différentes méthodes logiques : l'induction, la déduction, les divers procédés de concordance, de différence, des variations concomitantes, des résidus, etc., qui sont des moyens employés par l'esprit pour atteindre à des généralisations plus vastes que celles qui sont fournies par la simple observation. Partant, rien n'est si aisé que de supposer que les procédés et les règles de l'observation sont les mêmes dans toutes les sciences, qui, à cet égard, ne différeraient entre elles que par les méthodes plus spéciales greffées sur l'observation. Et c'est en effet ce qu'a toujours prétendu une logique des sciences qu'on peut aujourd'hui considérer avec raison comme fautive et arriérée.

Les meilleurs logiciens de notre temps sont d'accord sur ce point, que les méthodes d'induction ou de déduction ne diffèrent pas d'une science à une autre comme diffèrent les méthodes d'observation. Les règles de l'induction ne sauraient être déterminées d'une façon spéciale pour chaque science, et les règles de l'observation peuvent ou doivent l'être; ou, comme le dit très bien M. Bain, « les distinctions qu'il importe de faire dans la façon de poser le problème inductif ne correspondent pas à des dictinctions dans les sciences. Il peut y avoir une logique commune pour l'induction, quoiqu'il n'y en ait pas pour l'observation [1]. »

Il est certainement curieux et instructif au plus haut point de noter que c'est par leur base commune, par leurs racines qui paraissent à première vue si homogènes, et non par leurs points de culmination, que les sciences diffèrent entre' elles, et que c'est déjà à cette profondeur qu'elles divergent, on peut le dire, radicalement; plus loin, elles ne font que se rapprocher dans

---

1. Bain, *Logique déductive et inductive* (Trad. Compayré), 1875.

une double communauté, de méthodes d'abord, de fins pratiques ensuite.

9. *Quatre groupes de sciences.* — Il y a donc — il y a surtout — observation et observation. Chaque science possède un mode d'observation particulier. Et, pour connaître et comprendre le mode spécial de chaque science, il n'y a rien de mieux à faire que de bien considérer la nature intime des phénomènes que cette science étudie ; car l'observation doit se calquer fidèlement — cela est de la dernière évidence — sur le phénomène observé, et doit reproduire, si je puis m'exprimer ainsi, toutes ses aspérités et ses protubérances, ses creux et ses enfoncements. Un corollaire de cette vérité, plus connu que la vérité elle-même, consiste à dire qu'on n'apprend bien la méthode d'une science quelconque qu'à force de travailler effectivement à cette science.

Il y a des sciences qui observent, pour ainsi dire, par simple intuition : nous avons nommé les mathématiques. D'autres observent dans le sens rigoureux et ordinaire de ce mot : telle est l'astronomie. D'autres encore observent à l'aide de l'expérimentation proprement dite, par exemple la physique et la chimie. Il y a enfin des sciences qui observent à l'aide de procédés spéciaux et largement employés de classification, d'arrangement, de définition, de comparaison, etc., c'est-à-dire à l'aide d'un ensemble de procédés méthodologiques qu'on peut appeler et qu'on appelle en effet la *description scientifique*. Il y a donc des sciences intuitives ou axiomatiques, il y a des sciences d'observation pure et simple, il y a des sciences expérimentales, et il y a, exactement au même titre et possédant la même valeur scientifique, des sciences descriptives [1].

---

1. J'appelle l'attention du lecteur sur cet essai de groupement général des sciences abstraites. Ce groupement présente, à mon avis, des avantages théoriques incontestables ; il peut, d'ailleurs, être expliqué de plusieurs façons différentes. Ainsi, par exemple, si, se reportant à ce que nous avons dit dans le premier chapitre à l'égard de l'unité fondamentale de la méthode générale des sciences, on accepte la décomposition de cette méthode en trois éléments distincts quoique inséparables, ou en trois opérations de la pensée : une observation, une supposition et une vérification — il est facile de voir que le groupement proposé plus haut se rattache non seulement, comme nous venons de l'indiquer, au premier terme de la recherche scientifique, à l'observation (inséparable de l'induction), mais aussi, et d'une manière plus directe encore peut-être, à son troisième terme, la vérification (inséparable de la déduction). On observerait donc autrement, et en même temps on vérifierait autrement dans chacun de nos quatre groupes de sciences. Un groupe vérifierait ses hypothèses d'une manière immédiate ou intuitive (la preuve ou la démonstration mathématique) ; un autre les vérifierait en instituant des séries nouvelles d'obser-

Ordinairement pourtant, on refuse cette valeur scientifique, ou du moins un degré égal de valeur, aux sciences qu'on désigne sous le nom de descriptives, et qui pour la plupart le sont en effet. On dit que ce sont des sciences concrètes et non pas des sciences abstraites. Du reste, les contempteurs de la description comme méthode fondamentale de la science, et ceux qui, en particulier, lui refusent droit de cité dans les hautes régions de l'abstraction scientifique, viennent toujours échouer sur un double écueil, qui les divise en deux camps plus antagonistes l'un de l'autre que nous ne pourrions l'être de chacun d'eux séparément.

Les uns voient clairement que des sciences comme la science de la vie ou celle de la société, ne peuvent être que des sciences abstraites; et alors, pour être conséquents, ils dénient à ces sciences le caractère de sciences descriptives, c'est-à-dire ils leur ôtent des mains les outils qui leur sont absolument indispensables pour faire œuvre productive. Les autres, au contraire, et ceux-là augmentent chaque jour en nombre et comptent dans leurs rangs de grandes autorités philosophiques et scientifiques, commencent à admettre que les procédés descriptifs ne sauraient être éliminés des sciences biologiques et des sciences sociales sans les plonger aussitôt dans une torpeur fâcheuse; mais, ne pouvant encore secouer le joug de cette préconception qui a envahi tant de bons esprits et qui consiste à croire qu'une science descriptive ne saurait prendre rang parmi les sciences abstraites, ils ont recours à cet expédient anti-philosophique qui consiste à classer la biologie et surtout la sociologie parmi les sciences concrètes, c'est-à-dire à dénaturer le véritable caractère de ces sciences et à en faire de simples annexes des sciences du monde inorganique.

J'ai dit, quelques pages plus haut, qu'il était impossible de ne pas constater que les différentes sciences formaient, par rap-

---

vations, c'est-à-dire en observant à nouveau les phénomènes déjà observés dans des conditions différentes; un troisième aurait recours, dans le même but, à des expériences renouvelables à volonté; enfin un quatrième, pour vérifier ses hypothèses, ne pourrait que procéder — en variant le plus possible les conditions du problème — à de nouvelles séries d'analyses descriptives. Mais si le premier et le dernier terme de la recherche scientifique éprouvent, en passant d'un groupe de sciences au groupe suivant, des modifications facilement déterminables et qui servent à différencier ces groupes entre eux, le second ou moyen terme, l'hypothèse, échappe à cet égard à toute détermination : ce terme est, comme les deux autres, une opération de l'esprit, un élément subjectif; mais c'est, en outre, un acte éminemment spontané, personnel et dont on ne saurait, par conséquent, fixer les continuelles variations.

port à leurs méthodes particulières de recherche, non des unités isolées et indépendantes, mais des groupes renfermant plusieurs sciences à la fois ; j'ai dit aussi que ces groupes réunissaient les sciences voisines, d'après la classification de Comte ; enfin, j'ai indiqué que cette association intime de certaines sciences ne pouvait se fonder que sur un attribut commun de leurs phénomènes respectifs, et que cet attribut, à son tour, ne pouvait être que la plus ou moins grande complexité de ces phénomènes. Toutes ces remarques se justifient complètement par rapport aux sciences que nous appelons descriptives. Nous voyons qu'il y a réellement ici un groupe de sciences usant des mêmes procédés d'observation ; que ce groupe est formé de deux sciences voisines, la biologie et la sociologie, et enfin que cette communauté de méthodes ainsi que cette proximité dans la série scientifique établie par Comte ne peuvent avoir qu'une seule et même cause : la complexité analogue des phénomènes vitaux et des phénomènes sociaux.

10. *La description et la méthode expérimentale.* — Mais revenons à la description comme méthode particulière de découverte scientifique. Et, à propos de cette qualification de méthode de découverte, je ne puis m'empêcher de remarquer que nous avons là très certainement une des raisons pour lesquelles la science de la logique a toujours accordé si peu d'attention aux procédés descriptifs, malgré leur importance suprême pour toute une catégorie de sciences. En effet, comme on sait, la logique s'est presque exclusivement occupée jusqu'ici des méthodes de la preuve, soit déductive, soit inductive, et a complètement laissé hors du cadre de son investigation les méthodes infiniment plus importantes de la découverte scientifique. Je ne puis entreprendre ici d'examiner la question de savoir si elle a eu tort ou raison de limiter ainsi l'objet de ses études ; mais je remarquerai pourtant que cette exclusion me paraît avoir exercé une influence désastreuse sur tous les auteurs qui ont voulu différencier les sciences d'après des principes puisés dans la logique de la preuve, c'est-à-dire d'après des principes qui sont communs à toutes les sciences et leur servent plutôt de trait d'union que d'élément de division, au lieu de chercher la cause de cette différenciation naturelle dans les conditions qui régissent l'observation et la découverte scientifiques.

La description qui appartient aux sciences biologiques et sociales est encore de l'observation, mais c'est déjà une observation transformée ou prolongée. De même, l'expérimentation qui appartient aux sciences du monde inorganique est toujours de l'observation, quoiqu'elle soit indubitablement une observation autrement conditionnée que l'observation pure et simple de l'astronomie et l'observation intuitive des sciences mathématiques. Pour rendre la même idée plus acceptable aux esprits auxquels il répugnerait d'identifier les procédés, dissemblables en apparence, de l'observation et de la description, on pourrait dire encore, que cette dernière est un complément presque toujours utile et quelquefois absolument nécessaire de la première. On pourrait présenter la description comme une étape ou une phase particulière du travail scientifique, comme un degré intermédiaire dans cette idéalisation, cette abstraction de la réalité qui forme l'essence de la science et aboutit à la découverte des relations uniformes, ou lois de plus en plus générales, des phénomènes. On pourrait, en un mot, comparer l'observation ordinaire à ce premier travail essentiellement extractif qui, dans l'économie industrielle, fournit la matière première ou le produit brut, et la description à cette métamorphose secondaire qui, sans arriver encore au produit achevé, fait pourtant éprouver à la matière première une transformation aussi profonde qu'indispensable.

En effet, ce n'est pas autre chose que la nature particulière des phénomènes biologiques et sociaux qui rend nécessaire, à leur égard, un travail de préparation et d'élaboration intermédiaire entre la simple observation, la collection des faits et les derniers efforts de l'abstraction et de l'analyse. C'est également la nature particulière et différente des phénomènes physiques et chimiques qui nécessite, à leur égard, une préparation intermédiaire différente, appelée expérimentation. C'est enfin la simplicité plus grande et les conditions particulières des phénomènes de la mécanique céleste qui permettent à l'astronomie d'arrêter l'élaboration ou la préparation scientifique à la première phase du travail de la science, en donnant à ses conclusions tout le fini scientifique voulu. La même remarque s'applique, à un degré supérieur, aux mathématiques, dans lesquelles l'observation se dépouille de presque tous ses caractères logiques plus compliqués, pour apparaître sous la forme simple et primordiale de l'intuition.

Pour éviter tout malentendu, je dois cependant ajouter que, lorsque j'attribue la description à la biologie et à la science sociale, et l'expérimentation à la physique et à la chimie, je n'ai en vue qu'une prépondérance marquée de ces modes d'investigation, et nullement leur exclusion réciproque ; car il est évident qu'il n'y a pas de science qui puisse se passer absolument de description, comme il n'y en a pas où l'expérimentation ne puisse se faire une place, si minime et modeste qu'elle soit.

D'un autre côté, en ramenant les méthodes spéciales des différents groupes scientifiques à l'observation, comme à une base ou à une racine commune, je ne fais qu'obéir à ce besoin d'unité qui forme l'essence de la science et sans lequel aucune généralisation ne serait possible. J'admets volontiers toutefois que, si l'on se place à un point de vue quelque peu différent ou si l'on considère, au lieu de la source et du fondement commun des méthodes de découverte scientifique, seulement le type le plus parfait auquel elles se sont élevées jusqu'ici, on pourrait également ramener ces méthodes à l'expérience telle qu'elle est pratiquée dans le groupe des sciences physico-chimiques, c'est-à-dire, selon une excellente définition, à l'observation activée par une intervention volontaire. A ce point de vue, le procédé favori des mathémathiques, par exemple, ou ce qu'on y nomme « preuve » et « démonstration » ne serait qu'une sorte d'expérience intuitive, c'est-à-dire extraordinairement simplifiée et presque inconditionnellement renouvelable; et la description dans les sciences supérieures serait, au contraire, une expérience entourée des plus grandes difficultés, une expérience discursive, qui ne peut que rarement être répétée, qui s'appuie, en conséquence, plus que toute autre, sur le raisonnement, et qui enfin, dans la plupart des cas, se réduit au classement et à la comparaison d'une suite d'expériences appartenant à un passé plus ou moins éloigné et dont les conditions multiples et compliquées ne sont pas reproductibles.

11. *Limites de la méthode descriptive.* — Une règle empirique générale, mais dont la vérification psychologique ne me paraît pas difficile, gouverne l'emploi et limite le rôle de la description dans les différentes sciences. D'après cette règle, le rôle de la description dans une science, ou dans la série scientifique en général, s'étend et gagne en importance à mesure que les phénomènes qu'il s'agit d'observer et dont s'occupe telle ou telle science deviennent plus compliqués. Un travail scientifique intermédiaire, un degré de préparation de plus, devient nécessaire, chaque fois qu'il s'agit de phénomènes difficiles à analyser en dernière instance, en raison de leur complication plus grande, de l'enchevêtrement souvent inextricable de leurs causes multiples et de leurs effets variés. Ceci me paraît pouvoir être compris, comme les axiomes, presque intuitivement, grâce aux connaissances empiriques très étendues que chacun de nous possède sur la nature de l'esprit humain.

Ainsi, il est clair que, dans les sciences « à phénomènes très simples », la description de ces derniers, comme travail scientifique indépendant, quoique préparatoire, est à peu près inutile. L'observation, cette première division et cette base de tout travail ultérieur, remplit déjà l'office de la description proprement dite. Les phénomènes concrets sont si simples, un phénomène ressemble tellement à l'autre et s'en distingue si peu, qu'une seule observation équivaut ici à des centaines et des milliers d'observations dans les sciences plus compliquées. Il y a donc, dans les sciences simples, comparativement, assez peu de marge pour l'enregistrement, l'ordination et la classification des observations, — et c'est précisément cet enregistrement, cette ordonnance, cette classification, fondés sur et aidées par une analyse exacte des points de contact et de divergence entre les phénomènes, qu'on appelle *description scientifique*.

Une seconde règle, auxiliaire de la règle principale, ressort de cette explication : règle, d'après laquelle la nécessité de la description scientifique croît proportionnellement au nombre, non pas absolu, mais relatif, des observations dans une science. En d'autres termes, plus une science aura besoin de multiplier et de varier ses observations, plus aussi elle se verra dans la nécessité d'arranger d'une certaine façon les phénomènes observés, de les distinguer, de les définir, de les classer, en un mot de les décrire.

12. *Valeur croissante de la description dans les sciences supérieures.* — La science si simple de la mécanique, tant terrestre que céleste, est une science toute d'observation. L'expérimentation proprement dite lui est inconnue. Ses observations sont bien moins multiples et variées, quant à chaque phénomène particulier, que celles auxquelles on se livre dans le reste de la série scientifique [1]. L'observation et la description se confondent ici dans un seul acte scientifique, comme le travail dans ces industries simples où la division technique est inconnue.

Les sciences immédiatement plus élevées, la physique et surtout la chimie, accordent, exactement à mesure que croît la complication de leurs phénomènes, une place de plus en plus grande à cet ensemble de procédés scientifiques préparatoires que nous appelons description. La nomenclature chimique en est un exemple frappant ; la nomenclature ici n'est qu'une

---

1. Une exception apparente est présentée par certaines parties de l'astronomie, où les observations, sans être variées, car elles portent toujours sur un seul et même aspect du phénomène observé, sont souvent multipliées jusqu'au point de former des listes infinies ; et pourtant il n'y a rien à décrire en astronomie, tant ses phénomènes sont simples et tant l'un est la répétition exacte de l'autre. Ici, la règle principale est confirmée, mais la règle secondaire paraît être en défaut. Il serait trop long, mais non pas trop difficile, d'expliquer cette exception, c'est-à-dire de montrer qu'elle n'infirme nullement la valeur théorique de notre seconde règle.

forme de description spéciale à la chimie. Cela est évident, car ce qu'on nomme nomenclature chimique n'est qu'une classifica-tion ayant une base spéciale et s'adaptant d'une manière admirable aux exigences particulières de la science chimique. Ce second groupe de sciences est, d'ailleurs, celui où l'observation proprement dite cède le pas à l'expérimentation.

L'expérimentation est un moyen excessivement efficace de raccourcir le long chemin qu'on serait, sans son aide, obligé de parcourir avec le seul guide de l'observation ordinaire ; et, en cela, l'expérimentation ressemble, jusqu'à un certain point, à la description qui, elle aussi, est destinée à faciliter un travail hors de proportions avec les forces de notre esprit. L'expérimentation abrège l'observation, en extrait à peu de frais la moelle, en recueille la véritable quintessence ; elle supprime, en un mot, la multiplication et la variation indéfinie des observations. Elle n'est nullement incompatible avec la description ; mais elle l'exclut ordinairement, et cela, par la raison simple qu'elle la remplace avantageusement. Ainsi donc, elle apparaît avec tous les caractères d'une influence contraire à la description. Il est indubitable que cette influence se fait fortement sentir dans la physique et la chimie, où elle entraîne, comme conséquence naturelle, un rétrécissement notable du rôle de la description. On peut donc. ajouter cette nouvelle règle auxiliaire à la règle principale indiquée plus haut : plus l'expérimentation est possible, et moins la description est nécessaire. Pourtant, comme on le voit par les exemples de la chimie et de certaines parties de la physique, qui recourent encore aux procédés descriptifs, cette règle ne peut contrebalancer entièrement l'action de la règle principale, qui se rapporte à la complexité des phénomènes.

Dans la biologie, où la complication des phénomènes devient tout à coup incomparablement plus grande, nous sommes, tout d'un coup aussi, transportés dans le véritable domaine de la description. Ici, toute la science, du commencement à la fin, d'un bout à l'autre, est descriptive par excellence. Il est facile de comprendre qu'il n'en puisse être autrement si l'on songe que la loi générale et les deux lois dérivées indiquées plus haut se combinent dans ce cas pour produire un seul et même résultat. En effet, nous voyons ici une complication extraordinaire des phénomènes, aboutissant d'un côté, à la nécessité de multiplier et de varier à l'infini les observations, et de l'autre à une difficulté toujours croissante d'instituer des expériences. Les expériences sont possibles en biologie, et même en sociologie, mais elles y sont rarement décisives, car elles ne sauraient ni éliminer toutes les causes accidentelles, ni prévoir tous les effets d'un phénomène donné.

En conséquence, dans la biologie, l'observation est la seule base possible, le véritable fondement, l'assise principale de l'édifice scientifique. L'expérimentation proprement dite n'en est qu'un des supports les plus puissants. Quant à la description, elle est l'échafaudage indispensable et dont on ne saurait se passer pour construire l'édifice lui-même, pour atteindre ces hautes abstractions, ces existences idéales qu'on appelle *lois*.

Ces considérations s'appliquent également à la sociologie. Tout ce qui est vrai des méthodes biologiques doit l'être, au même titre, des méthodes sociologiques, puisque les conditions objectives qui caractérisent les phénomènes respectifs de ces sciences sont, ou essentiellement les mêmes, ou très rapprochées. En conséquence, je crois directement utile à mon sujet de m'arrêter un peu plus longtemps à la biologie, et de relever quelques erreurs courantes quant au rôle de la description dans les sciences du monde organique en général. Les remarques que nous aurons à faire à ce propos nous conduiront naturellement à cette question d'une valeur philosophique générale, à savoir : ce qu'il faut entendre par *science concrète*, et si cette appellation n'est pas appliquée aujourd'hui, par une extension fausse et fondée sur une analogie irrationnelle, à des sciences qui sont seulement descriptives. Cette question sera examinée dans le chapitre suivant.

CHAPITRE III

13. *La biologie descriptive.* — Grâce au vague qui règne dans les idées et surtout dans les termes, on est parvenu aujourd'hui à dénaturer complètement — en théorie du moins, sinon en pratique — le véritable caractère de la biologie.

Au mépris des principes naturels de toute classification scientifique, on a commencé par attribuer le caractère de science concrète à plusieurs parties de la biologie abstraite, qui ne se distinguent de toutes les autres que par une prédominance remarquable des procédés de la description. Il n'y avait plus qu'un pas à faire pour ranger la biologie tout entière parmi les sciences concrètes ; et ce pas a été actuellement franchi par les esprits les plus conséquents.

Cette seconde erreur est de beaucoup la plus importante ; mais, comme elle me paraît découler nécessairement de la première, c'est à celle-ci que je m'arrêterai un instant. Dans mon opinion, les parties de la biologie indiquées plus haut — l'histoire naturelle proprement dite avec sa subdivision en botanique, zoologie, etc. — n'ont jamais été, ne sont pas et ne seront jamais des sciences concrètes, ni même des fragments de sciences concrètes. L'histoire naturelle des espèces vivantes ne me paraît même pas susceptible d'être représentée comme le germe ou l'embryon d'une science concrète future. Cette description minutieuse des plantes et des animaux, avec ses procédés plus ou moins élaborés de définition et de classification, est la biologie même, une science totalement abstraite. Seulement, c'est la biologie à son état rudimentaire ou embryonnaire ; car on trouve des couches superposées, on a affaire à une véritable stratification dans la genèse, et plus tard dans l'histoire de toute science un peu compliquée.

Les premières observations, toujours plus superficielles, sont élaborées par un premier effort descriptif. Des observations plus profondes, plus analytiques se succèdent, se multiplient, variant à l'infini. Elles nécessitent un nouveau travail de description analytique et comparée qui se moule sur le caractère différent des nouvelles observations, lesquelles sont souvent déjà des généralisations très vastes, et produit une nouvelle couche descriptive. L'anatomie et la physiologie comparées, tant végétales qu'animales, apparaissent et se superposent à l'histoire naturelle primitive. Mais est-il besoin de faire ressortir plus particulièrement cette vérité si évidente pour quiconque a jamais ouvert un manuel d'anatomie, de physiologie ou de pathologie générale et comparée, que toutes ces disciplines sont descriptives d'un bout à l'autre, exactement au même titre, sinon au même degré que la botanique, la zoologie, l'anatomie et la physiologie de l'homme ou de toute autre espèce naturelle? A tous ces matériaux divers qui ont servi et servent encore à la construction de la biologie abstraite on peut, si l'on veut, refuser le nom de sciences, mais on ne saurait logiquement les transformer en sciences concrètes. Comme matériaux ils font partie de la science abstraite, et c'est d'elle qu'on peut rationnellement attendre un jour les moyens et les données indispensables pour faire la synthèse scientifique de la vie et édifier sur cette base, si cela est possible ou nécessaire, une science concrète dans le sens qui est attaché à ce mot par une classification vraiment philosophique du savoir humain.

La confusion que cet usage impropre du terme « science concrète », appliqué aux matériaux d'une science, doit infailliblement produire dans l'esprit, est si grande, que les meilleurs logiciens en sont venus à nier simplement la possibilité d'une science abstraite de la vie. Ainsi, par exemple, nous voyons M. Bain affirmer positivement, dans son excellent traité sur la logique déductive et inductive, « qu'une science biologique abstraite est à peine possible; les lois de la vie ne peuvent être déterminées d'une façon générale et uniforme pour les végétaux et les animaux; l'effort le plus grand que l'on puisse faire pour se rapprocher d'une distinction entre la biologie abstraite et la biologie concrète, consisterait à distinguer d'une part la physiologie des animaux et des plantes, d'autre part la description et la classification détaillée des plantes et des animaux [1]. »

1. BAIN, *Logique déduct. et induct.*, t. I, p. 39.

C'est-à-dire qu'il n'y a, si j'ai bien compris l'éminent psychologiste anglais, que les résultats de la science biologique qui
puissent être qualifiés d'abstraits ; quant à la science elle-même,
elle est concrète. Rayez dans la phrase ci-dessus l'adjectif
biologique ou généralisez l'idée de M. Bain qui, malheureusement, est, ce me semble, un peu l'idée de tout le monde, et vous
arriverez infailliblement à cette conclusion probablement inattendue, que toutes les lois sont abstraites, mais que toutes les
sciences sont concrètes.

14. *Couches inférieures et supérieures dans les sciences des phénomènes compliqués.* — Une circonstance particulière a, je pense,
contribué surtout à propager l'erreur que je combats : la couche
inférieure, la première ébauche descriptive de la biologie, a per-
sisté jusqu'à nos jours et paraît vouloir se perpétuer à côté de
la couche supérieure, du travail plus élaboré. Rien de pareil
n'a jamais eu lieu dans les autres sciences, qui toutes ont vu
leurs descriptions primitives en partie se perdre dans le corps
même de la science abstraite où elles servent à étayer des théories plus subtiles, et en partie disparaître totalement de l'enseignement et de la tradition, comme étant jugées désormais inutiles à la découverte scientifique et aux progrès ultérieurs de
ces sciences.

Sans autrement expliquer cette dissemblance qui sépare les
sciences du monde inorganique de la science de la vie, on en a
hâtivement conclu que les « restes » ou résidus de cette dernière ne pouvaient être que de la science concrète, c'est-à-dire
une forme de science que notre esprit, par une tendance symé-
trique qui lui est propre, cherche toujours à opposer à la science
abstraite. Mais, en concluant ainsi, on semble oublier qu'en passant des sciences inorganiques à la science de la vie, nous passons
en même temps dans un domaine spécialement conditionné.

Si l'on ne perd pas de vue cette vérité fondamentale, on voit
de suite que la dissemblance en question est plus que compensée
par une ressemblance qui va au fond des choses.

Dans les sciences de la nature inorganique, la description joue
un rôle subalterne ; le véritable outillage de découverte de ces
sciences est représenté par l'expérimentation. Aussi ne voyons-
nous jamais une expérience « décisive » en physique ou en chimie se perdre ou être rejetée du corps de la science ; les expériences de Torricelli ou de Galvani, de Lavoisier ou de Dumas
sont aussi éternelles que les sciences qu'elles ont enrichies. Seulement, il est facile de comprendre que, par leur nature même,
les expériences physiques ou chimiques ne sauraient être
rassemblées en un corps de doctrines ou de faits distincts

des vérités abstraites qui forment leurs sciences respectives.

Le cas se présente tout autrement pour les sciences de la nature organique qui embrasse ces deux ordres de phénomènes : l'ordre de la vie et l'ordre de la société. En effet, une fois que l'on a admis que la description remplace ici l'expérimentation et représente l'outillage spécial, la propre méthode de ces sciences, rien n'est plus facile que d'expliquer et de justifier, par la nature particulière des procédés descriptifs, la formation de ces tableaux, de ces classifications, de ces corps de faits et d'observations plutôt que de doctrines, qui s'amassent au seuil de la science abstraite, au fur et à mesure de leur rejet par cette dernière. Ce rejet signifie toujours que la science a fait un nouveau pas dans les voies de l'abstraction, de la découverte des lois les plus générales qui régissent les phénomènes.

Ainsi s'explique la nécessité de cette stratification scientifique dont nous avons parlé plus haut, et qui présente une importance philosophique indéniable pour les sciences de la nature organique ; ainsi s'expliquent aussi et se justifient en particulier ces couches superposées, qui sont autant de preuves palpables des difficultés extrêmes que la complication de certaines catégories de phénomènes suscite à l'esprit humain, autant de témoins irrécusables des victoires successives remportées par notre esprit sur ces difficultés qui sont si considérables, que, de notre temps encore, elles paraissent insurmontables. Ces couches sont : l'histoire naturelle, comme la comprenaient les anciens, et les formations scientifiques plus récentes, la botanique, la zoologie, l'anatomie et la physiologie de chaque espèce naturelle, la paléontologie, etc.; dans un autre ordre de phénomènes et de vérités, la géographie politique, la statistique avec la démographie, l'anthropologie, l'histoire et la philosophie de l'histoire, la politique, l'économie politique, le droit, la science du langage, etc., etc. [1].

***

1. Je remarquerai, du reste, qu'il y a dans chaque cas beaucoup de causes particulières qui concourent avec la cause principale pour amener la conservation soigneuse, la révision continuelle, l'augmentation et la correction des anciens tableaux descriptifs qui servent jusqu'à présent et serviront toujours de base aux sciences de la vie et de la société. Ainsi, par exemple, la multiplicité et la variété des genres et des espèces naturelles ne permettra probablement jamais de clore l'observation de leurs caractères extérieurs : on classifie à cet égard jusqu'à présent et on classifiera probablement toujours. Des besoins pratiques très divers et n'ayant souvent rien de commun avec les exigences de la science pure suscitent, de leur côté, des raisons impérieuses pour conserver et améliorer ces dictionnaires continuellement remaniés, ces gros in-folio de la nature vivante.

15. *Description et synthèse. Conditions auxquelles doit satisfaire la connaissance synthétique.* — Il n'est que naturel de se demander comment on est arrivé à cette confusion d'idées et de mots, qui consiste à prendre la botanique, la zoologie et, en général, toute autre science descriptive, pour des sciences concrètes. Je crois que, dans tous ces cas, la base du raisonnement ordinaire a dû être à peu près celle-ci : toute science abstraite a sa contre partie dans une science concrète correspondante; la forme concrète de la vie est la plante, l'animal; donc les sciences qui décrivent les caractères extérieurs de ces phénomènes concrets, de ces synthèses de la vie, sont elles-mêmes des sciences concrètes. Mais je crois aussi que ce raisonnement renferme autant d'erreurs que de propositions distinctes.

Une science concrète est une science synthétique, une science qui a pour objet de reconstruire ce qui a précédemment été séparé par les sciences analytiques ou abstraites : je dis les sciences, et non pas la science, car cette distinction a ici une importance capitale. Pour la synthèse la plus simple, il faut au moins deux termes, et pour toutes les autres il en faut beaucoup plus ; mais autant de termes, dans le domaine du savoir concret, et autant de propriétés distinctes et abstraites préalablement par des sciences distinctes.

Il est vrai, toutefois, que, comme toute science fondamentale présente une multitude de divisions et de subdivisions, on pourrait en arguer qu'il est possible de faire des synthèses intérieures, ou de reconstituer en son entier le phénomène étudié sous des aspects divers par chaque branche et sous-branche de la science abstraite. Que cela soit possible, on ne peut le nier, mais il n'est pas difficile de démontrer qu'il n'y a qu'un leurre de l'esprit et une méprise singulière au bout de cette possibilité. En effet, la synthèse ainsi produite non seulement rencontre le point de départ de la science, ce qui n'aurait rien que de juste et de logique, mais s'identifie avec lui de telle sorte que c'est, en réalité, ce point de départ lui-même qu'on présente ici comme synthèse. C'est le phénomène tel qu'il apparaissait au premier observateur et tel que celui-ci le décrivait, qu'on déguise ici sous l'appellation si impropre de synthèse scientifique, comme cela se voit clairement par les exemples tout à fait frappants de la zoologie et de la botanique, et ceux moins évidents de la minéralogie, de la cristallographie, etc. A quoi aboutit, en somme, toute prétendue synthèse qui ne sort pas du cercle d'une seule science? Est-ce à représenter le phénomène concret tel quel, en biologie, par exemple, un animal donné ou une plante? mais affirmer cela serait simplement puéril, et, de cette manière, on ne justifierait tout au plus que l'existence d'une science figurative du commencement de toute science, et non pas celle d'une science concrète. Ou bien est-ce à synthétiser la propriété fondamentale, préalablement séparée ou morcelée par des analyses successives, à faire, par exemple, la synthèse de la vie avec la contractilité, l'assimilation, l'innervation, etc. ? mais faire cela, est-ce donc sortir de la science abstraite, et n'est-ce pas, au contraire, se rapprocher de son but spécial, sinon l'atteindre ? Ainsi, point de départ ou point d'arrivée, on oscille entre ces deux termes, mais on ne sort pas de la science abstraite pour entrer dans la science concrète.

Le cas est essentiellement différent, lorsque deux ou plusieurs sciences fondamentales dirigent leurs lumières, séparément acquises et accumulées, sur un seul et même point de la réalité objective, qu'elles éclairent alors d'une lumière combinée et nouvelle. C'est cette lumière, essentiellement synthétique, que nous nommons science concrète.

Il y a un critérium très sûr pour distinguer une science concrète d'une science descriptive ou, en général, de tout commencement de science abstraite. La synthèse poursuivie par la science concrète n'est jamais ni le point de départ ni le point d'arrivée des sciences abstraites qui se combinent pour lui donner naissance. Chacune des sciences abstraites part d'un ensemble différent de faits, d'un « connexus » empirique où prédomine une propriété irréductible de la matière, et aboutit à la connaissance distincte de cette même propriété. Mais la synthèse que poursuit la science concrète n'est jamais contenue dans les mêmes limites, ni en général dans des limites aussi étroites. Citons, comme exemple, la géologie, qui nous paraît être le type véritable de la science concrète. Eh bien, la géologie n'est certainement ni la physique, ni la mécanique, ni la chimie, ni la biologie concrètes. Elle a pour objet et pour but la connaissance ou l'explication d'une synthèse objective comme il en existe, il est vrai, beaucoup dans la réalité, mais qui présente cela de particulier, qu'elle n'est étudiée par aucune autre science, et qu'elle ne forme ni le point de départ ni le point d'arrivée d'aucune science générale ou abstraite. Cela est essentiel dans notre définition de la science concrète. Une science concrète doit satisfaire à deux conditions : l'objet n'en doit jamais être ni la synthèse initiale, ni la synthèse finale d'aucune science abstraite ; et elle doit étudier cet objet en combinant les résultats acquis par les différentes sciences abstraites. C'est ainsi qu'elle arrive à la découverte de ses lois propres qui, vérification faite, se trouvent toujours être de simples déductions des lois des sciences abstraites. Les sciences concrètes sont des sciences exclusivement de « produits », et non de « facteurs ou d'éléments », et c'est pour cette raison qu'on les appelle synthétiques, en opposition avec les sciences analytiques ou abstraites.

Des deux conditions mentionnées auxquelles une science concrète doit toujours satisfaire, la première implique évidemment la seconde. Le monde réel ou objectif n'est pas composé d'éléments ou de facteurs, mais bien d'agrégats matériels, de groupes de propriétés, de synthèses objectives particulières. Toute science, celle qui est dite abstraite comme celle qui est dite concrète, ne peut donc, en définitive et d'une manière immédiate, avoir affaire qu'à des groupes ou agrégats. Mais les agrégats de la science concrète ne doivent pas être les mêmes que ceux de la science abstraite, car il s'ensuivrait inévitablement une confusion de termes et d'idées. Il ne suffit pas, pour tirer entre ces deux genres de connaissances une ligne précise de démarcation, de remarquer que la science analytique abstrait, des agrégats particuliers qu'elle étudie, certains éléments ou certaines propriétés ; la science concrète généralise également et ne fait, en définitive, elle aussi, que de l'abstraction. Seulement, elle opère toujours sur des agrégats d'agrégats, c'est-à-dire sur des combinaisons naturelles (ayant une existence objective indépendante) de combinaisons déjà étudiées et analysées par les sciences abstraites. Mais un agrégat d'agrégats, comme un tout composé de ses parties, ne peut évidemment pas contenir d'éléments ou de facteurs qui ne soient déjà contenus dans les agrégats particuliers dont il est lui-même composé. D'où il suit nécessairement que la science concrète n'est, en réalité, qu'un faisceau de sciences abstraites réunies pour un but scientifique spécial. Il est donc strictement vrai de dire, que la première des deux conditions auxquelles est soumise toute science concrète implique nécessairement la seconde qui n'en est qu'un simple corollaire.

Cette première condition est, par conséquent, celle qui doit peser le plus dans la balance à établir pour déterminer si une science donnée est bien réellement science concrète ; et pourtant c'est exclusivement à la seconde condition qu'on s'en rapporte ordinairement dans ce cas. On oublie que l'*interdépendance* des sciences est un principe qui s'applique aux sciences abstraites aussi bien qu'aux sciences concrètes. On voit tout de suite une science concrète partout où l'on croit apercevoir un concours quelconque de plusieurs sciences abstraites ; et on n'a garde de se demander si l'on a affaire à une synthèse particulière, déjà traitée à fond et épuisée par une science abstraite particulière, ou si, au contraire, c'est une synthèse nouvelle et plus vaste, un tout inconnu formé de parties connues qu'il s'agit d'observer et d'analyser, en le soumettant, s'il y a lieu, à des expériences nouvelles, ou simplement en le décrivant, si l'expérimentation n'est pas possible. C'est en suivant cette fausse route qu'on est amené à voir des sciences concrètes dans presque toutes les sciences abstraites, ou, ce qui est bien pis encore, à faire deux parts de chaque science abstraite : l'une toute passive qui n'est jamais mise en face de la nature qu'elle n'étudie pas, qui n'a ni méthodes, ni procédés particuliers, ni action, ni vie, sorte d'archives où sont déposés les résultats acquis à grand'peine par la seconde moitié, la seule active et vivante, la seule qui soit journellement confrontée avec les agrégats naturels qu'elle dissèque et analyse, la seule qui expérimente, qui décrit, se trompe, répare ses erreurs, découvre, abstrait, généralise et porte son butin aux archives usurpatrices de son nom et de ses droits.

16. *Valeur réelle des procédés d'isolation, d'élimination et d'abstraction dans les différentes sciences.* — A la source de cette double erreur est certainement une erreur de définition qui se réduit à une opposition trop absolue des termes abstrait et concret lorsqu'ils sont employés à caractériser une science. La science la plus abstraite, une fois qu'elle a ses racines dans l'observation où dans la méthode *a posteriori*, ne fait qu'étudier, classer, décrire, soumettre aux expériences les plus variées et, en définitive, analyser des agrégats naturels, des existences concrètes quelconques. Mais, dit-on, elle le fait avec le seul dessein d'en abstraire des lois générales ; à quoi l'on répond que la science la plus concrète ne peut, elle aussi, avoir pour but que d'abstraire, des faits qu'elle étudie, certaines relations générales et constantes. On dit encore que la science abstraite considère certaines propriétés de la matière, « abstraction faite » de toutes les autres. Je ne puis m'empêcher de faire observer à cela qu'il y a dans cette locution « abstraction faite » une véritable licence philosophique de langage. En effet le but de toute science abstraite est précisément le contraire du but indiqué par cette locution courante.

Il y a nécessité d'une science abstraite, chaque fois que nous nous trouvons en présence d'une propriété naturelle que nous ne saurions, à moins d'employer à cet effet une hypothèse complètement invérifiable, réduire à une autre propriété de la matière. Mais, s'il est incontestable que la science ne peut procéder autrement qu'en analysant un agrégat objectif donné, c'est-à-dire en le transformant en plusieurs abstractions qui n'ont d'existence réelle que dans notre esprit, et s'il est incontestable, en outre, que chaque science particulière prend son nom d'une abstraction particulière qui correspond à une propriété nouvelle et encore inconnue de la matière, il est non moins incontestable que toute science a pour seul et unique but de découvrir les relations nécessaires et constantes de cette nouvelle propriété avec toutes les autres. De sorte qu'une science n'abstrait *momentanément* une propriété quelconque d'un agrégat matériel donné, que pour l'unir mieux et plus intimement à toutes les propriétés concomitantes dans la réalité objective. Il n'y a pas d'autre base pour l'interdépendance des sciences et leur classification dans un ordre hiérarchique rationnel [1].

Ainsi, le physicien étudie les propriétés physiques non pas à l'exclusion de toutes les autres propriétés de la matière, mais bien plutôt exclusivement au point de vue des relations uniformes et constantes qu'on peut observer entre cette catégorie de propriétés et toutes les autres; seulement il constate tout d'abord que les propriétés physiques sont, pour ainsi dire, « indifférentes » par rapport aux propriétés chimiques, vitales, etc., ou, en d'autres termes, qu'il n'y a ici qu'une seule et unique relation générale, toujours de la même espèce et toujours invariable. Il a donc parfaitement raison de laisser toutes ces propriétés de côté, de les ignorer complètement, et de ne s'attacher qu'aux propriétés qui présentent plus d'une relation uniforme avec les propriétés physiques, c'est-à-dire aux

1. Il est évident, que je ne veux en aucune façon amoindrir l'importance des procédés ordinaires d'élimination et d'isolation auxquels toute science a recours pour débrouiller l'écheveau compliqué des phénomènes réels. Ces procédés sont des conditions nécessaires de la pensée, et l'on pourrait aussi peu s'en passer dans la science concrète que dans la science abstraite. Toute idée, toute représentation, tout concept de l'esprit, comme le remarque avec raison l'écrivain anglais Bagehot, n'est qu'un fait concret ou une série de faits, *moins* quelque chose qui est rejeté ou exclus de la réalité objective par notre esprit. Le fait ou la série de faits sont donnés par la nature; mais ce qu'il faut rejeter du fait réel et ce qu'il faut en conserver pour les buts de la science est déterminé chaque fois par l'explorateur lui-même. J'admets également la justesse de la comparaison un peu inattendue que M. Bagehot fait de la découverte d'une loi naturelle avec la découverte d'un crime: dans le premier cas on arrête la personne suspecte, dans le second on isole la cause soupçonnée. Mais c'est là évidemment, dans les deux cas, une mesure essentiellement préventive et passagère; aussi le juge d'instruction doit-il avoir hâte de confronter l'individu arrêté avec d'autres personnes, et l'explorateur scientifique la cause ou le phénomène momentanément isolé, avec d'autres causes et d'autres phénomènes.

propriétés dites mathématiques ou de quantité. Aussi voyons-nous le physicien se proposer pour unique but de constater les relations des propriétés physiques avec les propriétés de l'étendue et du nombre (distance, vitesse, mouvement, masse, etc.). C'est ainsi, du moins, que procède la partie la plus simple de la physique, la mécanique ; sa partie la plus élevée, celle qui dans la série scientifique touche immédiatement à la chimie, ne saurait faire abstraction des propriétés chimiques.

Une conséquence importante découle de cet état de choses. Le physicien n'a pas besoin de prendre pour objectif de ses études spéciales des tissus organiques ou des sociétés d'êtres vivants, car il sait d'avance que les propriétés physiques se comportent toujours de même, soit qu'elles accompagnent simplement des propriétés chimiques, soit qu'elles se trouvent associées avec des propriétés vitales ou sociales ; la complexité des agrégats qui réunissent toutes ces propriétés serait pour lui non un avantage, mais un empêchement. Il s'en tient donc prudemment, et avec beaucoup de raison, aux agrégats naturels qui ne présentent, en majeure partie, que la réunion simple des propriétés physico-chimiques et des propriétés de l'étendue et du nombre. Mais ces agrégats, il les étudie à fond, sous tous leurs aspects ; et je ne crois pas, dès lors, qu'il y ait lieu d'étudier encore une fois ces *mêmes agrégats* dans une science concrète quelconque. Ils peuvent reparaître dans une science concrète comme parties intégrantes d'agrégats plus vastes ou plus complexes dont on poursuivra l'étude spéciale dans cette science ; ils n'y seront pas étudiés à nouveau, ils n'y seront que *connotés*, pour emprunter un terme à la logique, ce qui est une chose complètement différente et que toute science abstraite ne peut s'empêcher de faire à l'égard des sujets d'étude des autres sciences et particulièrement des sciences inférieures qui traitent de phénomènes relativement plus généraux et plus simples.

Des considérations en tout point semblables s'appliquent à la chimie, à la biologie, à la sociologie. Un chimiste ne pourra jamais faire réellement progresser sa science s'il ne voit pas clairement que le but de celle-ci est de considérer l'affinité chimique, non pas en elle-même et indépendamment de toute autre propriété naturelle des corps, mais bien dans ses relations uniformes avec ces dernières. De même que le physicien, il commencera par constater que l'affinité chimique se comporte indifféremment à l'égard des propriétés plus spéciales de la vie et de la socialité ; en conséquence, il exclura complètement la vie et la société de son domaine spécial, mais il y introduira de suite les idées de nombre, d'étendue, de masse, de distance, de poids, de lumière, de calorique, etc., etc. En conséquence encore, il étudiera à fond et sous tous leurs aspects certains agrégats, certaines combinaisons chimiques naturelles ou artificielles qu'il jugera plus spécialement propres à faire ressortir les rapports qu'il s'efforce de trouver, et cela jusqu'aux éléments et aux tissus organiques inclusivement, car il s'arrêtera devant l'agrégat qui s'appelle organe, et qui ne pourrait rien lui apprendre qu'il ne sache déjà. Le biologiste est essentiellement dans le même cas. Il étudie certains agrégats naturels, la cellule, le tissu, l'individu végétal et animal dans le seul but de leur arracher le secret des relations uniformes et constantes qui unissent la propriété vitale dont ils sont tous doués, au reste des propriétés de la matière ; mais il est évident que l'agrégat nommé société, de même que l'agrégat nommé roche ou cristal, ne pourraient rien lui apprendre à ce sujet ; en conséquence, il les exclut, au même titre, de son programme. Enfin, il est on ne peut plus manifeste qu'on imprimerait à la sociologie un cachet tout particulier d'absurdité, si l'on essayait d'en faire autre chose que l'étude des rapports de la socialité avec les autres propriétés de la matière, ou, pour nous exprimer d'une manière plus explicite, si l'on essayait d'étudier la société, abstraction faite des conditions physiques de notre globe et des conditions biologiques de ses habitants. J'ajoute une fois de plus que les agrégats, — organismes et sociétés, — une fois étudiés par les sciences abstraites de la vie et de la société, ne sauraient, à mon avis, être étudiés encore à un point de vue théorique quelconque, fût-ce le plus concret du monde ; ils peuvent seulement former l'objet de différentes études pratiques.

17. *Base objective ou expérimentale de l'analyse mathématique.* — Nous avons tâché de justifier et de vérifier le point de vue que nous défendons en le faisant passer successivement à travers tous les anneaux de la longue chaîne des sciences, à l'exception du premier chaînon, la science mathématique. Nous avons fait cette omission à dessein ; non pas que notre opinion ne puisse surmonter cette difficulté qui a déjà arrêté tant de systèmes et de vues ingénieuses, mais pour donner ici à cette science, comme partout ailleurs, la seule place qui lui appartienne, c'est-à-dire une place à part.

La science mathématique restera toujours une science unique en son genre. On connaît ses nombreux méfaits philosophiques ; je n'en indiquerai ici quelques-uns que pour mémoire. Ce sont les arguments fallacieux qu'on a prétendu tirer de son exemple qui ont si longtemps soutenu la théorie absurde des idées innées ; c'est elle qui a servi de dernier refuge à la métaphysique moderne, grâce à cette porte laissée ouverte par Kant, le grand exterminateur de la vieille métaphysique : les vérités nécessaires ou les formes logiques de la connaissance; c'est elle enfin qui s'est vue transformée, de nos jours, entre les mains d'une école entière de philosophes, en levier puissant, dirigé contre l'édifice si solide de Comte : la classification des sciences. En un mot, il est évident qu'on ne saurait trop se méfier de cette science, et cela à raison de sa simplicité même. C'est un écueil contre lequel sont venues se briser tant et tant de théories, qu'il n'est pas autrement étonnant que notre vue sur les sciences abstraites et les sciences concrètes semble, elle.aussi, ne pouvoir résister au choc.

A première vue, en effet, il paraît incontestable que l'exemple des sciences mathématiques renverse d'un seul coup tout l'échafaudage de nos conclusions. Nous avons là une science abstraite qui étudie une seule et unique propriété de la matière, abstraction faite, dans le sens le plus strict, de toutes les autres. Voilà donc le type rêvé de la science abstraite réalisé effectivement; et rien, semble-t-il, n'empêche que les autres sciences ne s'y conforment de plus en plus et ne tendent à le réaliser pour leur propre compte. On pourrait même être tenté de croire que le seul obstacle qui s'y oppose jusqu'à présent ne soit précisément l'absence d'une séparation assez complète et assez rigoureuse entre les parties abstraites et les parties concrètes de ces sciences. Mais ces objections ne me paraissent pas plus convaincantes que celles qui furent dirigées jadis contre le caractère rigoureusement expérimental de la science mathématique elle-même. Il est impossible, du reste, de s'y tromper : ces deux ordres d'objections sont congénères et ont une source commune. Quant à celle-ci, je viens de l'indiquer : c'est la simplicité vraiment extraordinaire des phénomènes mathématiques. Une simplicité trop grande présente à l'esprit les mêmes périls et les mêmes inconvénients qu'une complexité hors ligne. Le jour est proche, peut-être, où la science sociale, sortie enfin de ses limbes, jettera par sa complexité dans les rangs des philosophes et des logiciens un désarroi aussi grand que celui qui est causé actuellement par la simplicité des sciences mathématiques. Dans la sociologie, la complication extraordinaire des phénomènes sociaux, la coopération simultanée d'une multitude de causes empêchent la vue claire d'une propriété fondamentale et nouvelle de la matière, propriété qui est ici plutôt supposée et introduite dans la science comme une hypothèse utile qu'affirmée comme ayant une existence réelle. Dans les mathématiques, au contraire, c'est la source expérimentale des idées si simples de quantité qu'on ne

voit pas bien ou qu'on ne voit pas du tout, parce que l'observation, qui partout ailleurs dans la science se présente sous la forme
de perceptions distinctes et de conceptions complexes, revêt ici
la forme élémentaire de l'intuition. Mais c'est essentiellement la
même cause qui empêche, à mon avis, les mathématiques de se
conformer exactement et en tous points aux conditions indiquées
plus haut pour les autres sciences abstraites. En effet, la propriété étudiée par cette science est si simple et si générale qu'il
ne saurait y avoir de phénomène ou d'agrégat naturel qui ne
la manifeste, et, de plus, au même degré et exactement de la
même manière. Les rapports de cette propriété avec toutes les
autres sont identiques dans toute espèce de phénomènes. Il n'y
a donc pas lieu, d'après la règle posée pour la physique, la
chimie, etc., d'étudier ces rapports dans les agrégats qui
font l'objet spécial de ces sciences.

Mais une science n'est telle qu'autant qu'elle étudie les relations uniformes qui existent entre les propriétés, non une propriété isolée. Les mathématiques ne sauraient faire exception à
cette règle, sans perdre aussitôt leur caractère de science. Seulement, il est évident qu'il suffit amplement aux mathématiques
de choisir pour point de départ quelques agrégats naturels parmi
ceux qui se présentent journellement aux sens et sont si simples, si communs et si familiers à tout le monde que leur observation passe inaperçue au milieu des observations et des études,
souvent si difficiles, des autres disciplines. Ces agrégats forment
la base expérimentale de la géométrie à trois dimensions, ainsi
que de la science des nombres; c'est de leur étude, attentive au
début, intuitive aujourd'hui, que sont sortis les quelques axiomes
qui sont les fondements inébranlables sur lesquels s'est élevée
avec le temps l'éblouissante construction logique, que beaucoup d'esprits considèrent — avec raison, je crois — non comme
la science véritable, celle qui constate des relations uniformes
entre les propriétés de la matière et qui est contenue en entier
dans les axiomes mathématiques et leurs conséquences immé-
diates, mais comme un admirable instrument de logique universelle. Cette construction logique est le fait propre des mathématiques et ne se rencontre en aucune autre science; mais je crois
qu'il n'est pas absurde de supposer que chacune d'elles aurait pu
fournir la base d'une construction analogue, si les conditions
nécessaires et réalisées jusqu'à ce jour dans les mathématiques
seules, devenaient tout à coup, même approximativement, réalisables dans d'autres domaines scientifiques. Le phénomène si
universel et si simple, étudié par la mécanique générale, le mouvement, pourrait, dans cette hypothèse, donner un jour lieu à

une construction logique du même genre, quoique naturellement inférieure à tous les égards.

18. *Définitions de la science abstraite et de la science concrète.* — Dans les pages précédentes nous avons tâché de faire ressortir clairement ce que nous croyons être une vérité méconnue, à savoir, qu'une science descriptive n'est pas, par cela seule qu'elle est descriptive, une science concrète; ou bien encore que la description est, non pas un signe indicatif du caractère concret d'une science, mais une excellente méthode scientifique, spécialement adaptée à la nature intime des phénomènes qu'il s'agit d'observer, rendant à certaines sciences des services équivalents à ceux que l'expérimentation rend à d'autres, et pouvant être tout aussi utilement appliquée dans une science abstraite que dans une science concrète. En conséquence, voici les définitions que je crois pouvoir donner de la science abstraite et de la science concrète. Une *science abstraite* étudie, -- au moyen de l'observation simple, de l'expérimentation ou de la description, certains agrégats naturels qu'elle choisit spécialement, dans la masse des agrégats existants au sein de la nature, comme exemplifiant le mieux les manifestations d'une propriété irréductible ou irréduite quelconque de la matière; son but final est d'en constater les relations uniformes (lois naturelles) avec des propriétés également irréductibles, étudiées dans d'autres agrégats par d'autres divisions du savoir abstrait. Une *science concrète* est celle qui étudie des agrégats d'agrégats, déjà étudiés par différentes sciences abstraites, en employant exactement les mêmes moyens que ces dernières et exactement pour le même but, c'est-à-dire pour arriver à l'analyse de ces agrégats complexes, mais avec cette différence aussi essentielle qu'inévitable dans le résultat final, qu'elle n'arrive jamais ni à la connaissance d'une nouvelle propriété irréductible de la matière, ce qui serait simplement impossible, puisqu'elle étudie des agrégats qui se décomposent entièrement en agrégats dont toutes les propriétés irréductibles ont été préalablement étudiées par différentes sciences abstraites, ni à la connaissance de ces propriétés irréductibles et de ces agrégats plus simples, car elle ferait alors double emploi avec les sciences abstraites. Elle arrive à la connaissance des conditions indispensables pour qu'un agrégat d'agrégats donné soit effectivement formé par plusieurs autres, ainsi que des conditions nécessaires pour maintenir ou conserver, modifier ou détruire l'agrégation naturelle dont il s'agit. En d'autres termes, la destination finale de la science concrète est d'arriver à la connaissance, non des relations uniformes entre certaines propriétés fondamentales de la matière, mais des conditions spécia-

les qui président à la formation, à la conservation et à la modification de certains agrégats spéciaux observés comme tels dans
la nature et dont l'étude, qui pourtant présente un intérêt
théorique ou pratique quelconque, n'a pas, pour une raison ou
pour une autre, pu être poursuivie avec l'étude d'une des propriétés fondamentales de la matière.

Deux conséquences me semblent pouvoir être déduites de cette
définition de la science concrète. En premier lieu, la science concrète est, de même que la science abstraite, essentiellement théorique. Sur ces deux espèces de sciences peuvent également bien
se greffer des sciences pratiques, c'est-à-dire des arts qui ont cessé
d'être empiriques pour devenir scientifiques; mais l'intérêt prédominant d'une science concrète consiste toujours à expliquer
une genèse naturelle quelconque, et c'est là un intérêt purement théorique. En second lieu, la science concrète ne peut en
aucune façon être représentée comme une contre-partie nécessaire de la science abstraite. Je ne parle pas de l'impossibilité évidente d'établir une science concrète sur la base d'une
seule et unique science abstraite; mais, lors même qu'elle apparaît comme fondée sur plusieurs sciences abstraites, elle ne
présente pas les caractères d'une nécessité logique ou subjective; elle est entièrement due à une nécessité objective, à un
concours de conditions extérieures, qui rendent utile, désirable
ou indispensable l'étude complémentaire, à un point de vue d'ensemble, de certains agrégats naturels. Opposer à toute science
abstraite une science concrète est un arrangement symétri-
que qui peut flatter certains besoins de notre esprit, mais qui
n'est pas dans les choses. J'ai déjà indiqué, comme source de
confusion à cet égard, l'opposition trop absolue des termes habituellement employés pour caractériser ces deux espèces distinctes
de connaissances. Les désignations usuelles indiquent strictement que, dans un ordre de connaissances, l'important ou l'essentiel est toujours une propriété fondamentale de la matière,
et que dans l'autre, au contraire, c'est la synthèse objective formée par des propriétés déjà étudiées et connues qui est la seule
raison d'être de la science. Il serait donc préférable, peut-être,
d'ajouter aux dénominations consacrées par l'usage des qualifications complémentaires, et de dire, par exemple, une science
abstraite ou *fondamentale*, et une science concrète ou *dérivée* [1].

1. Une revue détaillée des sciences ordinairement rangées dans la catégorie des connaissances concrètes serait certainement un complément utile
à ajouter aux considérations ci-dessus; mais entreprendre ici cette étude
me mènerait trop loin des limites de mon sujet. Je me borne donc à
indiquer sommairement mon opinion à l'égard de la plupart de ces scien-

19. *Histoire naturelle et science naturelle des sociétés.* — Les considérations que nous avons exposées plus haut nous permettent maintenant d'en finir d'un coup avec la fausse analogie qui a trompé tant et de si bons esprits, en les induisant à croire que la sociologie était une science concrète. Voyant, en effet, que la sociologie ressemble le plus aux sciences dites concrètes, mais qui, en réalité, ne le sont pas, on en a conclu analogiquement qu'elle était une science concrète. Et pourtant — les mêmes considérations nous autorisent à l'affirmer — ce n'est qu'une science essentiellement descriptive. Cela ne pourra, nous l'espérons, faire l'objet d'aucun doute pour quiconque voudra, se rappelant les lois indiquées au début de cet essai comme réglant l'emploi de la description dans les différentes sciences en accord avec la nature intime des phénomènes à observer, appliquer ces règles à la science nouvelle de la société.

Nous n'avons donc pas lieu de revenir ici sur ce sujet ; mais résumant en quelques mots notre opinion, nous pouvons dire que la science sociale nous paraît être une science essentiellement descriptive, pour deux raisons principales et à un double point de vue. D'abord, parce que la méthode descriptive est strictement conforme au caractère et à la nature intime des phéno-

ces. Nous avons vu que la géologie réalisait le véritable type de la science concrète. La météorologie apparaît avec les mêmes caractères ; elle étudie, au même point de vue, une synthèse objective qui ne forme l'objet d'aucune autre science : l'atmosphère, considérée à part de la croûte terrestre ; du reste, elle peut aussi être présentée comme une subdivision de la géologie. Une astronomie concrète — une sidérologie — est impossible, tant que la physique et la chimie célestes ne seront pas plus avancées ; et c'est une des raisons pour lesquelles Comte a pu ranger l'astronomie parmi les sciences abstraites, quoique, comme telle, elle ne soit évidemment qu'une partie de la mécanique. Passons aux sciences descriptives par excellence, à l'histoire naturelle, à la zoologie, à la botanique. Je ne comprends pas comment on a jamais pu faire de ces sciences des sciences concrètes, c'est-à-dire des sciences fondées sur le concours de plusieurs sciences abstraites. Peut-on dire qu'on a affaire ici à plusieurs sciences élémentaires différentes, parce qu'on y décrit la couleur d'un pétale ou la coloration d'un poil, et que la couleur est une propriété physique et non pas biologique? Ce raisonnement serait vraiment par trop puéril. L'indication du volume, du poids, etc., des animaux et des plantes soulève la même objection. La science la plus abstraite ne saurait se passer d'une pareille *connotation* de propriétés étudiées par d'autres sciences. Mais la zoologie explique-t-elle la genèse de la couleur des animaux, par exemple, à l'aide de la physique, et ne voyons-nous pas que c'est la partie la plus abstraite de la biologie, la théorie de l'évolution, qui est momentanément saisie de cette question? Et quel est donc le rôle de la chimie dans la zoologie? En vérité, ce rôle est nul, puisque c'est derechef la partie la plus abstraite de la science de la vie qui est saisie du côté chimique des phénomènes vivants. La minéralogie et la cristallogra-

'mènes sociaux, qui ne sauraient être ni observés d'une manière immédiate comme les phénomènes de la mécanique céleste, ni soumis aux procédés éliminateurs de l'expérimentation physique, chimique et même physiologique ; d'où il suit que la sociologie restera toujours une science descriptive, et cela à un degré plus élevé encore que la biologie. En second lieu, parce que la science sociale en est encore à ses débuts comme science, et que les commencements d'une science sont toujours plus descriptifs, du moins en apparence. Ce qu'on observe au commencement, ce sont les choses en bloc, les caractères extérieurs, les ressemblances et les dissemblances frappantes et palpables ; et c'est là ce que l'usage populaire appelle seul du nom de description, préférant donner à la description plus difficile et qui vient plus tard, à la description des caractères intérieurs et cachés, des ressemblances et des dissemblances plus intimes et moins visibles, l'appellation mieux sonnante d'analyse. Mais le nom ne change rien à la chose ; et, soit que les attributs cachés des phénomènes soient découverts à l'aide du microscope, ou qu'ils le soient à l'aide d'observations habilement variées, de conjectures et d'hypothèses vérifiables, et enfin même d'erreurs comprises et réparées, il faudra toujours, lorsqu'on ne pourra pas en faire l'objet d'expériences directes et décisives,

phie ne me paraissent pas non plus satisfaire aux conditions de la science concrète, du moins à leur état présent. La minéralogie, cette histoire naturelle du monde inorganique, est une couche scientifique ancienne, qui jadis, en décrivant les caractères superficiels des substances, a formé la base de la chimie ; maintenant que cette dernière science est plus avancée, on joint dans la minéralogie la description des caractères chimiques à la description extérieure. Mais on n'y fait en aucune façon de la synthèse scientifique à l'aide des sciences du monde inorganique ; on n'y explique même pas d'après les lois de la physique le poids, la couleur, la chaleur spécifique, etc., des diverses substances. Je suis plus indécis à l'égard de la cristallographie, qui est de formation scientifique récente et qui peut être considérée, soit comme une branche préparatoire de la physique ayant trait aux lois d'attraction et de répulsion moléculaires, soit comme une annexe de la chimie, s'il peut être prouvé que l'affinité chimique joue ici un rôle prépondérant, soit enfin (mais cela me paraît peu probable) comme le germe d'une science concrète future, s'il est démontrable que nous avons affaire ici à une synthèse générale du monde inorganique, dont l'importance et la complexité nécessiteraient une étude spéciale. Et, à ce propos, je ne puis m'empêcher de faire cette remarque générale, que la science concrète ne doit pas être cherchée au début, mais bien plutôt à la fin de l'évolution scientifique. Un complément ne peut inaugurer une évolution ou en être le germe primitif. En théorie, on ne peut nier la possibilité de toute espèce de sciences concrètes, dont le nombre peut être infini ; mais il est impossible, en pratique, de prévoir quand l'évolution sera assez avancée pour permettre la formation scientifique concrète ou complémentaire.

se contenter de les décrire, c'est-à-dire de les classifier, de les définir, de les arranger de manière qu'il en jaillisse une vue claire des relations uniformes des phénomènes. La description scientifique est, au même titre que l'analyse, une « séparation » à laquelle l'esprit soumet les objets pour en saisir les points d'accord et de différence. C'est une seule et même méthode, un procédé essentiellement identique de l'esprit, mais on dit volontiers description des choses qu'on voit, et analyse des choses qu'on ne voit pas. D'ailleurs, je suis le premier à reconnaître que la distinction établie par l'usage entre les termes équivalents de description et d'analyse n'est pas tout à fait sans fondement. Une réalité objective et facilement observable y correspond. On constate que toute science abstraite descriptive, arrivée à son état positif, présente simultanément deux couches superposées, l'une essentiellement initiale et préparatoire, à laquelle on peut donner le nom générique d'*histoire naturelle*, et l'autre, greffée sur la première et se développant au-dessus, à laquelle on peut donner le nom générique de *science naturelle*. Dans la première, qui est descriptive dans le sens ordinaire du mot, les efforts analytiques de notre esprit ont pour but direct la multiplication des points de vue particuliers et la spécialisation des objets d'études qui en dérive ; dans la seconde, au contraire, l'analyse sert seulement de base immédiate aux comparaisons et généralisations supérieures. C'est la complication extrême des phénomènes du monde organique qui a rendu inévitable dans les deux sciences abstraites qui s'en occupent — la biologie et la sociologie — cette double stratification, presque inconnue dans les sciences inorganiques, où elle ne se retrouve que fortuitement et toujours partiellement.

20. *Opinions de Stuart Mill, Spencer, Bain, Lewes, Proudhon, Schäffle, etc.* — L'école expérimentale moderne en psychologie, qui compte parmi ses adhérents des philosophes comme Stuart Mill, Herbert Spencer, Bain et Lewes, a nettement compris, du moins en ce qui concerne la psychologie, la nécessité de cette stratification, et a même presque saisi sa véritable signification. Ainsi, un disciple de cette école, M. Morell, demande qu'une science naturelle de l'esprit soit fondée sur une histoire naturelle des phénomènes mentaux, celle-ci se proposant avant tout de classer et celle-là avant tout d'analyser ces phénomènes. « Cela fait, dit-il, ces derniers seront analysés en même temps que classés, et nous en aurons une connaissance scientifique [1]. » Ainsi encore, M. Bain dit formellement : « Quelque imparfaite

---

1. *An introduction to mental philosophy*, 1865.

que puisse être une première tentative, pour construire une histoire naturelle des sentiments, fondée sur une méthode uniforme de description, la question de l'esprit ne peut atteindre un caractère vraiment scientifique, tant qu'on n'aura pas fait quelques progrès vers la réalisation de cette histoire naturelle [1]. » Enfin, M. Herbert Spencer vient, à son tour, donner son adhésion à cette vue ; il juge dans les termes suivants l'ouvrage capital de M. Bain : « Dire que les recherches du naturaliste qui collectionne, dissèque et décrit des espèces, ont les mêmes rapports avec les recherches de l'anatomie comparée sur les lois de l'organisation, que les travaux de M. Bain avec les travaux de la psychologie abstraite, ce serait aller un peu trop loin, car l'ouvrage de M. Bain n'est pas entièrement descriptif. Cependant cette comparaison donnerait encore l'idée la plus exacte de ce qu'il a fait et montrerait clairement combien cela était *indispensable* [2]. »

Ces mêmes vérités ont été maintes fois entrevues dans leur application à la science sociale. Il y a trente ans, un célèbre écrivain sur les matières sociales traçait ces lignes : « La science sociale est la connaissance raisonnée et systématique, non pas de ce qu'*a été* la société, ni de ce qu'elle *sera*, mais de ce qu'elle *est* dans toute sa vie, c'est-à-dire dans l'ensemble de ses manifestations successives... La science sociale doit embrasser l'ordre humanitaire, non seulement dans telle ou telle période de sa durée, ou dans quelques-uns de ses éléments, mais dans tous ses principes et dans l'intégralité de son existence : comme si l'évolution sociale, épandue dans le temps et l'espace, se trouvait tout à coup *ramassée et fixée sur un tableau* qui, montrant la série des âges et la suite des phénomènes, en découvrirait l'enchaînement et l'unité. Telle doit être la science de toute réalité vivante et progressive ; telle est incontestablement la science sociale. » Et quelques pages plus loin, en parlant plus spécialement d'une partie de la science sociale, l'économie politique : « Toute science doit d'abord circonscrire son domaine, produire et rassembler ses matériaux ; avant le système, les faits ; avant le siècle de l'art, le siècle de l'érudition. Soumise comme toute autre à la loi du temps et aux conditions de l'expérience, la science économique, avant de chercher comment les choses doivent se passer dans la société, avait à nous dire comment elles se passent ; et toutes ces routines, que les auteurs qualifient si pompeusement dans leurs livres de lois, de principes et

1. *Les sens et l'intelligence.*
2. *Essays*, t. I.

de théories, malgré leur incohérence et leur contrariété, devaient être recueillies avec une diligence scrupuleuse et décrites avec une impartialité sévère. Pour accomplir cette tâche, il fallait plus de génie peut-être, surtout plus de dévouement, que n'en exigera le progrès ultérieur de la science [1]. »

Malheureusement, je suis obligé d'ajouter à ces belles paroles, que la tâche si difficile et si grande dont il y est question n'a jamais été ni bien comprise, ni surtout exécutée d'une façon tant soit peu approchante de la description qu'on vient de lire. Le peu qui a été accompli dans cette direction suffit amplement à expliquer la valeur scientifique relative de l'économie politique, mais ne saurait nullement nous autoriser ni à voir dans cette dernière, avec l'auteur cité, « le recueil des observations faites jusqu'à ce jour sur les phénomènes de la production et de la distribution des richesses, » ni à croire, avec lui, que les économistes aient, réellement, « classé ces observations ; qu'ils aient décrit les phénomènes, constaté leurs accidents et leurs rapports ; » et enfin « que cet ensemble de connaissances, saisies sur les manifestations pour ainsi dire les plus naïves de la société, constitue l'économie politique, qui est donc l'histoire naturelle des coutumes, traditions, pratiques et routines les plus apparentes et les plus universellement accréditées de l'humanité, en ce qui concerne la production et la distribution de la richesse. » Il y a, en effet, un peu de tout cela dans tous les coins de l'économie politique ; mais la place en évidence y a toujours appartenu aux déductions creuses, aux exercices de raisonnements purs, c'est-à-dire à un apriorisme plus ou moins inconscient. J'arrête là mes citations d'un auteur que tous ceux qui ont jamais ouvert un de ses livres reconnaîtront de suite sans que j'aie besoin de le nommer, surtout si j'ajoute qu'avec la légèreté philosophique qui le caractérise il s'écrie, quelques pages après avoir admis, dans les termes qu'on connaît, l'impérieuse nécessité de la description sociale : « Oh ! des monographies, des histoires ; nous en sommes saturés depuis A. Smith et J.-B. Say ; la méthode historique et descriptive, employée avec succès tant qu'il n'a fallu opérer que des reconnaissances, est désormais sans utilité. »

Aujourd'hui, le courant qui porte les explorateurs vers la connaissance de la vraie méthode scientifique à employer dans le domaine social, a, sans conteste, beaucoup gagné en force et en vitesse. Un fait qui est loin de former un indice isolé, permettra

---

1. *Système des contradictions économiques ou philosophie de la misère.*

d'en juger : M. Spencer, le penseur le plus original, peut-être, de notre temps, et l'un des connaisseurs les plus fins de la « matière sociale », poursuit une œuvre encyclopédique remarquable dont le plan et la portée ne peuvent encore être pleinement appréciés, mais dont le titre seul — la sociologie descriptive — est déjà très significatif. Un grand ouvrage allemand, dû à la plume sympathique d'un savant distingué, M. Schäffle, quoique considérablement déformé par un emploi abusif de la méthode analogique, paraît être conçu essentiellement dans le même sens. Toutefois, la régularité de ce courant, et surtout, si je puis m'exprimer ainsi, sa limpidité, laissent beaucoup à désirer. Il est, à la fois, dévié de son lit normal et troublé dans sa transparence naturelle par la méconnaissance totale de la véritable nature des phénomènes sociaux, dont on fait de simples produits de l'action combinée des forces inorganiques et des propriétés vitales, déniant ainsi à la sociologie le caractère d'une science abstraite. A la tête de cette fausse direction, comme à la tête de la bonne voie signalée plus haut, nous trouvons encore le nom de M. Spencer qui a fait école en proclamant la sociologie une science concrète. Mais M. Spencer — j'ajoute cela à sa décharge — corrige en quelque sorte son erreur en la généralisant, car il voit également une science concrète dans la biologie et étend en partie cette vue aux autres sciences qui, les mathématiques exceptées, sont toutes pour lui ce qu'il appelle des sciences abstraites-concrètes. D'autres, moins conséquents et probablement moins clairvoyants aussi, accusent plus fortement la même erreur, en la bornant à la science sociale seule dont ils font tantôt une simple annexe déductive de la psychologie, tantôt le complément d'un ensemble scientifique plus vaste qui comprend les sciences du monde inorganique aussi bien que la science de la vie. J'ai le regret de constater que Stuart Mill a, sinon partagé entièrement ces vues, du moins contribué beaucoup à les fortifier et à les répandre, par sa malencontreuse exaltation de la méthode déductive, appliquée aux disciplines sociales. M. Bain, qui, lui, au contraire, est très peu disposé en faveur de cette méthode, voit néanmoins dans la science sociale une science concrète ; et cela, peut-être, sous l'influence du même préjugé, quant au rôle prépondérant de la déduction. M. Cairnes, l'éminent économiste anglais, ne veut y voir à son tour qu'une sorte de géologie, qui explique les faits sociaux en les ramenant à des causes physiques, physiologiques et mentales, comme la géologie explique la constitution du globe par les lois de la mécanique, de la chimie et de la biologie. Mais je n'en finirais pas de sitôt, si je voulais donner une liste un peu complète des auteurs qui ont abondé et abondent encore journellement dans ce sens.

21. *Conclusion.* — Je conclus par où j'ai commencé. Il s'agit d'élever la science sociale à la hauteur d'une science naturelle de la société. Pour atteindre ce but, il faut, avant tout, ne pas se méprendre au sujet des conditions propres aux phénomènes observés dans cette science.

Ces conditions se résument ainsi :

Nous avons devant nous une propriété fondamentale de la matière, nous avons par conséquent affaire à une science abstraite. Nous avons devant nous des phénomènes si compliqués que ni l'observation simple des sciences inférieures, ni l'expérimentation des sciences qui viennent immédiatement après, ne peuvent y être d'un usage unique et régulier ; nous devons avoir recours à la seule méthode d'observation qui nous reste encore et qui a été si fructueusement employée dans la science voisine et analogue de la biologie — la description comparée et analytique. Une troisième condition, qui dépend encore de la même cause, — la complexité extrême des faits sociaux, — exige une division du travail, un degré de préparation de plus : la création d'une histoire naturelle des sociétés, qui puisse servir de base uniforme et d'appui durable à la science naturelle de la société.

Ce qui manque le plus à la science sociale de nos jours, c'est une classification et un arrangement des milliers de faits qui lui sont déjà acquis par l'expérience accumulée des siècles, expérience du passé parvenue par voie de tradition, expérience présente dont une partie considérable, sous le nom d'influences et aptitudes héréditaires d'observation, appartient encore au passé ; j'entends ici un arrangement et une classification qui soient établis en vue du nouvel usage — strictement théorique ou scientifique — auquel nous sommes déjà en mesure de destiner ces faits. Les anciennes descriptions, classifications et analyses, entreprises et menées à bout pour des fins qui la plupart du temps n'avaient rien de commun avec la science, quand elles ne lui étaient pas directement hostiles (comme les fins théologiques, par exemple) sont ou deviennent rapidement un empêchement.

Commençons donc par un réarrangement et une description nouvelle des faits universellement connus. Cataloguons même, s'il le faut, puisque nous savons maintenant à quoi peut et doit nous servir ce catalogue ; dans nos efforts continus, nous serons soutenus par la pensée, qu'il ne s'agit ni de classification *ære perennius*, ni d'analyses devant braver les rectifications du temps. Faisons de la sociologie descriptive, comparée et analytique, comme on a fait de la biologie descriptive, comparée et analytique, c'est-à-dire en commençant par la description, la comparaison et l'analyse très sommaire et très peu prétentieuse des phénomènes observés et arrangés d'une manière aussi avantageuse que possible, éclairant le mieux les faits et encombrant le moins la mémoire. En un mot, il s'agit, avant tout, de faire l'histoire naturelle de la société.

La science naturelle de la société, la sociologie telle que l'ont rêvée les meilleurs et les plus lumineux esprits, ne se fera alors pas longtemps attendre. Ayant trouvé sa véritable voie, elle ne la quittera plus ; elle se développera concurremment avec l'histoire naturelle de la société qui sera le soutien le plus ferme de ses premiers pas et qui pourra, plus tard, lui rendre des services analogues à ceux que la biologie reçoit encore aujourd'hui de ses affluents purement descriptifs. Le problème sociologique est ainsi ramené à des proportions d'autant plus réelles qu'elles sont plus modestes.

LA PLACE DE LA SOCIOLOGIE

PARMI LES SCIENCES [1]

CHAPITRE IV

EXAMEN PRÉALABLE ET POSITION DE LA QUESTION

1. *Points de vue de l'évolution et de la méthode. Base expéri-mentale de la classification de Comte.* — La véritable place de la sociologie dans la série des sciences lui a été assignée par le fondateur de la philosophie positive. La sociologie est une science essentiellement abstraite qui s'occupe d'un ordre parti-culier de phénomènes se distinguant de tous les autres par leur spécialité et leur complexité relativement plus grandes.

Mais la classification des sciences établie par Comte a, comme on sait, soulevé des objections, et cela à des points de vue divers. Certes, la plupart de ces objections n'ont jamais mérité d'être

1. Les questions que je me propose d'examiner dans la suite de ce travail, sont connexes entre elles et avec le problème fondamental de la méthode qui a servi de texte aux considérations générales dévelop-pées dans les trois chapitres précédents.

Dans l'exposé suivant il ne s'agira, du reste, encore que d'indications générales et d'aperçus qui seront souvent essentiellement hypothétiques. L'évolution particulière de la science sociale est trop peu avancée pour permettre d'aborder de front toutes les difficultés inhérentes à ses pro-blèmes fondamentaux. Les données existantes, je ne saurais trop le répéter, ne peuvent nous conduire qu'à des solutions approximatives.

Ces questions se rapportent donc aux points suivants : à la classification extérieure de la sociologie, c'est-à-dire à sa place dans la série hiérarchique des sciences ; à sa classification intérieure ou à sa division ; à ses rapports avec la biologie ; à ses rapports avec la psychologie ; enfin, à quelques conséquences qui paraissent découler de l'emploi général de la méthode descriptive en sociologie. J'examinerai successivement ces questions, m'en tenant, autant que possible, à l'ordre que je viens d'indiquer.

discutées ou même relevées d'une manière sérieuse ; mais il en est quelques-unes qui ne sauraient être passées sous silence, tant à cause de la haute autorité philosophique du célèbre savant qui les a produites, qu'en raison de l'intérêt philosophique qu'elles présentent par elles-mêmes. Je veux parler de la critique dont la classification de Comte a été l'objet de la part de M. Spencer, ce penseur qu'on est à peu près sûr de rencontrer sur son chemin dans toute controverse philosophique sérieuse de l'époque. La position occupée par Comte dans cette grave question est excellente — la majorité des esprits éclairés l'accorde aujourd'hui ; mais les meilleures positions, comme les forteresses imprenables, ne se gardent qu'à la condition de veiller constamment à toutes les issues et de repousser tous les assauts. Dans ses nombreux écrits, mais surtout dans un essai intitulé : *La genèse de la science*, M. Spencer attaque dans ses sources vives, dans son principe fondamental, la grande conception de Comte, l'arrangement sériel des sciences ; il nie formellement que le principe du développement de nos connaissances soit le principe de la généralité décroissante des phénomènes étudiés dans les différentes sciences. A la place d'une succession ou filiation historique, déterminée par ce principe, il ne voit qu'un développement irrégulier, échappant à toute prévision, par conséquent, à toute classification à base historique , et régi exclusivement par l'interdépendance des sciences, c'est-à-dire par le concours ou l'appui que se prêtent entre elles les différentes branches de la connaissance humaine.

Mais on sait aussi qu'il a été fait prompte justice de la confusion d'idées et de termes qui gît à la base de la critique dirigée par M. Spencer contre la classification de Comte. Le plus connu des disciples de celui-ci, passé lui-même maître dans la philosophie positive, n'a pas tardé à relever le défi porté à l'ensemble encore plus qu'à cette partie essentielle de la doctrine positive par le philosophe anglais. Dans quelques pages d'une discussion qui brille surtout par la précision et la clarté, il fait toucher du doigt la confusion dans laquelle est tombé M. Spencer, par rapport aux idées voisines mais distinctes de série, d'évolution, de constitution et d'interdépendance des sciences ; il ajoute de nouveaux arguments aux preuves déjà si solides de Comte, et rend sa classification des sciences, pour ainsi dire, inattaquable. Dans un petit nombre de lignes que l'histoire de la philosophie n'oubliera pas, il apporte des développements précieux à la doctrine positive, car on ne saurait appeler autrement la vue ingénieuse qui, distinguant l'évolution d'une science de sa constitution, rattache la première au principe de l'inter-

dépendance des sciences, et la seconde au principe de la géné
ralité décroissante ou de la complexité croissante des phénomènes ; et cette autre vue qui complète et étend encore la
première, en faisant ressortir, pour me servir des propres paroles de M. Littré, que, « tandis que la série et la constitution
représentent la condition objective des choses, l'interdépendance représente la condition subjective de la connaissance :
double condition qui, historiquement, se manifeste d'une part
comme série dans la superposition des constitutions, d'autre
part comme évolution dans le concours de toutes les parties
pour une seule, et d'une seule pour toutes [1]. »

J'avoue franchement pourtant que, dans cette discussion qui
restera classique, aussi bien par sa forme courtoise que par son
fond philosophique, un seul point m'a toujours paru être une
concession gratuite aux prétentions mal fondées de M. Spencer,
et en même temps une objection qui restait en deçà ou allait
au delà des limites de la question controversée, mais ne la
touchait pas directement. Aussi M. Spencer ne se fait-il pas
faute, dans une réplique ultérieure, de prendre un semblant
de revanche à propos de ce seul point, en passant sous silence
les arguments qui, ne lui concédant rien, allaient néanmoins
droit au but. Il s'agit de la distinction entre la généralité objective et la généralité subjective. Cette distinction peut être justifiable en elle-même ; en outre, elle peut posséder une certaine
valeur philosophique qui permet d'en faire une application
heureuse à différents problèmes de la logique générale. Mais elle
ne va pas à l'encontre de l'objection soulevée par M. Spencer ;
elle tourne la difficulté — j'allais dire elle l'admet — plutôt
qu'elle ne la résout ou ne la fait disparaître.

Le grand argument de M. Spencer contre la classification des
sciences telle qu'elle a été établie par Auguste Comte, est un
grand coup porté, sinon complètement dans le vide, du moins
dans un espace logique situé à côté, et ne coïncidant nullement avec le domaine spécial de la pensée qui renferme les
notions de classification, de série ou d'évolution historique des
sciences. M. Spencer oppose au principe de la généralité décroissante invoqué par Comte le principe contraire de la généralité croissante, et conclut en disant que la réalité n'est
exprimée qu'en combinant ensemble ces deux principes et
en les amalgamant de telle sorte, qu'aucun groupement des
sciences en une succession et aucun ordre de développement par
filiation de l'une à l'autre n'en puissent évidemment sortir ; car

1. *Auguste Comte et la philosophie positive*, 1863, p. 305.

ces principes, étant diamétralement opposés, s'annulent réciproquement dans leurs conséquences. Mais une argumentation semblable, pour être ingénieuse, ne m'en paraît pas moins fondée sur un sophisme facile à dévoiler. M. Spencer, en effet, ne nie pas et n'a jamais nié que, à mesure que les phénomènes présentés par la nature deviennent plus compliqués, il devient aussi plus difficile d'en saisir ou, mieux, d'en extraire les relations constamment uniformes que nous nommons lois de la nature et qui forment le seul et unique but de la science. Mais il n'y a rien au delà de cette simple assertion dans le principe évolutif posé par Comte, principe qui, à lui seul, explique et justifie sa classification telle quelle. Je dis dans le principe de Comte et non dans tel ou tel texte de ses écrits, car j'estime trop haut la dignité philosophique de M. Spencer pour supposer un seul instant que, tout en annonçant l'intention de combattre l'esprit d'une doctrine et d'en renverser le principe fondamental, il n'ait eu réellement en vue que de s'attaquer à quelques incorrections de détail, et de relever quelques-unes de ces erreurs de la pensée qui se glissent fatalement dans l'exposition un peu développée de toute théorie abstraite. A quoi se réduit donc, en somme, l'objection capitale du philosophe anglais ? Simplement à ceci :

M. Spencer affirme, et nous affirmons avec lui, qu'il existe dans les sciences une *méthode* excellente et, d'ailleurs, fort répandue, qui consiste essentiellement à raisonner du particulier au général, à saisir le phénomène général inconnu dans le phénomène particulier connu, et dont l'emploi peut être considéré comme la cause effective des progrès accomplis jusqu'ici dans la plupart des branches de la connaissance humaine. Nous avons nommé la méthode inductive. Mais, si l'on s'enquiert du principe fondamental qui, agissant par l'intermédiaire des procédés inductifs, explique le développement progressif de nos connaissances, ou bien encore si l'on veut résumer cette méthode et ses conséquences, les progrès scientifiques accomplis, en une seule et brève formule, on pourra, évidemment, affirmer avec beaucoup de raison que c'est le principe de la généralité croissante qui régit le développement du savoir humain. Rien n'est plus juste, en théorie et en fait, que cette conclusion pour ainsi dire forcée. Il est évident aussi que M. Spencer eût été plus que justifié de tout reproche de confusion et de critique frappant à faux, s'il avait opposé son principe de la généralité croissante au principe contraire de la généralité décroissante que Comte aurait déduit, à son tour, de considérations analogues sur les méthodes des sciences. Ainsi, en supposant que Comte eût posé ces prémisses inattaquables : que la méthode déductive est employée avec plus ou moins de succès dans toutes les divisions du savoir humain et que les progrès de la connaissance humaine dépendent pour beaucoup de l'emploi qu'on fait dans les différentes sciences de ces procédés de vérification qui consistent à aller du général au particulier, à saisir le phénomène particulier inconnu dans le phénomène général connu ; et en supposant qu'il en eût déduit cette conclusion que le principe de la généralité décroissante régit *seul* le développement des sciences ; — M. Spencer ne se serait montré que bon logicien en l'arrêtant net et en lui objectant que cette conclusion est évidemment fausse en partie, car elle contient au moins une affirmation qui ne se trouve pas dans les prémisses ; et, pour citer textuellement, M. Spencer aurait eu mille fois raison de dire : « La généralisation de M. Comte n'est qu'une demi-vérité. Le fait est qu'aucune des deux hypothèses n'est exacte en elle-même, et que la réalité n'est exprimée qu'en les combinant ensemble. Le progrès de la science est double ; il va à la fois du spécial au général et du général au spécial ; il est analytique et synthétique en même temps. » A ne considérer le développement ou l'évolution des sciences qu'au seul point de vue de la méthode, il est indubitable qu'on ne peut arriver qu'au résultat auquel aboutit M. Spencer.

L'erreur consiste à croire que ce point de vue soit le seul possible, le seul qui doive nécessairement prédominer dans une théorie de l'évolution des sciences. C'est le contraire qui est la vérité. On ne saurait déduire les lois de l'évolution du savoir humain de simples considérations sur les méthodes scientifiques. C'est l'observation des faits réels et historiquement vérifiables qui seule fournit les éléments nécessaires à une généralisation de ce genre. La meilleure preuve en est qu'aucun des adversaires de la classification de Comte, et M. Spencer moins que tous les autres, n'a jamais pu invalider la succession sérielle des sciences, telle qu'elle est donnée dans cette classification, au moyen de faits qui prouveraient qu'en réalité il s'est produit un autre ordre quelconque de développement historique. Il est tout aussi impossible d'affirmer que la constitution de la biologie ait précédé celle de la chimie, et la constitution de cette dernière celle de la physique, qu'il est impossible de faire précéder la bataille de Marathon par la bataille de Jemmapes. Il est encore plus illusoire de nier la réalité d'un développement sériel et d'affirmer, comme M. Spencer est visiblement tenté de le faire, que les sciences ne se développent pas successivement. Comment se développeraient-elles alors ? Il n'est pas

permis à la fois de nier des faits évidents, et de tomber dans
des contradictions logiques qui frisent l'étrangeté. Dans ces
circonstances, rien n'est plus naturel et plus caractéristique en
même temps que le fait suivant, attesté par M. Spencer dans
la préface d'une nouvelle édition de ses *Essais*. M. Spencer
s'y plaint de ce que personne en Angleterre n'ait discuté ses
attaques contre la classification de Comte. « Je n'ai, dit-il,
rencontré jusqu'à présent que des assertions constamment renouvelées, que les sciences se conforment, logiquement et historiquement, à l'ordre dans lequel elles sont placées par M. Comte ;
et on n'accorde aucune attention aux preuves que j'ai produites pour montrer qu'elles ne s'y conformaient pas. »

La série des sciences est prouvée par des faits incontestables,
et c'est dans ce sens qu'on est admis à dire, avec l'inexactitude
qui caractérise le langage ordinaire, qu'elle est elle-même un
fait incontestable ; on sous-entend que c'est un fait général et
constant, et non individuel et particulier. A strictement parler,
c'est une relation uniforme entre un nombre indéfini de faits
qui sont eux-mêmes souvent déjà des généralisations assez étendues ; c'est une loi de la nature — car l'histoire est de la nature
encore — et une loi très générale, eu égard à la limitation naturelle des domaines limitrophes de la psychologie et de la sociologie qui embrassent les phénomènes correspondants. Ce n'est
pas autrement qu'Auguste Comte a conçu cette relation ou loi,
car il l'exprime à l'aide d'une formule tout à fait générale. Cette
formule se résume en deux termes d'une équivalence évidente,
qui sont : la complexité croissante et la généralité décroissante
des phénomènes. On dit que la complexité des phénomènes
croît, quand des propriétés nouvelles de la matière se superposent dans un agrégat observable à des propriétés qui, dans d'autres agrégats naturels, se manifestent également hors de cette
connexion.

Ainsi, la complexité des phénomènes augmente, quand dans
les êtres organisés les propriétés vitales s'ajoutent aux propriétés physiques et chimiques qui apparaissent seules dans les
substances inorganiques. Mais, puisque les propriétés physiques, par exemple, se manifestent et dans les substances inorganiques et dans les corps vivants, il est évident qu'elles se manifestent dans un nombre absolument plus grand de cas que les
propriétés vitales qui sont l'apanage exclusif des cas dits organisés ; le même raisonnement s'applique à toutes les sciences qui
étudient des propriétés distinctes de la matière. Mais, comme
le dit très bien M. Spencer, *manifestation dans des cas nombreux*,
condensé en un mot, signifie généralité. Comte a donc eu par-

faitement raison de dire que la généralité est décroissante
dans la série scientifique. C'est là la stricte acception de ce terme
dans la formule qui sert à exprimer la loi du développement
de nos ·connaissances. Mais ce même terme de généralité, sans
perdre complètement la signification primordiale que nous avons
signalée tout à l'heure, peut et doit infailliblement s'en écarter
et se nuancer de sens divers, chaque fois qu'il est appliqué à
des considérations d'un ordre différent, ou transporté dans un
domaine particulier de la pensée. Tel est notamment le cas de
la logique. En logique, une proposition ou une conception générale veut encore dire une proposition ou une conception qui
s'applique à beaucoup de cas ou dont la vérité se manifeste
souvent ; mais, dans le domaine de la logique, on chercherai
vainement cette équivalence entre les idées de généralité décroissante et de complexité croissante qui se rencontre à chaque
pas dans le domaine de l'évolution. Une conception particulière n'est pas, par cela seul qu'elle est particulière, plus compliquée qu'une notion générale. Sans jouer aucunement sur les
mots, car nous n'oublions pas que nous les appliquons ici à
des choses différentes, nous pouvons dire que c'est précisément le contraire qui est vrai dans le domaine de la logique :
une conception ou une proposition y est le produit d'opérations mentales d'autant plus nombreuses et plus compliquées
qu'elle est elle-même plus générale. On voit donc tout de suite,
que le terme de généralité est pris dans deux acceptions différentes, quoique voisines, dans les deux domaines séparés,
quoique adjacents, de la logique, où l'on traite des méthodes
scientifiques, et de l'évolution, où l'on se préoccupe de la
constitution successive des sciences. Cette distinction peut être
rendue d'une manière générale en disant, qu'en méthodologie
la généralité ou manifestation dans des cas nombreux est un
attribut qui, en règle ordinaire, ne se rapporte qu'au nombre de
cas, pris indistinctement dans un ordre quelconque de phénomènes ou de propriétés, tandis que, dans la théorie de l'évolution, la généralité ou manifestation dans des cas nombreux est
un attribut qui se rapporte au nombre de cas, considéré relativement à la totalité des phénomènes présentés par la nature et
à la diversité, poussée jusqu'à l'exhaustion, des propriétés de la
matière : d'où surgit la notion corrélative et équivalente de la
complexité.

Une pure et simple ambiguïté verbale apparaît ici comme formant le véritable noyau de la critique dirigée par le célèbre philosophe anglais contre la théorie évolutive de Comte. On·aurait
tort de s'en étonner. Ces trois mots — ambiguïté de termes —

sont ceux que l'histoire écrit lentement, mais en lettres majuscules sur le frontispice de la philosophie des âges passés, et je crains fort que la plupart de nos discussions philosophiques les plus graves, de nos polémiques les plus acerbes, de nos divisions d'école les plus intransigeantes ne soient rangées un jour dans la même catégorie et sous cette même inscription. La confusion dans laquelle est tombé M. Spencer me paraît palpable. Il argumente en partant de cette prémisse injustifiable qu'un terme abstrait est quelque chose d'inflexible et de rigide, qui ne saurait se plier à des acceptions diverses. Il oublie que, s'il en était ainsi, la science et la philosophie n'auraient pas eu besoin de définir si soigneusement, presque pour chaque cas particulier, les termes et les mots dont elles se servent ; il oublie que la langue est un instrument qui est loin d'être parfait. Le même reproche, je le répète, peut souvent être adressé à des penseurs pour le moins aussi profonds et perspicaces que M. Spencer, et les quelques milliers de pages qui forment l'œuvre capitale d'Auguste Comte n'en sauraient, certes, être exemptes. Pourtant dans le cas qui nous occupe, je crois le fondateur de la philosophie positive à l'abri de tout reproche de ce genre. Pour exprimer une loi qu'il a trouvée, non dans son esprit, mais dans les faits, il s'est servi des seuls termes convenables que lui offrait la langue philosophique. Mais il a strictement défini le terme de généralité décroissante qu'il a employé et qui est le seul sur lequel roule toute la polémique de son adversaire. Aucun doute n'est permis à cet égard quand on voit que ce terme est non seulement pris comme le synonyme de « complexité croissante », mais que les deux expressions sont constamment employées ensemble, comme se complétant et s'expliquant mutuellement. On ne peut demander rien de plus. C'était affaire à M. Spencer de ne pas dérailler sur un chemin où un tel luxe d'avertissements avait été déployé, et de ne pas confondre la généralité, croissante ou décroissante, qui est une méthode ou une opération de l'esprit, avec la généralité, croissante ou décroissante, qui est simplement une complication ascendante ou descendante de propriétés dans les phénomènes.

2. *Généralité objective et généralité subjective.* — J'ai réservé jusqu'à présent ce que j'avais à dire à propos de la distinction entre une généralité subjective et une généralité objective. Cette distinction, à ce qu'il me semble, ne coïncide pas avec la différence que je viens de signaler. Une généralité subjective est l'accompagnement obligé, nécessaire et inévitable de toute généralité objective, dans quelque ordre d'idées qu'on

vienne prendre cette dernière. La généralité objective se reflète nécessairement dans la généralité subjective ou abstraite ; à proprement parler, les deux ne font qu'un, comme la pensée et la chose pensée, une généralité subjective croissante ne correspondant pas à une généralité objective décroissante, et *vice versa.* Il n'y a donc pas lieu de les distinguer, du moins pour expliquer la confusion reprochée à M. Spencer, et ce dernier ne me paraît pas avoir tout à fait tort en rétorquant contre son adversaire l'argument qui devait le plus servir à le convaincre lui-même et qui est puisé dans l'exemple de la biologie. Le philosophe anglais objecte, notamment, qu'en passant de la considération des organes à celle des tissus, plus généraux que les organes, et de la considération des tissus à celle des éléments anatomiques, plus généraux que les tissus, la biologie n'a pas procédé seulement à une généralité croissante subjective, accompagnée d'une généralité décroissante objective, mais bien plutôt à une double généralité croissante, subjective et objective en même temps ; car, dit-il, les phénomènes de structure présentés par un tissu quelconque, par une membrane muqueuse par exemple, sont plus généraux que les phénomènes présentés par un organe, à la composition duquel concourt le tissu muqueux, simplement dans ce sens que les phénomènes particuliers à la membrane se répètent dans un nombre de cas plus grand que les phénomènes particuliers à l'organe formé par cette même membrane. Du reste, ce ne sont encore que des distinctions verbales, et il convient de les délaisser, pour ne s'attacher exclusivement qu'à la relation uniforme, qu'à la loi naturelle des phénomènes d'évolution scientifique, révélée aussi bien que démontrée par les faits. J'ajouterai seulement, pour ne laisser subsister aucune obscurité à l'égard de ma pensée, que si l'objection mentionnée tout à l'heure tend à prouver que dans le domaine de la méthode la généralité objective procède dans le même sens que la généralité subjective, la même chose arrive, pour des raisons exactement semblables, dans le domaine de l'évolution ou dans l'ordre qui arrange la succession des phénomènes au point de vue de leur ensemble. Ainsi, un phénomène social est objectivement un phénomène des plus particuliers ; mais je me refuse à comprendre comment ce phénomène peut devenir, subjectivement, et seulement en raison de sa particularité objective, plus général qu'un phénomène vital ou chimique. Il me paraît clair que, si l'on ne confond pas des points de vue différents, si l'on ne change pas arbitrairement les angles de vision intellectuelle, si l'on ne saute pas d'un domaine de la pensée à un autre, il y aura toujours correspondance parfaite et identité fondamentale entre la conception idéale ou subjective et le phénomène réel ou objectif.

3. *Troisième point de vue. Spécialisation du travail scientifique. Extension injustifiable de la loi de Comte.* — Les points de vue distincts de la méthode et de l'évolution ne sont pas les seuls que l'on confonde invariablement dans l'ordre d'idées qui nous occupe. Un troisième point de vue s'offre à l'esprit quand on considère la classification intérieure ou subdivision de chaque science. Il est nécessaire de le tenir, lui aussi, soigneusement séparé des points de vue contigus. Mais c'est précisément ce que M. Spencer se garde de faire. La confusion de l'évolution des sciences qui se résout dans la chaîne de leurs constitutions successives, avec les progrès accomplis dans l'intérieur de chaque science qui amènent la spécialisation du travail scientifique et la division correspondante de la science en sections séparées, est encore pour lui un moyen de combattre la classification de Comte. C'est même, dans son opinion, et à en juger par la place qu'il lui donne dans sa polémique, l'arme la plus sûre, le moyen le plus efficace, l'argument le plus décisif. On sait, en effet, que Comte a cru pouvoir étendre la loi qui régit l'ordre d'avènement des différentes sciences à leur évolution intérieure, c'est-à-dire au développement progressif et constant des doctrines propres à chaque science particulière qui rend nécessaire leur examen séparé. Mais je ne sache point que Comte ait fondé sa série des sciences abstraites sur l'étude exclusive de ce qui se passe au sein de chacune d'elles, prise isolément, et que par conséquent sa série ou classification tombe, si elle n'est pas reflétée ou reproduite exactement par les divisions intérieures des sciences abstraites. C'est pourtant là ce que suppose, d'un bout à l'autre, l'argumentation de M. Spencer.

Les raisons alléguées par Comte pour justifier cette extension de la loi qu'il a découverte et formulée peuvent ne pas satisfaire son adversaire, comme elles ne me convainquent pas, moi, son adhérent; mais il ne s'ensuit pas que sa loi ne soit pas l'expression exacte des faits qu'elle représente. J'oserais même soutenir la thèse opposée. La loi de Comte et la classification des sciences abstraites qui en découle ne me paraissent admissibles, quant à l'évolution, pour ainsi dire, extérieure des sciences, qu'autant que cette même loi ne s'applique pas à la succession des progrès qui s'accomplissent à l'intérieur de chaque science particulière. Cela peut paraître contradictoire, et j'ai d'autant plus hâte de m'expliquer que l'habitude de confondre les points de vue les plus dissemblables est plus invétérée. En essayant ici quelques distinctions, je crois donc avoir droit à une certaine indulgence. Voici mon opinion à ce sujet, aussi brièvement exposée que possible.

4. *Explication de la loi de Comte. Le langage usuel et la terminologie philosophique.* — La série des sciences, telle que tout le monde la connaît et — je puis le dire — l'admet à présent, nous est révélée par l'observation attentive et exacte des faits. Jusquelà, c'est de l'empirisme pur. Mais les mêmes faits nous révèlent une relation uniforme et constante entre cette succession de faits particuliers — les constitutions des différentes sciences — et un fait général et naturel, que nous désignons par l'expression : complication des phénomènes. Cela est la loi, la théorie, le mode de production du fait. Pourtant cette loi n'est vraie qu'autant qu'on ne change rien à aucun des termes dont elle se compose et qu'elle unit entre eux par les liens de la causalité, c'est-à-dire en les considérant comme formant ensemble une antécédence et une conséquence invariables [1]; qu'autant que ces termes restent toujours identiquement les mêmes; qu'autant qu'on n'étend ni ne restreint la valeur et la signification spécialement attribuée à chacun d'eux.

Rien n'est plus évident, et les lois de la nature les mieux établies cesseraient d'être vraies, si l'on enfreignait le moins du monde, à leur égard, cette présomption fondamentale. C'est pourtant de la sorte qu'on agit à l'égard de la loi de Comte, quand on veut l'étendre au delà de ses limites primitives et la forcer à embrasser des conceptions et des faits distincts des idées et des faits qu'elle explique naturellement, quand on la transporte du domaine de l'évolution dans le domaine de la division intérieure des sciences particulières; quand on s'efforce, en un mot, par une tendance propre à notre esprit, de la rendre plus générale qu'elle ne l'est et ne peut l'être effectivement. On se tient rarement en garde contre cette tendance, il est par conséquent difficile de ne pas tomber dans l'erreur qui en dérive; mais rien n'est plus facile que d'expliquer cette erreur, une fois que notre esprit est averti.

Dans la question qui nous occupe, on a, avec Comte et après lui, indûment étendu la signification primitive et précise des deux termes entre lesquels sa loi établit une relation constante. Du premier terme, qui n'est vrai que par rapport à l'avènement des sciences sur la scène historique et à ces grands changements qui forment ce qu'on est convenu d'appeler leurs époques

---

1. Ou du moins une concomitance nécessaire, si la relation de *temps* n'entre pas comme facteur dans la cause déterminant l'apparition de l'effet.

constitutives, on a fait le développement de la connaissance humaine en général, c'est-à-dire un champ tellement vaste, qu'une seule cause exprimée par une seule loi, quelques générales que soient cette cause et cette loi, ne saurait y embrasser tous les faits et expliquer leurs relations variées et multiples.

Mais cela importerait peu et ne serait rien encore en comparaison de l'altération qu'on a fait subir au sens précis du second terme de la loi qui se rapporte à la complication croissante des phénomènes présentés par la nature et étudiés dans les différentes sciences. La signification précise de l'expression *complication croissante,* signification qui ne saurait admettre ni extension ni restriction d'aucune sorte, est celle-ci : un phénomène est dit plus compliqué qu'un autre quand, outre les propriétés manifestées par ce dernier, il manifeste encore une propriété nouvelle et qu'on sait ne pouvoir être réduite à aucune des propriétés connues de la matière. Une science nouvelle et dite supérieure surgit alors pour étudier la propriété nouvelle, « ce résidu que laissent les sciences inférieures et qu'elles n'expliquent pas. » Il y a complication croissante quand il y a propriété nouvelle ; il y a toujours en même temps, comme conséquence inévitable, science nouvelle et distincte. Mais dès lors, comment peut-on, en y attachant le même sens, parler de complication croissante qui se manifesterait à l'intérieur d'une seule science ? Aucune propriété irréductible de la matière ne saurait y faire son apparition, sans qu'aussitôt la science se scinde en deux sciences abstraites différentes. Tel est, pour ne citer qu'un seul mais célèbre exemple, le cas de la psychologie, du moins chez les philosophes qui en font une science fondamentale distincte. Ces philosophes ont raison à leur point de vue, puisqu'ils ferment volontairement les yeux aux preuves qu'on fait valoir pour établir qu'il n'y a pas, dans les phénomènes psychiques, de propriété nouvelle de la matière, qu'on a là un aspect différent, une transformation spéciale de la vitalité, mais non pas une complication nouvelle dans la série naturelle des phénomènes.

Un sens très étendu, mais en même temps tout à fait indéterminé, est attaché au mot *complication* dans le langage usuel qui ne saurait être ni celui de la science particulière, ni celui de la philosophie. On entend par complication toute espèce de multiplicité, soit de causes, soit d'effets, et toute espèce de difficulté qui provient d'une augmentation dans le nombre des choses qu'il faut considérer à la fois, sans distinguer si ces choses sont des aspects différents d'un seul et même phénomène, ou des phénomènes différents venant s'ajouter l'un à l'autre, ou enfin des propriétés différentes et irréductibles de la matière. Ainsi, en chimie, par exemple, les substances quaternaires désignées sous le nom d'amides sont dites plus complexes que les alcools, les aldéhydes et les acides organiques qui leur donnent naissance et qui sont eux-mêmes des composés ternaires plus compliqués que les carbures d'hydrogène, tels que l'éthylène et le formène, sans parler du carbure le plus simple, l'acétylène, qu'on obtient en combinant directement sous l'influence de l'étincelle électrique le carbone et l'hydrogène libres. Mais personne ne voit dans cette complication autre chose que le jeu intime d'une seule et même propriété fondamentale de la matière, l'affinité chimique.

Il est donc nécessaire de distinguer le sens spécial et, pour ainsi dire, technique du terme *complication* dans la loi de Comte de sa signification dans le langage ordinaire. Il y a ici deux points de vue différents qu'il faut prendre soin de ne pas confondre. C'est en oubliant cette distinction qu'on étend la loi de l'évolution interscientifique à la division du travail qui s'accomplit dans l'intérieur de chaque science au fur et à mesure de ses progrès ; des exceptions et des contradictions sans nombre surgissent alors de tous côtés qui menacent d'engloutir la loi fondamentale, pourtant indubitablement vraie dans ses propres et strictes limites. C'est en ne perdant pas de vue ces dernières qu'on peut dire, comme je l'ai fait plus haut, que la loi de Comte ne saurait servir d'expression exacte à une relation uniforme observée dans la succession des sciences, qu'à la condition de ne pas représenter en même temps une relation semblable entre les différentes parties de chaque science prise séparément ; car, s'il en était autrement, la classification de Comte ne serait qu'un terrain mouvant, sur lequel nous ne posséderions aucune prise ; les lignes de démarcation entre les différentes sciences abstraites s'effaceraient aussitôt, ou ne présenteraient que l'arbitraire, et nous retomberions dans cette contemplation chaotique d'un savoir humain un et indivisible, et d'un développement vaguement progressif, d'où la loi de Comte nous a heureusement tirés.

CHAPITRE V

DONNÉES GÉNÉRALES SUR LE PROBLÈME DE LA CLASSIFICATION
DE LA SOCIOLOGIE

5. *Points de vue de la continuité et de l'identité des phénomènes.*
— J'ai effleuré dans le dernier chapitre une objection qui me
sera certainement faite et qui consiste à dire que la science ne
fait que refléter la nature. Or, la nature procède toujours par
transitions insensibles ; par conséquent, ce qui est vrai des
grandes divisions appelées sciences doit l'être infailliblement, au
même titre et au même degré, des subdivisions qui se forment
dans chaque science. Sans m'arrêter à la teinte légèrement
métaphysique de cette objection, je la réfute d'une manière
sommaire en y répondant que la continuité des phénomènes de
la nature est encore un point de vue à part, fort différent de
l'angle de vision intellectuelle qui n'embrasse que les faits
exprimés et reliés entre eux par la loi de Comte. Le point de vue
de la continuité nous amène logiquement à l'identité fondamentale des phénomènes. Mais on a beau croire fermement à cette
dernière et à son efficacité dans le domaine de la philosophie,
on ne peut, en s'y appuyant, rejeter en bloc les distinctions, les
séparations et les dissemblances qui forment la raison d'être et
l'objet très réel de la science spéciale. La continuité et l'identité sont des sommets philosophiques, du haut desquels l'esprit
n'aperçoit qu'une uniformité d'où toutes les lignes de division
sont à jamais bannies. Ces lignes n'en sont cependant pas moins
réelles, et c'est l'office des sciences particulières d'agrandir suffisamment l'angle de vision, en le rapprochant des phénomènes
observés, pour qu'il puisse contenir toutes ces dissemblances.
L'identité générale des phénomènes est à leur identité particu-

lière ce que la recherche de la cause unique et première est à la recherche des causes multiples et efficientes. L'une conduit à la systématisation métaphysique de la nature connue sous le nom de philosophie de l'identité, l'autre forme l'essence même, le véritable but de toute science particulière.

Une loi de la nature est la *généralisation* d'une causalité, c'est-à-dire d'un rapport de similitude finale entre deux groupes de phénomènes qui, avant l'établissement de la loi, paraissaient dissemblables et dont l'un est dit *cause* ou groupe d'agents antécédents, et l'autre *effet* ou groupe de produits conséquents. Il s'ensuit qu'une loi est d'autant plus certaine et plus précise aux yeux de la science, qu'elle découvre mieux, sous leur diversité d'aspect, l'identité fondamentale des deux termes dont elle se compose, et qui sont comme l'aspect concave et l'aspect convexe d'une seule et même courbe. C'est le véritable triomphe de la science d'arriver à formuler des lois qui, par leur simple énoncé, font clairement ressortir cette identité. Telles sont les propositions mathématiques, la plupart des lois du mouvement, et les lois les plus générales et les plus simples dans tous les domaines de l'investigation scientifique. Telle est la loi de Comte sur l'évolution des sciences, dépouillée des éléments qui lui sont étrangers, c'est-à-dire des relations nouvelles et réductibles à des lois différentes. L'identité cherchée y éclate tout d'abord, et cela rien qu'à la simple inspection des termes que la loi relie entre eux comme cause et effet ; car ce qu'elle produit comme cause, c'est la complication croissante des phénomènes, interprétée comme une suraddition progressive de propriétés nouvelles et irréductibles de la matière, et ce qu'elle avance comme effet, c'est la constitution successive des sciences qui, à son tour, ne peut être interprétée que comme « la reconnaissance d'une nouvelle propriété fondamentale de la matière, et l'établissement sur cette propriété d'une doctrine abstraite susceptible d'évolution. »

6. *Classification, division. Exemple de la sociologie.* — L'importance de la distinction que je viens d'esquisser n'échappera à personne. Cette importance se présente sous un double aspect. Elle est presque exclusivement théorique quant aux sciences les plus avancées et dont les divisions intérieures sont nettement accusées, elle est théorique et pratique à la fois, quant aux domaines nouveaux de la connaissance humaine, tels que la sociologie dont l'évolution n'est qu'à son début et dont les divisions futures et possibles ne font que poindre. En ce dernier cas la distinction avertit de l'inutilité et de l'impuissance radicale des efforts qui seraient dirigés vers la division de la science d'après

le principe de la généralité décroissante et de la complication croissante des phénomènes. Si *les sciences* peuvent être *classifiées*, c'est-à-dire considérées comme des ensembles hétérogènes, se développant lentement l'un de l'autre, *la science* ne peut être que *divisée*, c'est-à-dire considérée comme un tout homogène, dont les parties le sont aussi et s'ajoutent les unes aux autres par voie de simple accroissement. En d'autres termes, il n'y a pas de développement dans la science particulière au point de vue de la complication croissante ou de la généralité décroissante des phénomènes qui est le point de vue de l'évolution, quoiqu'il y ait indubitablement un développement au point de vue de la transition entre la connaissance des relations particulières et concrètes et la connaissance des relations générales et abstraites, qui est le point de vue de la méthode. Mais il est évident que ce dernier principe ne saurait fournir de base à une division quelconque de la science, car il s'applique également à toutes ses parties, qui toutes tendent, au même titre, à la connaissance des relations les plus générales de leurs phénomènes respectifs.

Des points de vue spéciaux et qui changent le plus souvent totalement d'une science à une autre décident quelle est la division la mieux adaptée au caractère particulier des phénomènes de la science particulière. Dans les mathématiques, c'est la distinction fondamentale entre le nombre et l'étendue qui prévaut; dans la mécanique, c'est d'abord la distinction entre le groupe de phénomènes célestes et celui des phénomènes terrestres, c'est ensuite la distinction entre le point de vue statique et le point de vue dynamique. Dans la physique proprement dite, c'est la distinction empirique entre les différentes propriétés physiques immanentes qui possèdent toutes le même degré de généralité et sont observables dans les mêmes agrégats naturels. Plus loin, dans la chimie, c'est une simple observation, à savoir que certaines substances entrent seules, et à l'exclusion de toutes les autres, dans la composition des êtres vivants qui détermine la division de la science en chimie inorganique et chimie organique. Dans la biologie, enfin, ce sont les nouveaux points de vue de structure et de fonction, de normalité et de déviation qui donnent naissance à la triple et si importante division de cette science en anatomie, physiologie et pathologie.

Quant à la sociologie, les essais si infructueux, tentés jusqu'à présent pour la classifier, montrent clairement qu'il y a un vice radical de raisonnement dans la question ainsi posée, et qu'on ne peut, tout au plus, que diviser cette science. Mais qui dit diviser une science dit attendre que de ses progrès surgisse spontanément le point de vue spécial qui offre la base la plus convenable à une distinction et à un groupement des phénomènes particuliers dont la science spéciale s'occupe. Les couches inférieures de la sociologie qui se rattachent à ce que nous avons nommé l'histoire naturelle de la société, présentent des divisions empiriques dont il faudra certainement tenir compte lors de la division de la couche supérieure, ou science naturelle de la société. Celle-ci peut, à son tour, comme le montre l'exemple de la biologie, fournir un point de vue qui servira de base à une division différente. Le champ restera ouvert aux hypothèses jusqu'à ce que l'expérience vienne en confirmer une ou les infirmer toutes.

A ce propos, je demanderai au lecteur la permission de toucher un point qui m'est personnel. Comme beaucoup de positivistes, j'ai longtemps cru à la possibilité d'une classification de la science sociale fondée sur le double principe d'une généralité décroissante et d'une complication croissante des phénomènes sociaux. Dans des écrits antérieurs, j'ai cherché non seulement à démêler, dans la masse des phénomènes sociaux, les éléments les plus simples auxquels ces phénomènes se réduisent, mais les groupes concrets qui dans ma conviction devaient être plus simples et plus généraux que d'autres tout aussi concrets, mais déjà plus particuliers et plus complexes. J'ai longtemps cru que j'avais trouvé la base d'une classification durable, en prenant pour point de départ le groupe des faits économiques qui me paraissaient être les plus simples et les plus généraux parmi les phénomènes sociaux, et que je comparais volontiers au groupe analogue formé par les phénomènes de la vie végétale. Non pas que cette distinction ne soit, en sociologie comme en biologie, vraie et fondée en elle-même, mais elle ne ressort pas d'une complication réelle des phénomènes, dans le sens de l'apparition d'une propriété nouvelle et irréductible de la matière, elle vient de cette complication idéale et conventionnelle qui résulte du jeu naturel d'agents identiques, consistant dans un enchevêtrement plus grand de causes et d'effets, ou d'une difficulté plus grande, quelquefois momentanée et purement accidentelle, dans la résolution de certains problèmes. C'est dans ce sens que les phénomènes politiques sont dits plus compliqués que les phénomènes économiques, les phénomènes nerveux plus compliqués que le reste des phénomènes vitaux, le feldspath plus compliqué que la potasse, l'alumine et la silice, l'acide citrique plus compliqué que le carbone, l'hydrogène et l'oxygène, et,

jadis enfin, les phénomènes électriques et magnétiques plus
compliqués que les phénomènes de la chaleur, de la lumière,
du son ou de toute espèce de mouvement. D'ailleurs, je ne vois
pas que ce point de vue d'une complication intérieure ait prévalu
dans la division des sciences déjà constituées, et je n'aperçois
pas comment il deviendrait plus fécond dans la science sociale;
dès lors, je crois utile de l'abandonner.

7. *Triple dépendance des progrès du savoir de l'évolution des
sciences, de la méthode scientifique et de la division du travail dans
chaque science.* — Je conclus cette partie de la discussion en la
résumant brièvement. Il s'agit, en somme, d'une vaste catégorie
de faits qui peuvent tous être compris sous cette rubrique générale : les progrès du savoir humain. Mais, dans ce champ presque infini, il y a lieu de distinguer, pour le moins, trois terrains
différents, trois domaines séparés, trois ordres distincts d'idées.
D'abord, les progrès dus à l'évolution des sciences ou manifestés
par cette évolution ; ensuite, les progrès dus aux méthodes logiques employées par l'esprit humain ; enfin, les progrès dus à la
division du travail scientifique à l'intérieur de chaque science et
manifestés par cette division même. Il y a ici trois rapports ou
relations différentes qui relient entre eux deux termes, dont
l'un reste constamment invariable et l'autre change successivement. Le terme invariable comprend les progrès du savoir
humain, et les trois termes qui varient sont l'évolution, la méthode et la division. Le premier rapport rattache les progrès
scientifiques à une vue d'ensemble qui embrasse la totalité des
phénomènes connus en les distinguant par cet attribut réel :
l'apparition successive de propriétés nouvelles et irréductibles
de la matière dans différents groupes ou agrégats naturels. Ce
premier rapport est seul exprimé par la loi de Comte. Le second
rapport rattache les progrès de la science à la tendance de l'esprit humain qui le pousse vers l'unité et la généralisation de plus
en plus haute des connaissances acquises, et constitue la source
de quelques-unes des principales méthodes logiques employées
dans les sciences. Enfin, le troisième rapport rattache les progrès du savoir à des conditions spéciales et multiples qui se
font jour à l'intérieur d'une science, dès que celle-ci est constituée, et qui sont tantôt objectives, tantôt subjectives.

8. *L'abstrait et le général. Catégories de vérités. Catégories de
sciences.* — Mais je n'ai pas fini encore sur ce sujet de la classification des sciences et sur le chapitre des idées de M. Spencer.
Jusqu'à présent, nous n'avons été saisis que de la partie purement négative de la critique du philosophe anglais. Il nous reste
à considérer le côté positif de ses efforts ; car, après avoir tâché

de prouver que la série des sciences, suivant la philosophie positive, n'était qu'une hypothèse et, de plus, une hypothèse insoutenable, M. Spencer a pensé, avec raison, que cela ne saurait suffire et que de simples ruines ne pouvaient contenter l'esprit humain. En conséquence, il présente une classification des sciences qui lui appartient en propre [1]. Elle contredit formellement celle d'Auguste Comte et, si elle est bonne, cette dernière doit inévitablement être rejetée. A l'heure qu'il est, ces deux classifications sont les seules qui puissent se disputer l'acquiescement des penseurs contemporains. C'est là l'opinion de M. Spencer lui-même, et je crois qu'on peut y adhérer. Certes, après ce que nous avons dit, notre choix ne saurait être l'objet d'aucun doute; mais, dans l'intérêt de la question que nous tâchons d'élucider et qui a pour but d'assigner à la sociologie sa véritable place parmi les sciences, il convient d'appuyer ici ce choix par quelques raisons complémentaires tirées de l'examen de la classification de M. Spencer. C'est ce que nous allons essayer de faire.

Voici d'abord, dans ses traits essentiels, la doctrine de M. Spencer. Les sciences ne sont pas susceptibles d'un arrangement sériel, reproduisant un ordre quelconque dans les phénomènes ou les propriétés que les phénomènes manifestent. Mais cela n'empêche nullement de distinguer entre les différents modes de la connaissance humaine et, par suite, de grouper les différentes sciences sous l'un ou l'autre de ces modes; en un mot, de les classifier. Le point de vue de la série ou de l'évolution successive une fois écarté, quel sera le principe sur lequel s'appuiera la nouvelle classification? Ce principe, le voici. Il gît tout entier dans la distinction entre deux notions, confondues par A. Comte et la plupart des logiciens : les notions de l'*abstrait* et du *général*. Ces termes ne sont pas synonymes, et ces idées ne sont pas équivalentes, comme on le croit communément. Abstraction veut dire *détachement des* accidents des cas particuliers (je cite textuellement). Généralité veut dire *manifestation dans* des cas nombreux. D'un côté, on ne considère que la nature essentielle d'un phénomène, on n'a affaire qu'à la notion, séparée des réalités particulières; de l'autre, on ne considère que la fréquence du phénomène, c'est-à-dire le nombre de cas dans lesquels il est manifesté.

Il s'ensuit qu'il y a deux espèces absolument distinctes de

---

1. Cette tâche est remplie dans un essai postérieur à la *Genèse de la science*, intitulé *Classification des sciences*. M. Spencer a plusieurs fois retouché ce travail, auquel il attribue personnellement une grande importance. Nous nous fondons sur l'édition de 1874.

vérités : « les vérités abstraites qui ne sont pas réalisables au
moyen de la perception, qui ne sont perceptibles dans aucun
des cas auxquels elles se rapportent, et les vérités générales
qui sont réalisables au moyen de la perception, qui sont perceptibles dans chacun des cas où elles sont affirmées. » Ainsi,
par exemple, l'affirmation que l'angle contenu dans un quart
de circonférence est un angle droit est une vérité abstraite, car
elle n'est jamais réalisée dans les cercles réels et n'est vraie
que pour des cercles et des angles idéaux ; mais cette vérité n'est
évidemment pas générale, car elle ne se manifeste jamais dans
la nature. L'affirmation que tout animal vertébré possède un
double système nerveux est, au contraire, une vérité très générale, car elle est réalisée dans chacun des cas auxquels elle
se rapporte ; mais cela même, évidemment, l'empêche d'être
abstraite. Or, il y a des sciences qui ne font qu'abstraire et ne
contiennent que des vérités abstraites : telles sont la mathématique et la logique, considérée dans son aspect subjectif.
Il y a encore des sciences qui ne font que généraliser et ne contiennent que des vérités générales : telles sont l'astronomie, la
géologie, la biologie, la psychologie et la sociologie. Il y a enfin
des sciences qui abstraient et généralisent à la fois, et qui contiennent des vérités abstraites et générales en même temps :
telles sont la mécanique, la physique et la chimie. Ainsi surgit
une distinction ou classification ternaire, qui est celle-là même
que M. Spencer oppose à la classification de Comte. Il y a donc
trois classes, trois groupes, trois catégories de sciences ;
M. Spencer les nomme abstraites, abstraites-concrètes et concrètes, quoique, en vérité, il eût dû les nommer abstraites, abs-
traites-générales et générales. Si Comte ne distingue pas le
général de l'abstrait, M. Spencer peut bien revendiquer le droit
de ne pas distinguer le général du concret.

Mais passons. Il s'agit d'embrasser en un coup d'œil la route
entière parcourue par M. Spencer, et non de s'arrêter à toutes
les pierres d'achoppement dont elle est parsemée. Voici comment M. Spencer caractérise plus spécialement ses trois catégories de sciences. Les sciences abstraites s'occupent des
formes sous lesquelles les phénomènes nous apparaissent. Ces
formes sont l'espace, ou l'abstrait des relations de coexistence,
et le temps, ou l'abstrait des relations de succession. En conséquence, ces sciences peuvent être désignées comme les sciences
des lois des *formes* phénoménales, et il y a un abîme entre les
deux sciences qui traitent de ces relations abstraites de coexistence et de succession et les sciences qui traitent des existences
qui sont contenues dans l'espace et le temps. Suivent les sciences

intermédiaires ou abstraites-concrètes, qui traitent non plus des formes de l'existence, des formes idéales et inoccupées des relations, mais des existences mêmes, c'est-à-dire des phénomènes et des relations réelles manifestées par ceux-ci ; mais ces phénomènes n'y sont considérés qu'au point de vue de leurs éléments constitutifs, ce qui veut dire que, « négligeant tous les accidents des cas particuliers, on s'y propose de chercher la loi de chaque mode de force, manifestée par les phénomènes séparément, et abstraction faite des autres modes de la force. » La force est une conception dont l'absence totale dans le groupe abstrait et l'apparition dans le groupe abstrait-concret tracent une ligne de démarcation profonde entre les deux groupes.

Il y a, dans le groupe des sciences abstraites-concrètes, un degré d'idéalisation ou d'abstraction de moins, relativement au groupe des sciences abstraites, et un degré de plus, relativement aux sciences concrètes. Les sciences qui entrent dans ce groupe intermédiaire peuvent encore être appelées sciences des lois des éléments ou des *facteurs*, en opposition avec les sciences concrètes qui sont les sciences des lois des *produits*. Ce dernier groupe, enfin, s'occupe encore des phénomènes et de leurs relations réelles, mais il n'idéalise plus ni ces phénomènes, ni ces relations. De l'interprétation analytique de la nature on passe à son interprétation synthétique, ce qui veut dire que, « tous les accidents ou circonstances d'un cas particulier étant donnés, nous cherchons à interpréter l'ensemble du phénomène comme le produit de toutes les forces agissant simultanément dans un cas déterminé. » Ces trois grandes divisions de la connaissance humaine peuvent se subdiviser de plusieurs manières et renferment certainement des groupes et des sous-groupes, qui diffèrent entre eux quant au degré de généralité des vérités qui y sont contenues, « car il y a des vérités abstraites générales et des vérités abstraites spéciales ; il y a des vérités abstraites-concrètes générales et des vérités abstraites-concrètes spéciales ; il y a enfin des vérités concrètes générales et des vérités concrètes spéciales. » Mais les trois grandes classes elles-mêmes ne diffèrent pas par leurs degrés de généralité : elles sont également générales, ou plutôt universelles, car toute chose et tout agrégat naturel peut et doit former le sujet ou la matière des spéculations de chacune d'elles. Ces trois classes ne diffèrent que par leurs degrés d'abstraction. Je finis ici l'exposé de la doctrine de M. Spencer, sans suivre celui-ci dans tous les développements qu'il lui donne.

9. *Sophismes de M. Spencer. Opinion de Whewell. Vérités empiriques, vérités abstraites et vérités générales.* — Une doctrine

fausse pêche toujours par sa base ; c'est donc là, et là seulement, qu'il faut porter le flambeau de la critique. Les détails d'une doctrine sont quelque chose de très varié et de très mêlé ; empruntés souvent à des points de vue fort différents, ils ne peuvent par eux-mêmes soulever que peu d'objections, alors que la doctrine à laquelle ils appartiennent en soulève beaucoup et de fort graves ; ils sont comme ces ornements d'un style irréprochable qui embellissent une façade, mais ne soutiennent pas un édifice. Or la base de la doctrine que je combats est la distinction de l'abstrait et du général. Cette distinction n'est pas seulement subtile, elle est futile, de quelque côté qu'on l'envisage et quel que soit l'emploi qu'on en veuille faire. Il n'y a pas d'opposition réelle entre ces idées qui, tout au contraire, se supposent et se complètent réciproquement. L'opposition formulée par M. Spencer est une simple sophistication de la valeur des choses à l'aide de déductions tirées de la valeur, toujours arbitraire et conventionnelle, des mots et des formes du langage ; une subtilité verbale dans le goût des anciens Grecs et des scolastiques du moyen âge. Je ne saurais trop insister sur ce côté de la majeure partie des dissensions philosophiques même à notre époque ; mais il vaut mieux que je cède la parole à M. Whewell et que je cite quelques passages des premiers chapitres de son *Histoire des sciences inductives*. Le lecteur en fera lui-même l'application au sujet qui nous occupe. « Il y a, dit cet impartial historien de la science, deux manières de philosopher et de fixer le sens des hautes abstractions employées dans nos recherches : l'une, qui consiste à examiner les mots et les pensées que ces mots suggèrent ; l'autre, qui consiste à porter l'attention sur les faits et les choses qui introduisent dans la langue et mettent en usage les mots et les termes abstraits. Cette dernière voie, la méthode de l'investigation *réelle*, conduit seule au succès ; mais les Grecs suivirent la première, s'attachèrent aux distinctions verbales et aux notions abstraites, et ils échouèrent... Convaincus que la philosophie devait résulter de la considération des rapports qui existent entre les notions impliquées dans le langage ordinaire, ils cherchaient leurs doctrines philosophiques dans l'étude de ces notions ; au lieu de puiser des idées claires des choses dans le monde de ces dernières et à l'aide de procédés inductifs de la pensée, ils déduisaient leurs connaissances de la considération d'un ordre quelconque de conceptions courantes et familières... La tendance à puiser des principes dans les mots et les termes de la langue est discernable de très bonne heure ; et nous en possédons déjà un exemple remarquable dans ce raisonnement

attribué à Thalès, le fondateur de la philosophie grecque : questionné sur ce qu'il y avait de plus *grand*, il répondit, dit-on :
« C'est l'*espace*, car toutes les autres choses sont contenues dans
« l'univers, mais l'univers est contenu dans l'espace. » Avec Aristote, nous atteignons le point culminant de ce mode d'investigation. La plupart des erreurs de fait dans lesquelles est tombé ce
philosophe s'expliquent par des sophismes ayant une origine
verbale. Sa méthode ordinaire consiste à résoudre les plus graves
parmi les questions concernant la nature qui furent soulevées par
des esprits subtils et spéculatifs, au moyen du simple développement de la signification des mots et des phrases qui sont appliquées aux notions les plus générales des choses et de leurs
relations. Un autre mode de raisonnement, largement employé
dans ces premières tentatives, a été la doctrine des contraires,
dans laquelle on partait de cette supposition que les attributs
(adjectifs ou substantifs) qui, dans la langue ordinaire ou dans
un mode abstrait quelconque de conception, étaient opposés l'un
à l'autre, devaient nécessairement être considérés comme les
indices d'une antithèse fondamentale et fort importante à étudier, au sein de la nature même... Il est à remarquer que cette
disposition de l'esprit à croire qu'une qualité élémentaire commune doit exister dans tous les cas auxquels nous appliquons
habituellement un attribut commun, disposition qui a précédé
le règne de la philosophie aristotélicienne, a survécu à l'influence
exercée par cette dernière. »

Mais, si je puis être fermement convaincu qu'il y a entre la
classification de Comte et celle de M. Spencer cette différence
que, tandis que la première est fondée sur des faits, la seconde
n'est fondée que sur des mots, je ne saurais faire passer ma conviction dans l'esprit du lecteur qu'en rencontrant M. Spencer
sur son propre terrain et en le combattant avec ses propres
armes. Depuis Thalès, qui ne faisait que jongler avec des mots,
en opposant la notion de grandeur ou de volume à la notion de
l'espace, jusqu'à M. Spencer, qui distingue subtilement l'abstrait
du général, la route parcourue par la philosophie est assurément fort longue, et il ne peut venir dans l'esprit d'établir une
comparaison tant soit peu étroite entre les procédés employés
par le philosophe dont l'existence conjecturale se rapporterait
au viie siècle avant l'ère chrétienne, et un des penseurs les plus
profonds du xixe siècle. Mais, puisque M. Spencer attache encore aujourd'hui une importance réelle et qui prime tout le reste,
à la considération des termes abstraits dont se sert la langue
philosophique, il m'incombe de m'assurer si l'interprétation
qu'il donne à ces termes est justifiable au point de vue exclusi-

vement logique. Je ne le crois pas. La séparation de l'abstrait et
du général me paraît tout aussi arbitraire et peu fondée, en
bonne logique, que l'identification du général et du concret considérée par M. Spencer comme une conséquence inévitable de
cette séparation. J'admets volontiers les prémisses du raisonnement de M. Spencer, c'est-à-dire les deux définitions qu'il
donne, de l'abstrait d'abord, du général ensuite ; mais j'ai beau
manier et remanier ces prémisses, je n'en peux tirer la conclusion à laquelle M. Spencer arrive avec une facilité qui me
surprend. Soit : l'abstrait est quelque chose de détaché des cas
particuliers, et le général quelque chose de manifesté dans des
cas nombreux ; mais je ne vois pas qu'il en résulte que l'abstrait
soit l'opposition ou la négation logique du général, ou même
que ces termes présentent à l'esprit deux idées essentiellement
dissemblables. Ces définitions de l'abstrait et du général sont,
au contraire, parfaitement conciliables avec la vue opposée qui
affirme qu'un attribut manifesté dans des cas nombreux, c'est-à-
dire un attribut général, est par cela même — inévitablement,
nécessairement, logiquement — un attribut détaché des cas
particuliers, c'est-à-dire un attribut abstrait. Objectivement
et dans la réalité des choses, un attribut quelconque est inséparable du cas particulier qui le manifeste ; et on ne peut l'affirmer, ou en faire le prédicat, non seulement de cas nombreux,
mais même de plusieurs cas à la fois, sans lui ôter son existence
réelle ou concrète, sans l'idéaliser, si peu que ce soit, sans l'abstraire de tous les cas particuliers qui le manifestent, chacun avec
sa nuance particulière et insaisissable, sans en faire une notion
générale, une abstraction. Et ce n'est qu'avec trop de raison
que, dès que l'esprit humain prit son premier essor, dès les
temps les plus reculés, philosophes et logiciens n'ont jamais
mis en doute la synonymie parfaite de l'abstrait et du général,
et ont toujours [1] soutenu qu'un phénomène, une propriété, un
attribut, en un mot une notion générale est le synonyme parfait d'un phénomène, d'une propriété, d'un attribut ou d'une
notion abstraite, dans le sens spécial que M. Spencer attache à
ce terme, c'est-à-dire comme quelque chose qui ne peut jamais
être réalisé ou perçu dans aucun cas particulier ; et, inversement,
que toute notion abstraite est une notion générale dans le sens
spécial de M. Spencer, c'est-à-dire comme quelque chose qui
est toujours manifesté dans plus d'un cas particulier à la fois.

---

1. A l'exception peut-être des réalistes du moyen-âge avec lesquels
M. Spencer semble offrir des points de contact curieux, par sa conception d'idées générales qui se réalisent dans chaque cas donné.

Cela est vrai dans un sens plus strict encore et plus approprié à notre sujet. En effet, plus les cas de manifestation d'une propriété sont nombreux, plus celle-ci est générale et, en même temps, plus elle est abstraite, car, dans chaque cas particulier, on peut de moins en moins s'attendre à voir apparaître cette propriété seule ; elle s'identifie de moins en moins avec le cas particulier, elle en est de plus en plus détachée. Ainsi, les propriétés du nombre et de l'étendue sont les plus générales, car elles se manifestent dans tous les cas. possibles et imaginables ; mais elles sont aussi les plus abstraites, car dans aucun cas elles ne se présentent seules : *elles ne constituent aucun cas particulier.* La généralité, qui est le côté objectif de l'abstraction, se mesure et, par conséquent, s'apprécie plus facilement que l'abstraction qui est le côté subjectif de la généralité ; mais, au fond, la mesure de l'abstraction et de la généralité doit évidemment toujours être la même, c'est toujours, en dernier lieu, le nombre de cas dans lesquels se manifestent ou desquels on détache un phénomène, une propriété, un attribut ou une notion.

Cette explication sommaire suffirait au besoin ; pourtant, comme elle présente des difficultés, je vais l'appuyer et l'éclaircir par quelques exemples ; je les prendrai de préférence chez M. Spencer. Ainsi, il considère comme une vérité très générale, quoique nullement abstraite, que les vertébrés possèdent un double système nerveux. Pour les positivistes, — et en cela ils ne diffèrent pas des logiciens de toutes les philosophies, — c'est une vérité empirique, ce qui signifie une vérité insuffisamment abstraite des faits réels et concrets, et insuffisamment généralisée. Il n'y a qu'une différence de degré entre une vérité empirique et une vérité théorique ou, comme M. Spencer l'appelle, une vérité abstraite. Cette différence se rapporte exclusivement au degré de perfection scientifique atteint par ces deux types de vérités, qu'on aurait tort d'opposer l'un à l'autre d'une manière absolue. Une vérité empirique est une vérité imparfaitement abstraite et généralisée, une abstraction ou une généralisation à l'état de croissance, de développement ; tandis qu'une vérité théorique est une vérité·parfaitement abstraite et généralisée — une abstraction ou une généralisation qui a atteint les limites de sa croissance et de son développement naturel. Mais la vérité empirique mène nécessairement, fatalement, à la vérité théorique ; l'empirisme le plus étroit (qui est tout le contraire de la généralité) devient, à son heure, une théorie qui étonne par sa profondeur et ses vastes horizons. Toutes les sciences ont débuté par des vérités empiriques pour aboutir à des vérités théoriques ; et les mathématiques, que M. Spencer cite à juste titre comme le type de la science abstraite, n'ont pas failli à cette loi commune. Les axiomes, qui forment la presque totalité de la science expérimentale des mathématiques, en font foi jusqu'à présent. Mais revenons à notre exemple. Le double système nerveux des vertébrés qui forme le sujet d'une vérité empirique, citée par M. Spencer comme une vérité très générale (quoiqu'elle le soit fort peu relativement à d'autres vérités, également empiriques, de l'histoire naturelle et de la biologie), est évidemment, dans les limites de l'énoncé, quelque chose d'aussi peu réalisé ou perçu dans chaque animal donné, que peut l'être l'angle idéal de 90 degrés, dans les angles réels de la nature. Il serait oiseux et futile d'entreprendre ici la démonstration complète de cette vérité par trop évidente ; mais on me pardonnera si j'ajoute encore quelques mots. Un naturaliste pourra toucher ou tenir dans sa main une vertèbre ayant appartenu à un mammifère, un oiseau, un reptile ou un poisson quelconque ; un géomètre pourra, en prenant quelques précautions fort ordinaires, tracer des cercles et construire des angles, sinon parfaits, du moins d'une régularité et d'une exactitude frappantes ; mais le fragment ostéologique du naturaliste me paraît certainement beaucoup plus éloigné de la vertèbre dont il peut être question dans une proposition un peu générale de l'histoire naturelle ou de l'anatomie, que l'angle réel construit par le mathématicien de l'angle idéal auquel se rapportent exclusivement les théorèmes de la géométrie. Il est présumable que les contours géométriques, réalisés par la nature, ne s'écartent pas plus des formes idéales de la science abstraite des mathématiques que les réalités biologiques des types abstraits auxquels se rapportent exclusivement les lois de la biologie [1]. Ce mot de type que je viens d'employer se rencontre en biologie avec un sens spécial, quoique strictement analogue : ainsi, en ostéologie, on appelle vertèbre-type, d'après la définition d'un auteur compétent, « une construction abstraite qui ne se rencontre à l'état parfait ni chez les poissons, ni chez les autres vertébrés, mais qui, en général, chez les vertébrés supérieurs, se rapproche plus du modèle théorique que chez les autres [2]. » Ces quelques lignes indiquent suffisamment à quel ordre de conceptions on a souvent affaire dans les sciences organiques. Si, dans cette définition d'une notion

---

1. « Les cristaux de neige, dit M. Tyndall, par la régularité parfaite de leurs formes, rendent concrètes les abstractions les plus idéales de la géométrie. » (*Fortnightly Review,* novembre 1875.)

2. Robin et Littré. *Dictionnaire de médecine,* article Vertèbre. Paris, 1879.

commune dans toutes les fractions de la science de la vie, on supprime la seconde partie, on a l'expression exacte et fidèle du véritable caractère de toutes les notions, sans exception, qui entrent dans la composition des lois de la vie, et qui, dans leur ensemble, forment la science abstraite de la biologie.

10. *Lois réelles et idéales. Théorie et pratique de M. Spencer.* — Dans cette distinction de l'abstrait et du général qui n'est pas soutenable, il y a comme un écho d'une autre distinction, fort connue et généralement admise celle-là, même par les positivistes, la distinction des lois *réelles* et des lois *idéales* de la nature. Cette distinction est essentiellement une distinction de degré dans l'abstraction; à son tour, elle reflète la distinction de la vérité empirique et de la vérité théorique. Mais elle fait un pas de plus, car elle n'appelle idéales que celles des lois théoriques qui font abstraction non seulement de toute espèce de perturbations, mais encore de tout processus réel, et qui, en conséquence, expriment, avec la pleine conscience de leur caractère purement idéal, *ce qui aurait dû* infailliblement arriver dans des conditions sciemment autres que celles qui existent dans le monde objectif et réel. Mais les lois idéales, pour être rencontrées fort souvent dans le domaine des mathématiques et de la mécanique, ne forment pas pour cela l'apanage exclusif de ces sciences; il y a des lois qui possèdent cette physionomie particulière dans tous les domaines de la connaissance humaine sans exception, en biologie et en sociologie aussi bien que dans les parties les plus générales et les plus abstraites de la mécanique. Comme preuve à l'appui, je citerai ici le passage suivant, que j'emprunte au dernier livre de M. Lewes, qui a été un des membres les plus influents de la gauche modérée de la nouvelle philosophie : « Le mouvement, dit M. Lewes, n'est jamais uniforme, n'est jamais rectiligne; *l'étamine ou le pistil d'une plante n'est jamais une feuille; les os du crâne ne sont jamais des vertèbres;* la planète ne décrit jamais une ellipse : ces lois et toutes les autres lois idéales sont des vérités abstraites, et elles ne peuvent servir à l'explication des faits concrets qu'à l'aide d'une rectification constante de notre tendance naturelle à prendre des abstractions pour des réalités [1]. »

Mais il n'y a pas que ce seul écho de la philosophie positive dans la doctrine de M. Spencer. Ainsi, après avoir formé et distingué ses trois groupes scientifiques, il procède à l'explication des relations qui existent entre eux. « Le premier groupe, ou

___

1. *Problems of Life and Mind*, I, p. 311.

groupe abstrait, dit-il, est un instrument (de découverte, d'étude) relativement aux deux groupes suivants, et le second, ou groupe abstrait-concret, est un instrument à l'égard du troisième, ou groupe concret. Essayer d'intervertir ces fonctions est simplement impossible, vu la différence essentielle dans les caractères de chacun de ces groupes. » Or c'est là, en substance, sinon dans les mêmes termes, ce qui a toujours été hautement proclamé par Comte et toute l'école positiviste, et ce qui a été envisagé par eux comme une conséquence nécessaire du principe de la généralité décroissante et de la complication croissante des phénomènes. On remarque sans peine que, si les principes qui forment le cadre de la classification de M. Spencer sont erronés, ou, pour parler plus exactement, si ces principes s'évanouissent en distinctions vaines et purement verbales, au premier choc de la critique, la manière dont ce cadre est rempli est une reproduction à peu près fidèle de la série des sciences d'après la loi de Comte. En effet, le premier groupe ne renferme que les mathématiques et la partie la plus abstraite de la mécanique, la cinématique que M. Spencer nomme la géométrie du mouvement [1]; le second ne renferme que le reste de la mécanique, la physique et la chimie ; dans le troisième enfin, à côté des sciences concrètes, comme la géologie et la météorologie, on retrouve la biologie et la sociologie. Au point de vue du rôle instrumental qui appartient à chaque groupe antécédent à l'égard des groupes qui le suivent, cet arrangement n'est-il pas, à lui seul, un symptôme des plus éloquents, une preuve des plus convaincantes, du caractère « évanescent » du cadre de M. Spen-

---

1. La logique est également placée dans ce groupe. M. Spencer accorde qu'objectivement la psychologie doit être placée après la biologie ; et ce n'est que subjectivement, c'est-à-dire comme logique, que cette science (unique en son genre et antithétique par rapport à toutes les autres) peut tenir la tête de la série. — La question de la place que la logique occupe parmi les sciences n'est rien moins qu'un problème ardu et sérieux. Tout phénomène, celui qui manifeste la propriété d'étendue comme celui qui manifeste la propriété de socialité, est toujours le produit du sujet-objet, c'est-à-dire, avant tout, un phénomène psychologique (comme connaissance humaine, un phénomène logique). Dans ce sens, qui est purement psychologique, le sujet pensant prime certainement l'objet pensé ; mais il y a loin de là à la conclusion que la logique est la plus générale et la plus abstraite des sciences.

D'un autre côté, toute idée est un fait objectif non seulement par rapport aux personnes auxquelles l'idée est communiquée, mais encore, après sa production, par rapport au sujet qui l'a pensée ou produite. Dans ce sens, qui n'est plus exclusivement psychologique, tout est objectif, et la distinction entre l'objet et le sujet perd beaucoup de sa valeur scientifique générale ou philosophique, pour ne conserver qu'une valeur scientifique particulière, — qu'une valeur psychologique.

cer? Des principes plus consistants n'auraient certainement pas pu se plier à la simple reproduction des conséquences les plus frappantes qui découlent de principes opposés. Je sais bien qu'il y a cette différence, la seule en réalité, entre la série de Comte et la série de M. Spencer, que tandis que chez le premier la chimie, par exemple, est subordonnée à la physique, et la sociologie à la biologie, chez le second cette subordination de science à science disparaît et s'efface complètement dans la subordination de groupe à groupe. C'est là, assurément, une différence fort grave.

Certes, il est assez difficile de justifier cette innovation par les faits ou par la pratique réelle des sciences, et c'est à bon droit qu'on peut demander à voir à l'œuvre le chimiste de M. Spencer, qui se servirait des mathématiques et de la théorie du mouvement comme d'instruments indispensables à sa science, dédaignant l'aide de la physique; ou, mieux encore, son sociologiste, qui, ne voyant dans la société qu'un simple produit des propriétés physiques et chimiques de la matière, déduirait de celles-ci les lois des phénomènes sociaux, sans les faire passer par la filière des faits et des lois biologiques. Mais je m'abuse certainement; les faits sont plus forts que toutes les théories et la manière de procéder de M. Spencer lui-même, dans ses investigations sociologiques, rétablit d'une façon détournée, dans toute la plénitude de ses effets pratiques — peut-être bien au delà des intentions de Comte — l'enchaînement complet, la filiation non interrompue des sciences de ce dernier. On sait, en effet, que M. Spencer a, plus que quiconque, indissolublement lié la sociologie à la biologie; de la sorte, l'écart qui restait encore dans la théorie est comblé par la pratique. Pourtant, comme le point de vue théorique prime toujours le point de vue pratique, je n'ai pas besoin de rien changer à ce que j'ai dit plus haut concernant la différence essentielle entre la série de Comte et celle de M. Spencer. Cette différence, je le répète, me paraît fort grave; elle est grosse de conséquences philosophiques importantes, et c'est principalement pour l'asseoir sur des fondements logiques inébranlables que M. Spencer a eu recours à la distinction de l'abstrait et du général, définitivement condamnée, je l'espère, par le lecteur. Je ne crois pas me tromper en affirmant que, dans la pensée de M. Spencer, le dissentiment en question a dû précéder et non suivre la justification logique qu'il s'efforce de lui trouver. La logique me paraît jouer ici le rôle du pavillon couvrant la marchandise qu'on ne se soucierait pas trop de produire avec sa véritable étiquette. Je vais m'essayer maintenant à déchiffrer cette der-

nière. J'aurais pu passer outre, si je ne poursuivais ici qu'un
but de simple polémique. Mais, à côté du but polémique, j'ai
encore celui de comprendre, en me l'expliquant, le célèbre philosophe qui, s'il faut en croire M. Mill, « peut revendiquer la
qualité de pair d'Auguste Comte. »

11. *Le positivisme et la philosophie de l'évolution. Un anachronisme philosophique. Une réaction intellectuelle par rapport à la
sociologie.* — Je touche ici à un point très curieux et très instructif de la doctrine de M. Spencer. M. Spencer est le philosophe qui, d'après l'aveu d'un de ses plus fervents admirateurs
et en même temps d'un juge des plus compétents en ces matières,
« reprend l'hypothèse de Leibnitz concernant un progrès continu
dans la nature, la débarrasse de ce qu'elle avait encore de profondément métaphysique, et l'appuie sur près de deux siècles
d'expérience et de développement scientifique [1]. » Hegel avait
déjà tenté la même chose dans sa doctrine du « devenir » ; mais,
là où le philosophe allemand a complètement échoué, le philosophe anglais, au dire de ses disciples, a complètement réussi.
Il a inauguré un nouveau système philosophique, il a posé les
bases de la « philosophie de l'évolution ». Je ne discute pas ici
les titres que, personnellement, je crois très réels, de M. Spencer
à l'admiration et à la reconnaissance de ses contemporains ou
de la postérité; je rappelle seulement que ce penseur original,
doublé d'un savant dans la plupart des branches de la connaissance humaine, s'est beaucoup occupé de la genèse des phénomènes et de l'ordre de leur apparition successive dans l'univers.
Or M. Spencer conçoit cet ordre, ou « l'évolution cosmique »,
exactement de la même manière que les positivistes : d'après
lui, comme d'après nous, cinq phases cosmiques se suivent et,
s'ajoutant l'une à l'autre, viennent successivement augmenter la
somme totale des phénomènes de l'univers. En premier lieu
viennent les phénomènes astronomiques, puis apparaissent les
phénomènes géologiques ; immédiatement après surviennent les
phénomènes biologiques, plus loin encore les phénomènes psychologiques, et en dernier lieu, enfin, les phénomènes sociologiques. Pas d'interruption ou de changement possible dans cet
ordre de succession et de dépendance évidente, au double point
de vue de la genèse et de l'interprétation scientifique, entre
chacun de ces groupes de phénomènes et les groupes précédents.
M. Spencer est formel à cet égard. Les positivistes le sont également, sauf le point relatif aux phénomènes psychologiques, qui
n'est pas essentiel ici. Mais s'il y a ainsi communauté quant au

---

1. Ribot, *La psychologie anglaise contemporaine.* Paris, 1870.

point de départ, et, malgré cela, différence dans le point d'arrivée, il faut nécessairement que la méthode suivie ait été différente. Il s'agit, dans les deux cas actuels, de ce qu'on appelle un raisonnement déductif; par conséquent la déduction de M. Spencer ou celle des positivistes doit être défectueuse. Eh bien, je crois qu'on est en droit d'adresser au raisonnement de M. Spencer le reproche très grave d'admettre dans sa conclusion quelque chose qui n'était pas du tout dans ses prémisses, et d'arriver ainsi à une affirmation gratuite. M. Spencer et les positivistes ne savent qu'une seule et même chose : que l'analyse scientifique des phénomènes concrets qui correspondent aux deux premières phases cosmiques, la période astronomique et la période géologique, a abouti à la distinction de trois groupes de propriétés, les propriétés quantitatives, les propriétés physiques et les propriétés chimiques de la matière — d'où trois sciences abstraites distinctes. De cette expérience, les positivistes concluent qu'il n'y a qu'à s'en remettre à une expérience analogue du soin de décider si de nouvelles propriétés de la matière se font ou ne se font pas jour dans les phénomènes concrets qui correspondent à d'autres phases cosmiques (l'époque biologique et l'époque sociologique); que toute prédiction *à priori*, dans cette direction, est inévitablement frappée de nullité; en un mot, que l'admission ou le rejet de nouvelles propriétés de la matière agissant ou se manifestant dans des phases cosmiques nouvelles et dans des agrégats nouveaux ne peut, en définitive, être qu'un fait d'expérience. M. Spencer croit, au contraire, que cette admission ou ce rejet peut devenir un fait de logique, le résultat d'une simple déduction. L'esprit humain, dans cette question du moins, est, pour lui, meilleur guide que l'expérience. Et l'esprit raisonne ainsi : à l'origine des choses, les forces mécaniques, physiques et chimiques sont seules en jeu ; ce qui n'est pas à l'origine ne peut être ni au milieu ni à la fin ; par conséquent, les propriétés biologiques et sociales ne peuvent être autre chose que le produit des propriétés mécanico-physico-chimiques, ou mieux, que ces propriétés elles-mêmes. Ce raisonnement serait valable et aurait pu me convaincre, s'il était prouvé qu'à l'origine il y avait déjà des agrégats organisés et des agrégats sociaux, et que, malgré cela, il n'y avait que des forces mécaniques, physiques et chimiques, car une déduction n'est bonne qu'autant que la conclusion se borne à reproduire fidèlement ce qui est déjà contenu dans les prémisses.

La nouveauté de la vue de M. Spencer, dans cette direction, se réduit exclusivement à l'expulsion de la biologie et de la

sociologie hors de la série des sciences abstraites et à la négation de leur caractère de sciences fondamentales.

Tout bien considéré, M. Spencer admet entièrement le reste
de la doctrine de Comte; une divergence réelle ne s'établit entre
lui et le fondateur de la philosophie positive que sur ce seul
point. Mais est-ce là vraiment une nouveauté, et M. Spencer
est-il bien sûr qu'il n'y ait pas, de sa part, au fond de ce débat,
un retour inconscient vers le passé, un simple renouvellement
d'une croyance naguère encore fort répandue? Je trouve chez
M. Littré le tableau suivant de l'état de la biologie avant sa constitution, c'est-à-dire à une époque relativement récente; je reproduis ici ces lignes, qui sont importantes. « Depuis l'époque
des plus anciens documents scientifiques, nous voyons la biologie
cultivée. Démocrite et Hippocrate l'étudient; Aristote y con-
sacre de très importants travaux; tous les médecins, directement ou indirectement, y apportent leurs contributions; des découvertes considérables s'y font, entre autres celle de la cir-
culation du sang; et cependant je n'hésite pas à dire que, malgré
tout cela, la biologie n'était pas constituée. Quel que fût le caractère des faits qui venaient en lumière, il n'en résultait aucune
notion qui séparât, dogmatiquement, la biologie des sciences
inférieures; je me sers ici de ce mot, dû, avec l'idée qu'il exprime,
à M. Comte, et j'ai, on le voit, le droit de m'en servir. Elle de-
meurait un appendice, un prolongement de la physique et de la
chimie; et, quand on voulait en constituer la théorie, on ne
manquait jamais d'en grouper les faits autour de quelque principe emprunté, suivant les temps, aux domaines déjà constitués.
Les esprits qui protestèrent contre ces explications physiques
ou chimiques n'eurent rien à proposer en place. C'est qu'en effet
il manquait à la biologie une consistance dogmatique qui ne
pouvait venir que lorsqu'on saurait enfin si la cellule, si la fibre
musculaire, si la fibre nerveuse avaient des propriétés à elles ou
ne présentaient que des modifications de quelqu'une des forces
qui appartiennent à la matière inorganique [1]. » Ces lignes jet-
tent une lumière si vive sur la question en litige, qu'il devient à
peu près inutile d'insister sur l'application qui peut en être faite
à l'opinion représentée par M. Spencer.

Il est clair que, si ce philosophe avait écrit avant les travaux
immortels de Bichat, il aurait eu parfaitement raison d'opposer
à l'animisme, au vitalisme et aux autres théories alors en vogue,
sa croyance à la possibilité d'une explication purement physique et chimique des phénomènes vitaux. Mais plus de cin-

1. *Auguste Comte et la philosophie positive,* p. 303.

quante ans nous séparent de la révolution qui s'est accomplie au
sein de la biologie ; la face de la question a totalement changé,
et pourtant M. Spencer occupe encore aujourd'hui la position
qu'occupaient, au siècle dernier, les antagonistes (qui, sur ce
point, étaient les véritables positivistes de l'époque) des pré-
curseurs plus ou moins métaphysiciens de Bichat. Comment
expliquer ce fait, qui ressemble fort à un anachronisme philosophique ? Pour ma part, quand j'entends nier opiniâtrément le
caractère abstrait de la biologie ou de la sociologie, et leur complète équivalence scientifique avec les sciences du monde inorganique, je suis très enclin à ne voir dans la réapparition de cette
vieille doctrine que l'effet de ce qu'on appelle en sociologie une
réaction naturelle, c'est-à-dire l'effet d'une fatigue des esprits,
suivant toujours un effort intellectuel de quelque intensité. Il
est à remarquer en outre, que d'ordinaire cette fatigue semble
s'emparer d'abord des meilleurs esprits, qui sont dans l'action
aussi bien que dans la réaction intellectuelles les chefs de file
naturels de la foule. L'action a été la grande conception de Comte
relative à la sociologie ; la réaction est représentée aujourd'hui
par la doctrine de M. Spencer. Les lois des phénomènes très
capricieux de la réaction sociologique ne sont pas connues ; on
a vaguement remarqué seulement que le mouvement réactif
restait tantôt en deçà du mouvement « actif », n'atteignant pas
les limites du déplacement opéré par ce dernier, et tantôt paraissait dépasser un peu ces limites ; en moyenne pourtant, et
dans la majeure partie des cas, les deux mouvements opposés
semblent mesurer le même espace. En appliquant ces observations au cas qui nous occupe, on peut dire que nous avons ici un
exemple de *réaction* du second ou du troisième ordre, selon qu'on
borne l'*action* exercée par Comte à l'introduction, dans la série
hiérarchique des sciences, de la sociologie seule ou de la biologie
et de la sociologie prises ensemble. Il est significatif, en tout cas,
que M. Spencer s'arrête à la chimie, c'est-à-dire qu'il ne dépasse
pas les limites les plus étendues de la loi qui régit les réactions
intellectuelles, quoique rien dans la logique sur laquelle il s'appuie et dans l'ancienne métaphysique dont il s'inspire évidemment, et qui lui fournit les idées de la *forme* des phénomènes,
de la *force* une et indivisible, etc., ne semblait devoir l'empêcher
d'étendre sa théorie beaucoup plus loin, au delà des bornes de
la chimie et même de celles de la physique. Logique et métaphysique l'invitaient, au contraire, à faire de sa trilogie arbitraire une théorie largement unitaire, à supprimer le « résidu »
chimique, puis le résidu physique, comme il avait supprimé les
résidus biologique et sociologique ; à jeter le contenu de la

chimie dans le moule de la physique et la matière de cette dernière dans le moule de la mécanique abstraite; à chercher l'élément unique, la force originaire, l'énergie primordiale, — pourquoi pas la cause première? — au lieu de se contenter des trois éléments qui forment l'objet de ses sciences abstraites-concrètes; à réaliser, en un mot, l'idéal du système moitié scientifique, moitié métaphysique, qui, à l'heure où j'écris, fait, sous le nom de monisme, les plus grands ravages parmi les esprits philosophiques de l'Allemagne [1].

12. *Théorie physico-chimique, mécanisme. Réalité potentielle (genèse) et réalité actuelle des phénomènes. Métaphysique et science.* — J'ai dit tout à l'heure que la doctrine de M. Spencer au sujet des sciences abstraites ou fondamentales me paraissait être le produit d'une fatigue de l'esprit. Pour ma part du moins, quand je vois nier les propriétés vitales ou sociales, il me semble toujours entendre dire : Assez de propriétés spéciales de la matière; nous n'en voulons plus! passe pour celles qui se sont déjà fait une place au soleil, mais nous mettons dehors les nouvelles

---

1. Deux mots à propos de ce nouveau compromis entre la science moderne et l'antique ou plutôt « l'éternelle » métaphysique. Le *monisme* (qu'on pourrait appeler encore le *panénergisme*, l'héritier direct et légitime du panthéisme mourant) est éclos en Allemagne à la suite des remarquables travaux inspirés aux savants allemands par les idées, devenues rapidement si populaires partout en Europe, de MM. Darwin et Wallace. Mais, sérieusement parlant, je ne saurais affirmer que Leibnitz, avec sa « monade », soit complètement étranger à ce mouvement, qui compte parmi ses chefs reconnus l'éminent naturaliste Hæckel. Quoi qu'il en soit, le nouveau système, comme tant d'autres avant et avec lui, élève avant tout la prétention de concilier la philosophie avec ce qu'on est convenu d'appeler le dernier mot de la science, et ce qui n'est en réalité que le dernier mot des hypothèses scientifiques. Certes, il n'y a pas grand mal à « travailler, » même exclusivement, dans les hypothèses de la science, et plusieurs des suppositions les plus hardies des savants modernes sont, sans contredit, excellentes. Quelques-unes d'entre elles peuvent même être considérées comme définitivement acquises à la science. Cela devrait suffire et cela suffit, en effet, aux esprits positifs. Mais les esprits métaphysiques ne se contentent pas de voir dans ces théories un simple fragment d'une conception du monde qui se fonde sur toute la science ; ils veulent en faire sortir une « nouvelle » conception de l'univers. Un simple élargissement, dans une direction, de l'horizon scientifique? Allons donc! les grandes hypothèses unitaires sont plus que cela : c'est la clef des portes de l'infini, la formule magique qui permettra aux adeptes, naguère honteux de la métaphysique, de fouler à nouveau le sol sacré de l'incognoscible, de pénétrer, à leur aise, les mystères de l'insondable Isis! En un mot, la science et les admirables travaux de savants comme M. Darwin ne sont qu'un prétexte. La soif métaphysique est inextinguible : elle boit aujourd'hui dans la coupe de Darwin; mais, lorsqu'elle en verra le fond, elle la rejettera avec dédain, pour s'emparer d'une autre coupe qui sera, à son tour, le dernier mot de la science..... de l'avenir!

venues ; elles ne sont pas des propriétés simples ou irréductibles, mais le produit des propriétés inorganiques. L'hypothèse de la vie est inutile : il n'y a dans le domaine de la vie que de la physique et de la chimie spécialisées. Celle de la société l'est encore plus ; vous ne voyez donc pas que vous n'avez affaire ici qu'à une quintessence spéciale physique et chimique ? Je me rappelle aussitôt cette définition de la vie par un savant moderne : une double métamorphose des rayons solaires. Non pas que j'y aperçoive l'ombre d'une erreur, la moindre fausseté ; je proclame hautement que tout cela est de la pure vérité ; mais j'avance que cette tautologie superficielle et puérile, qu'on veut faire passer pour de la profondeur philosophique et, qui pis est, pour de l'exactitude' scientifique, me paraît tout à fait insupportable.

La genèse des phénomènes est une chose, et leur réalité actuelle en est une autre. Faire dériver la vie animale et végétale de cet ensemble de propriétés que nous nommons la nature inorganique est peut-être légitime, au point de vue génétique, comme il peut être admissible, au même point de vue, de faire dériver l'affinité chimique des propriétés physiques de la matière, et de réduire, enfin, la diversité de ces dernières, au moyen de leurs transformations bien prouvées et de leur équivalence certaine à un seul type idéal de force ou d'énergie. Tout cela peut encore être de la science, et même de la science exacte, mais, pour que cette science *se transforme* — elle aussi — subitement en métaphysique, il suffit d'un léger changement, d'une altération presque imperceptible. Laissez seulement pénétrer l'idée d'*essence* dans ces spéculations abstraites, et la métamorphose est accomplie. L'idée d'essence est le levain qui, introduit dans la masse scientifique, l'aigrit et la corrompt aussitôt, en y déterminant une fâcheuse fermentation. Les limites que la réalité oppose à la vue scientifique sont franchies d'un bond : on était dans le domaine du cognoscible, on se trouve dans le domaine de l'incognoscible ; et une fois là, pas d'autre guide possible que l'incomparable méthode *à priori*. La science ne connaissait que la transformation des propriétés de la matière ; et ce fait certain elle le regardait comme un mystère impénétrable. Elle n'en concluait qu'une chose : que les propriétés (ou *forces*), dans certaines conditions, se transformaient l'une dans l'autre, que l'une apparaissait quand l'autre disparaît, et *vice versâ*, et qu'il y avait équivalence ou corrélation constante entre les *quantités* ou, plus exactement, les *quantums* des forces ainsi déployées et employées. Mais ce n'est que dans un langage vague et inexact, qu'elle se permettait quelquefois d'affirmer par un abus de mots la réductibilité complète d'une propriété à une autre; rien ne pouvait être plus loin de sa pensée. Cette réductibilité était pour elle le véritable et l'éternel mystère; et cela est si vrai, qu'aucune spéculation positive, scientifique dans ce domaine de la pensée n'a jamais pu se passer de l'hypothèse des propriétés ou des forces *latentes* de la matière; la vie (et pourquoi pas la socialité? elle n'est pas plus intangible que la vie ou l'affinité) est conçue comme latente dans les premiers agrégats cosmiques qui ne possédaient pas d'organismes, tout comme l'affinité chimique est supposée à l'état latent dans les agrégats matériels qui n'offrent à notre aperception que des qualités purement physiques. La métaphysique, elle, sait bien plus que tout cela, et son savoir est puisé à des sources autrement pures que les eaux troubles de l'expérience. Elle connaît « l'identité » fondamentale des propriétés (ou *forces*) de la matière; s'arrêter à leur transformation lui paraît profondément irrationnel; elle considérerait cet arrêt volontaire comme une injure intolérable faite à la logique, sinon à la pénétration du sujet pensant et identifiant.

Comment ne pas pouvoir conclure de la transformation des propriétés et des phénomènes à leur identité essentielle? Pauvres positivistes! Comment, après toutes les belles découvertes récentes, s'obstiner encore à chercher les lois de la vie dans les phénomènes de la vie, au lieu de les chercher, ce qui serait incontestablement beaucoup plus simple, dans les phénomènes de l'attraction et de la répulsion moléculaires? Quel entêtement et, pardonnez-moi le mot, quelle naïveté! Ainsi, je vois parfaitement que, dans certaines conditions, la science se transforme en métaphysique; mais je n'en conclus pas que ces deux manières de considérer les choses soient essentiellement identiques. Je me borne à constater que, dans cette transformation, la genèse (ou réalité potentielle) devient la réalité actuelle, le point de vue génésique devient le point de vue de l'étude et de l'analyse des phénomènes. La transformation est tout ce qu'on peut désirer de plus radical; seulement quand je vois la métaphysique moderne accomplir des tours de cette force, je suis toujours tenté de me demander quel reste de pudeur scientifique retient encore, sur les lèvres des savants qui « philosophent » si ardemment de nos jours, l'aveu que, tout bien considéré, ils connaissent l'essence des choses?

Quelle hypothèse hardie de dire que la vie est un produit, tandis que l'affinité n'est qu'un élément, un facteur! Il est certainement bon et conforme à une méthode rationnelle de faire, dans les phénomènes de la vie, la part aussi large que possible aux propriétés physiques et chimiques; ces propriétés trouvent leur application dans l'étude des phénomènes vitaux, tout comme les lois mathématiques trouvent leur application dans l'étude des phénomènes inorganiques. Mais, quand cela a été fait, s'il reste un résidu qu'on ne peut éliminer, que faire alors? Faut-il, malgré l'évidence, nier ce résidu, en s'appuyant sur des considérations analogues à celles que je viens de caractériser? Faut-il ne voir dans la biologie qu'une science dérivée de la mécanique, de la physique et de la chimie, une science concrète ou d'application, une science en tout et pour tout pareille à la géologie, qui, *réellement*, celle-là, ne laisse aucun résidu, pas le moindre vestige d'une propriété nouvelle et inétudiée par la série des sciences abstraites? Sans compter que la géologie elle-même n'est qu'un fragment de science concrète, tant qu'elle n'est tributaire que de la physique et de la chimie, et qu'elle ne devient vraiment une science complète qu'en payant un tribut considérable à la science abstraite de la biologie et même, si l'on prend en considération les changements opérés sur la surface du globe par les sociétés humaines, à la sociologie. Mais je soutiens qu'il faut, si l'on veut être conséquent, faire exactement la même chose avec la chimie, puis avec la physique, et arriver ainsi au nombre, producteur de l'univers. C'est, en réalité, ce que fait, à peu de chose près, le *mécanisme*, ou cette hypothèse philosophique qui a parfaitement raison quand elle soutient que tout *est* mouvement, et qui a parfaitement tort quand elle affirme gratuitement, et sachant que jamais elle ne pourra le démontrer, que tout *n'est que* mouvement; car s'il est indubitable que les lois mécaniques régissent tous les phénomènes sans exception, il ne l'est pas le moins du monde que le mouvement soit sa source à lui-même, un fait irréductible de la nature, ou qu'il soit produit par une seule et unique propriété quelconque de la matière, et non pas, à la fois, par toutes les propriétés qui ne se réduisent pas les unes aux autres et sont, pour cette raison, étudiées dans autant de sciences fondamentales distinctes.

Il est évident pour moi que, dans toute cette discussion, on a confondu deux choses : une question de méthode, un excellent principe de recherche scientifique qui consiste à tâcher d'expliquer, autant que possible, l'inconnu par le connu, et une question philosophique de classification et de division du savoir humain ; classification et division qui signifient, en définitive, que l'esprit humain, dans sa recherche de l'un et du simple, doit savoir s'arrêter à temps, doit reconnaître les droits de l'expérience, doit renoncer à forcer, pour ainsi dire, l'impossibilité évidente de réduire à l'unité des éléments manifestement divers. L'erreur s'est glissée dans la théorie philosophique, mais la vérité de la maxime pratique reste intacte. Seulement, à la hauteur philosophique où s'élèvent nos adversaires, dans les régions souveraines des dernières abstractions, cette maxime (que les positivistes, soit dit en passant, n'ont jamais violée dans les régions inférieures de la science, là où le sol ferme ne se dérobe pas sous les pieds) se retourne visiblement contre eux; car, à cette hauteur vertigineuse, tout est également inconnu; il ne s'agit plus d'y expliquer l'inconnu par le connu, et, quant à expliquer l'inconnu par l'inconnu (l'inconnu de la vie, par exemple, par l'inconnu de l'affinité), nous préférons nous décharger entièrement de cette besogne, si besogne il y a, sur les métaphysiciens.

La philosophie positive a hautement proclamé la première, l'unité de la science, de la méthode et de la philosophie, triple unité qui ne peut, évidemment, être fondée que sur l'unité de la matière dans ses manifestations les plus diverses ; et ce n'est pas parce que nous repoussons une méthode vaine, un procédé futile d'investigation, qu'on pourra venir nous reprocher de briser cette unité, notre œuvre principale. Une chose est claire cependant : c'est que notre science et notre philosophie n'ont affaire ni à la *force* unique, ni à la *cause* unique, ni à l'*espace* unique, ni au *temps* unique, ni à aucun *absolu*, de quelque manière qu'on s'ingénie à le déguiser (à moins, pourtant, qu'on ne veuille simplement faire l'analyse psychologique de ces concepts de l'esprit, dans la psychologie expérimentale), mais exclusivement aux manifestations de la matière, force, ou cause, au côté purement relatif de cet absolu absolument incognoscible en lui-même. La classification des sciences, telle qu'elle a été établie par Comte, représente d'une manière frappante le véritable esprit de la philosophie positive; c'est la meilleure des pierres de touche pour reconnaître un positivisme de bon aloi et le distinguer d'un positivisme à moitié métaphysique; c'est le réactif le plus puissant pour déceler immédiatement l'apriorisme sous toutes ses formes et dans ses moindres vestiges.

13. *Conclusion.* — J'espère qu'on ne m'accusera pas de m'être trop occupé de la doctrine de M. Spencer, comme on ne me fera pas le reproche de m'être trop préoccupé des conséquences dogmatiques que cette doctrine entraîne après elle, et de l'influence qu'une opinion erronée, mais appuyée sur une autorité philosophique aussi haute, devait infailliblement exercer sur les esprits. Mais je ne croirais pas avoir été juste, ni envers M. Spencer, ni envers e courant progressif qui, à travers des

arrêts et des mouvements réactifs sans nombre, nous entraîne
constamment vers une connaissance meilleure et plus exacte
des choses, si je quittais ce sujet sans tâcher de découvrir, dans
la doctrine de M. Spencer, le germe fécond qui deviendra la
vérité de l'avenir. Je suis profondément convaincu que la couche
la plus épaisse d'erreurs contient en soi de précieuses parcelles
de vérité, et que l'erreur est, en somme, comme le verre enduit
de couleurs opaques qui empêchent, de distinguer les objets :
ôtez l'enduit, et la grande lumière traverse le fragile obstacle.
Ce n'est que cette conviction qui me donne, à moi-même, le
courage de soumettre mes opinions, quelque paradoxales parfois qu'elles puissent paraître, au jugement des lecteurs. Il y a
donc, j'en suis persuadé, un côté strictement vrai dans la doctrine que je viens de combattre ; et cette vérité, selon moi, est
assez importante pour racheter ce qu'il y a de faux dans l'ensemble des vues de M. Spencer. Il y a réellement, entre les
sciences du monde inorganique d'une part, et la biologie et la
sociologie de l'autre, une limite naturelle des plus accusées, une
ligne de démarcation profonde et indestructible. M. Spencer
place cette frontière dans le domaine, qui lui est si familier, de
l'évolution, de la genèse des phénomènes ; et la ligne de démarcation se transforme aussitôt en gouffre infranchissable. Pour
ma part, je crois que cette limite est tout entière dans le domaine
de la méthode [1]. La science d'une moitié de la nature n'est pas
l'opposition formelle, le contraste absolu de la science de l'autre
moitié ; elle en est la continuation en pente insensible. C'est l'esprit humain, qui, borné par sa propre constitution, contenu et
incité en même temps par ses besoins d'analyse, trace partout
dans la nature des lignes de séparation, distribue et parque,
pour ainsi dire, les phénomènes dans des enclos qu'il appelle
sciences.

Mais on ne saurait trop respecter ces lignes et ces enclos ; car
on respecte en eux les besoins de l'esprit humain qui ne pourrait, d'aucune autre manière, prendre possession de la nature,
comprendre ses phénomènes, apprendre ses lois. Et entre cet
enclos ou ce domaine (dans le sens primitif de *dominium*) de la
pensée, que nous nommons le monde organisé et qui contient
les phénomènes de la vie et de la société, et cet autre domaine

---

1. Je ne parle pas ici de la série des sciences et de la loi évolutive de
Comte qui sont et restent étrangères au point de vue de la méthode. Je
parle non de la complication, objective ou subjective, des phénomènes,
mais d'une conséquence de cette complication qui rend nécessaires, dans
différents domaines du savoir, des procédés d'investigation différents. Le
lecteur attentif se gardera de confondre ces deux ordres voisins d'idées.

du monde inorganique si vaste, que ses frontières, quand on
sort de la science exacte pour entrer dans la contemplation
chère aux esprits philosophiques, se perdent dans la brume de
« l'espace sans borne » et de « l'enchaînement des causes sans
terme », il y a, certainement, une ligne de démarcation plus
profonde que ne pourrait le faire supposer le simple passage
d'une science abstraite à une autre science également abstraite.
Les sciences abstraites se suivent dans l'ordre indiqué par Comte
et selon la loi qu'il a, le premier, découverte et établie ; mais
les sciences abstraites forment des groupes, et il y a lieu de
distinguer ces groupes. C'est ici que le point de vue de la méthode est appelé à revendiquer ses droits et à rendre des services nombreux à l'esprit humain. C'est ici, entre groupes de
sciences, bien plus qu'à l'intérieur de chaque science particulière, qu'éclatent ostensiblement les grandes différences de
méthodes. La biologie et la sociologie sont un groupe, la physique et la chimie en sont un autre, la mathématique et la mécanique générale un troisième ; et chaque groupe opère autrement
sur les phénomènes qui lui sont dévolus. Présentée de cette
manière, la division tripartite de M. Spencer n'a plus rien de
choquant : le verre opaque redevient transparent, la vérité se
fait jour à travers l'erreur. Mais j'ai suffisamment indiqué mes
opinions à ce sujet dans le premier chapitre de ce travail, pour
qu'il soit nécessaire d'y revenir une fois de plus. En conséquence,
je me bornerai ici à quelques remarques qui me sont suggérées
par ce point de contact qui — je le crois du moins — existe
entre M. Spencer et moi, et consiste en ce que tous les deux
nous faisons de la biologie et de la sociologie des sciences descriptives par excellence : lui, des sciences descriptives concrètes ;
moi, des sciences descriptives abstraites.

Voici comment j'envisage la question qui nous unit et nous
divise en même temps. La description, qui est une méthode
scientifique, ne peut rien faire préjuger quant au caractère abstrait ou concret d'une science ; c'est un simple *moyen*, qu'on
peut employer indifféremment pour atteindre le *but* de la science
abstraite aussi bien que celui, totalement différent, de la science
concrète. De cette communauté quant au moyen, et de cette
dualité, quant au but, naît toute la confusion. On décrit un
phénomène, afin (et parce qu'on ne peut, dans l'espèce, avoir
recours à des moyens plus efficaces) d'en abstraire les lois d'un
groupe quelconque de propriétés spécifiques ; et alors, tout en
décrivant, on fait ou, pour parler plus exactement, on se prépare à faire de la science abstraite ; en tout cas, on fait de l'analyse. Ou bien, on décrit un phénomène en vue non pas d'en abs-

traire une nouvelle propriété ou les lois qui la régissent, — car cela a été déjà fait, et on sait d'avance qu'il n'y a pas dans l'agrégat donné de propriétés fondamentales inétudiées, — mais en vue de recomposer dans sa totalité le phénomène décomposé par des analyses abstraites et nécessairement préexistantes, pour fondre les résultats de plusieurs sciences abstraites en un tout, qu'on nomme concret par opposition, et qui n'est, à proprement parler, que synthétique. Telle est la science concrète, qui n'est, évidemment, possible qu'autant qu'il y a déjà des sciences abstraites préexistantes. La science concrète est essentiellement une science d'application ; mais cette application y est complètement théorique, tandis que, dans les sciences d'application proprement dites, l'application est entièrement pratique. Je le répète donc : on peut et on doit décrire dans la science abstraite aussi bien que dans la science concrète. Mais, si l'on veut à toute force établir une distinction à cet égard, je ne puis, au point de vue auquel je me suis placé, concéder que cette différence : dans la science abstraite, la description forme surtout le commencement, les premiers pas, la marche initiale. J'ai déjà tâché d'élucider ce point dans un des premiers chapitres. Je n'y reviens ici que pour remarquer que c'est avant tout la phase actuelle et l'état présent des sciences du monde organique, qui doivent être l'objet de nos préoccupations. Comme le dit un philosophe, un philosophe chinois je crois, il ne faut jamais oublier que le monde n'a pas commencé et ne finira pas avec nous. Ce qui adviendra de la biologie et de la sociologie dans un avenir plus ou moins éloigné est une question à part et réservée. La description, comme méthode d'observation, peut valoir ou ne pas valoir l'expérimentation qui est aussi une méthode d'observation ; en tout cas, elle la remplace, elle remplit le même office dans les sciences de la vie et de la société. Il est vrai que, dans la physique de nos jours, par exemple, la méthode expérimentale cède déjà visiblement le pas aux méthodes d'un ordre logique plus élevé, aux procédés mathématiques, à la déduction pure et simple. Mais cela n'empêche pas et n'empêchera jamais la physique d'être une science expérimentale. L'expérimentation demeure et demeurera — je le crois — toujours le dernier recours de la physique, chaque fois qu'il y aura lieu d'instituer une série entièrement nouvelle d'observations. Un développement analogue pourra être le but de la biologie et de la sociologie. Ces sciences pourront, à leur tour, devenir expérimentales d'abord (comme certaines parties de la biologie à notre époque), et puis déductives. Mais la description restera toujours leur méthode fondamentale, leur méthode de dernier recours. Revenons à notre parallèle entre la science abstraite et la science concrète. Dans cette dernière, la description est, d'ordinaire, le commencement, le milieu et la fin, c'est-à-dire toute l'exposition de la science. La description s'arrête ici à la description, et la synthèse apparaît à travers ; dans la science abstraite, au contraire, la description a pour but direct l'analyse et manifeste toujours la tendance de s'élever au delà de la simple description.

Voilà pourquoi la description paraît, par un effet d'optique mentale, plus intense dans les sciences concrètes, et semble être leur véritable élément, leur propre domaine. C'est ainsi qu'on commet cette erreur ordinaire de croire qu'elles sont seules descriptives, et alors, fort naturellement aussi, par la continuation de la même illusion intellectuelle, chaque fois que, dans un domaine scientifique, on constate la prédominance de la description, on en conclut hâtivement au caractère concret de cette science. Je ne m'explique pas autrement l'origine de la doctrine de Spencer, ainsi que des idées des nombreux auteurs qui, suivant ses traces, ou indépendamment de lui, ont fait tantôt de la biologie et de la sociologie, et tantôt (c'est le cas le plus fréquent) de la sociologie seule, des sciences concrètes. Il me semble naturel que ces sciences, étant dans la première phase de leur développement qui est essentiellement descriptive, ont paru plus concrètes que leurs devancières qui sont, à tous les égards, beaucoup plus avancées et ont, en partie, déjà produit des ramifications réellement concrètes. Eclairée de cette façon, la classification des sciences de M. Spencer apparaît sous un jour nouveau : c'est de l'empirisme pur et simple qui ne tient nullement compte de l'erreur subjective, de l'*équation psychologique* et classe les sciences comme elles paraissent et non comme elles sont. Ainsi les mathématiques forment la branche la plus développée du savoir humain — elles sont la seule science vraiment abstraite ; les sciences physiques sont déjà moins développées — elles ne sont qu'abstraites-concrètes ; la biologie et la sociologie sont dans l'enfance — elles sont concrètes.

Je passe maintenant à la considération de la division du travail qui peut, avec profit pour l'ensemble de la science, être effectuée à l'intérieur de la sociologie.

LA DIVISION DE LA SOCIOLOGIE

CHAPITRE VI

EXAMEN PRÉALABLE ET POSITION DE LA QUESTION

1. *Difficultés du problème. La définition dans la science.* —
Ce n'est qu'avec de grandes précautions et des réserves expresses
qu'on peut aborder aujourd'hui la division de la sociologie. La
question de la place occupée par la sociologie parmi les sciences
était une question générale ou d'ordre philosophique; la question de la division est spéciale, appartenant à la science particulière, à la sociologie elle-même. Lorsqu'il s'agissait de la
question générale, nous marchions éclairés par la grande
lumière de la philosophie positive, maintenant que nous avons
affaire à une question spécifiquement sociologique, nous en-
trons dans cette demi-obscurité qui précède l'aurore et indique
à peine la route.

Très peu d'explications suffiront pour montrer la difficulté
inhérente à cette sorte d'entreprises, et ces explications ne
seront elles-mêmes que des citations que j'emprunte à des auteurs comme M. Mill et M. Cairnes. Dans son essai si connu
sur la méthode de l'économie politique, M. Mill dit, en parlant de la définition d'une science : « Semblable au mur d'une
cité, la définition d'une science est érigée d'ordinaire non pour
devenir le réceptacle des édifices qui pourraient s'élever par la
suite, mais pour circonscrire une agrégation déjà existante.
L'humanité n'a pas mesuré de long en large le terrain destiné
à la culture intellectuelle, avant de procéder à son défriche-
ment; les hommes n'ont pas d'abord divisé le champ de leurs
investigations en compartiments réguliers, et puis commencé à
rassembler les vérités qui devaient y être déposées.... En

dehors de toute classification intentionnelle, les faits se classent d'eux-mêmes. Ils deviennent associés dans notre esprit, d'après leurs ressemblances générales et évidentes, et les agrégations formées de cette manière, devant être fréquemment mentionnées comme agrégation, reçoivent une appellation commune [1]. » Mais ce qui est vrai de la définition de l'ensemble d'une science l'est évidemment aussi de la définition de ses différentes parties; il serait même très facile de montrer que c'est là, en réalité, une conclusion *à fortiori*. Quant à la synonymie nécessaire de ces deux opérations de l'esprit : définir les parties d'une science ou la diviser, je n'ai pas besoin d'y insister.

M. Cairnes est plus catégorique encore. « Les phénomènes dont s'occupe une science, dit-il [2], doivent être classés, et les groupes ainsi séparés être marqués par des dénominations distinctes. Ces deux opérations forment ce qu'on appelle la définition dans la science positive. De ces deux opérations, il est presque inutile de le dire, c'est la première, la classification, qui est sans comparaison la plus importante et de beaucoup la plus difficile. Comme il vient d'être remarqué, le problème qu'elle soulève consiste dans un arrangement des phénomènes particuliers de la science spéciale qui soit conforme aux relations et aux affinités les plus importantes par rapport au but qu'on se propose. Une difficulté cependant nous arrête au seuil même de la question ; car, pour pouvoir arriver à un arrangement de cette sorte, il est évidemment indispensable d'avoir préalablement une connaissance de ces relations et de ces affinités, ainsi que de leur importance relative dans l'ensemble de la science. Or cela est précisément ce qu'un investigateur de la nature — quel que soit le département particulier de l'investigation — ne peut, en aucune façon, posséder au début de son entreprise. Comment sortir de cette impasse et que faut-il faire pour cela? Simplement ce que prescrivent les circonstances du cas : adopter quelque arrangement provisoire et grossier, tel que nous le suggèrent les apparences superficielles des choses;

1. La même pensée se trouve exprimée, dans des termes presque identiques, chez Comte, *Essais de philosophie mathématique* (ouvrage posthume, p. 10, Paris, 1878) : « Leurs diverses parties (des mathématiques) se sont classées à mesure qu'elles se sont formées, d'après l'époque de leur développement historique, sans aucune coordination réelle. Il en a été, dans les sciences, comme dans la plupart des grandes villes, qui se sont formées peu à peu d'édifices successivement accolés les uns aux autres, par laps de temps, et sans se rattacher à aucun plan précis. »

2. Dans un de ses plus intéressants ouvrages qui traite du même sujet que l'essai cité plus haut de M. Mill et porte le titre : *The character and logical method of political economy*. London, Macmillan. 1875.

puis, à mesure que, dans le cours de l'investigation, le jour se fait sur des relations nouvelles, et que des distinctions plus importantes se découvrent, appliquer la connaissance plus large ainsi obtenue à corriger et rectifier la première esquisse. Telles étant les conditions nécessaires qui président à toute investigation scientifique, il s'ensuit que la classification des matières d'une science, à moins d'un cas fortuit, ne peut être qu'extrêmement imparfaite dans les premières phases ; qu'en outre, les adeptes de cette science doivent être nécessairement préparés à modifier constamment et leur classification et leurs définitions, dans le dessein de faire correspondre ces lignes de séparation avec les vues plus larges et les idées plus exactes que le progrès amène avec lui. » Ici M. Cairnes rappelle cette opinion de sir John Herschell, exposée dans sa *Philosophie naturelle*, que la terminologie ou la nomenclature d'une science est plutôt le produit que la cause des progrès accomplis dans cette science ; que, pour dénommer les phénomènes de manière qu'ils se rangent d'eux-mêmes dans une catégorie quelconque, il faut d'abord bien connaître leurs propriétés ; qu'enfin il est fort douteux qu'il soit désirable, dans les intérêts même de la science, d'atteindre, à cet égard, un degré trop haut de perfection qui pourrait agir comme une cause d'arrêt, en produisant une rigidité artificielle dans les différentes parties de la science. « Il est manifeste, poursuit M. Cairnes, que toute élaboration trop soigneuse des définitions scientifiques, du moins en ce qui touche les premières phases du développement de la science, est une faute et une erreur. Ce n'est pas seulement, pour la plupart du temps, un travail perdu, puisqu'il faudra nécessairement le refaire dans un avenir plus ou moins éloigné ; c'est souvent, comme sir John Herschell nous l'apprend par rapport aux sciences physiques, un véritable obstacle mis en travers des progrès de la science ; une rigidité artificielle est créée alors qu'il serait le plus important pour la science de conserver toute sa flexibilité et toute son élasticité. En conséquence, on trouvera que les auteurs qui ont le plus fait progresser l'économie politique à ses débuts se sont très peu préoccupés de définitions scientifiques. Le nombre de définitions qu'on pourra trouver, par exemple, dans les écrits économiques de Turgot, de Smith et de Ricardo, peut être compté sur les doigts. » M. Cairnes conclut judicieusement en faisant observer que toutes ces objections ne doivent nullement empêcher d'établir, à titre d'essai, une classification et des définitions même au début de la science, et de les améliorer constamment ensuite. Ces tentatives resteront comme un témoignage des progrès accomplis, des phases

de développement traversées et fourniront, en outre, aux
« maçons » de la science l'échafaudage qui leur permettra
d'élever leur édifice, d'y ajouter graduellement des étages supérieurs.

2. *Types ou formes générales de l'association. Division à priori
et à posteriori*. — Il est facile de préciser l'application de ces
idées si sobres (une grande qualité par le temps d'extrava-
gances philosophiques et scientifiques qui court) au sujet qui
nous occupe. La sociologie descriptive a pour but immédiat de
décrire la société, ou le « phénomène social ». Or qu'est-ce que
ce dernier? C'est essentiellement un phénomène d'association,
de réunion spontanée, nécessaire et constante d'organismes
vivants spéciaux. Il s'agit donc de décrire, en restant toujours
dans les limites strictes de l'expérience, ces associations, et principalement les sociétés humaines, observées dans le passé ou le
présent, ayant existé ou existantes. Mais un travail de cette
nature, étendu à toutes les associations concrètes du passé et
du présent, serait probablement au-dessus des forces humaines;
de plus, il n'atteindrait nullement le but véritable de la science
qui est de généraliser, de s'attacher exclusivement aux grandes
ressemblances et aux grandes dissemblances de la réalité, surtout
aux ressemblances qui conduisent à la connaissance des rapports
de causalité, c'est-à-dire des relations d'identité entre des antécédences ou groupes d'antécédences et des conséquences ou groupes de conséquences invariables. Il faut donc réduire, avant
tout, les associations innombrables de la réalité à un nombre
quelconque, fort grand encore peut-être, mais déjà limité, de
types, de formes les plus générales de l'association. Une première classification, naturellement très imparfaite, des phénomènes sociaux surgira de la sorte; une première définition de
ces phénomènes l'accompagnera nécessairement; et, comme
classification et définition sont des parties intégrantes de la description, on pourra dire qu'une première description de ces
phénomènes, nécessairement très imparfaite aussi, aura été
faite. Le tact personnel, le talent d'observation, le don de l'analyse et surtout l'étude approfondie du sujet, seront ici les
ressorts cachés qui faciliteront l'établissement de cette première
échelle d'associations humaines dont le plan général devra être
fixé d'une manière assez large pour comprendre la totalité des
phénomènes sociaux et former le cadre complet de la description ultérieure. En d'autres termes, je crois que la meilleure des
classifications ou le meilleur des cadres de la sociologie sera
fourni par un commencement d'exécution de l'entreprise pro-
jetée. Il est plus conforme à la nature du cas de laisser à la

description elle-même le soin d'établir la classification provisoire qui l'arrange le mieux et qu'elle amendera spontanément par la suite, que de construire un cadre préalable parfait, espèce de lit de Procuste qui ne pourra servir qu'à déformer les faits qu'on voudra, à toute force, y faire entrer.

Entendue et pratiquée de cette façon, la sociologie descriptive fait bon marché de toutes ces divisions, prétendues fondamentales, de la science sociale, et des nombreux essais de classification *à priori* qui pleuvent de tous côtés aujourd'hui et s'attaquent à une science idéale, à des formes vides de toute connaissance réelle, plutôt qu'aux phénomènes sociaux déjà grossièrement analysés et décrits dans cet amas incohérent de sciences existantes qui forme la .couche inférieure de la science sociale, ou l'histoire naturelle de la société. S'appuyant sur la solide et large base qui lui est offerte par l'histoire naturelle des phénomènes sociaux, vaste domaine où la division et la spécialité règnent de droit, la science naturelle de ces mêmes phénomènes doit, du moins à ses débuts, rester momentanément indivise et former une doctrine, un corps de science. Des distinctions aussi inexactes que stériles, aussi en désaccord avec les phénomènes objectifs que contraires à leur explication totale par la science, ne doivent pas faire disparaître celle-ci derrière ses différentes parties intégrantes, appartenant à une phase initiale et préparatoire de son évolution : l'économie politique, le droit, l'histoire, etc. Non pas que nous méconnaissions l'utilité d'une séparation des études dans ce domaine de l'esprit humain comme dans tous les autres; mais, « trouvant l'arc trop courbé d'un côté, nous sommes naturellement portés à le courber du côté opposé, en vue de le redresser [1]. » En d'autres termes, nous croyons que les limites ou lignes de démarcation entre les différents objets d'étude de la science sociale ont déjà été assez fortement tracées, grâce à cette circonstance que la connaissance éparpillée des faits sociaux et l'application de cette connaissance aux buts toujours essentiellement variés de la pratique ont de beaucoup précédé la pleine conscience de la valeur et de l'unité scientifiques de ces faits. Nous croyons, enfin, que la division de la sociologie portera de meilleurs fruits, lorsqu'elle se développera naturellement et sortira sans effort du sein de l'unité fondamentale de la science.

3. *Comparaison avec les autres sciences. Divisibilité relativement plus grande des sciences inférieures.* — La comparaison, à cet égard, de la sociologie avec les autres domaines du savoir hu-

____

1. Réponse de Malthus à un de ses critiques.

main, ne sera pas déplacée ici; si elle ne nous permet pas de conclure de ce qui s'est passé dans les autres sciences à ce qui se passera dans la science nouvelle dont nous nous occupons, elle pourra du moins servir à dissiper quelques-unes des obscurités qui entourent encore cette question. Des analogies nombreuses se présentent tout d'abord.

Dans tous les domaines du savoir humain, l'unité fondamentale de la science a toujours primé sa subdivision en spécialités distinctes et quand, parfois, les hasards de l'étude et de la découverte en décidaient autrement, cette unité se rétablissait très vite. Toutes les sciences ont toujours pu être exposées comme des corps de doctrines, les sciences expérimentales aussi bien que la science de la vie qui, comme nous le savons, est essentiellement descriptive. Dans la biologie, cependant, un art qui lui a été antérieur, la médecine, est presque parvenu au début à élever un mur épais entre l'anatomie et la physiologie humaines et le reste des disciplines biologiques, mais cette fausse tendance n'a pas prévalu contre les progrès de la science. Nous pourrions continuer longtemps ces rapprochements.

Des différences au moins aussi nombreuses, et probablement aussi importantes, signalent la transition de chaque science fondamentale à la science suivante, ainsi que le passage d'un groupe scientifique au groupe qui lui est consécutif [1]. Il serait trop long et, du reste, inutile d'énumérer ici la plupart de ces différences; il suffira d'en indiquer une ou deux qui paraissent intéresser plus directement le problème spécial de la division de la sociologie.

Telle est, en premier lieu, la distinction générale suivante. Il est facile d'observer et de vérifier cette observation, que plus nous nous élevons dans l'échelle hiérarchique des sciences, plus aussi la division en parties tant soit peu indépendantes de la science et l'étude séparée de ces parties offrent de difficultés. La liaison intime qui existe entre les différentes parties d'une science paraît même augmenter très rapidement à mesure que nous passons des sciences des phénomènes comparativement plus simples aux sciences des phénomènes comparativement plus compliqués. Il y a là comme une progression croissante, comme une tendance marquée des sciences supérieures à rester indivises. On peut expliquer ce phénomène par l'état relativement plus avancé des sciences dites inférieures. En

---

1. Je rappelle au lecteur que la série des sciences abstraites est formée par les groupes suivants : sciences intuitives, sciences d'observation pure, sciences expérimentales et sciences descriptives.

effet, à mesure qu'on redescend la série des sciences depuis la
biologie jusqu'aux mathématiques, on se trouve, à chaque nouvel échelon, en face d'une discipline plus anciennement constituée et plus longuement et intensivement cultivée.

Cette explication est bonne et doit être admise, mais elle
n'indique ni la seule ni surtout la principale cause du phénomène en question. Elle ne représente, tout au plus, qu'un seul
des côtés du parallélogramme de causes dont ce phénomène est
la résultante. Une autre cause, très générale, agit dans le même
sens et concourt puissamment à produire cette résultante. Nous
avons à peine besoin de la nommer : c'est la simplicité relativement plus grande de la science inférieure. Il est évident, en
effet, que plus un phénomène ou un agrégat est simple, c'est-
à-dire plus le nombre des propriétés différentes de la matière
qui concourent à sa production est restreint, plus il est facile,
dans l'explication du jeu de ces propriétés et la détermination
de leurs relations, de considérer et d'analyser séparément chaque catégorie de propriétés et de relations. On ne court, dans
ce cas, ni le péril d'omettre rien d'essentiel, ni le danger de tout
confondre ; toutes les causes agissantes, pour être réparties dans
des sections différentes de la science, n'en sont pas moins toujours présentes à la mémoire et à l'esprit de l'investigateur
dans chaque cas particulier. La division et la subdivision des
matières dans la science simple n'y sont jamais, comme cela
est le fait de l'éparpillement des sujets d'études dans la science
compliquée, un obstacle insurmontable à ce qu'on peut appeler
le « synoptisme » de la science, c'est-à-dire à la prévalence
légitime et nécessaire, dans toute branche de la connaissance
humaine, de la vue d'ensemble sur les vues de détail[1].

Il est évident aussi que des deux causes, priorité de culture
de la science et simplicité de ses phénomènes, qui peuvent
être assignées à la divisibilité plus grande des sciences dites
inférieures, la seconde, qui se rapporte à la nature immuable
des choses, doit être seule considérée comme vraiment déci-

---

1. La simplicité relative des phénomènes étudiés par une science donnée
est aussi, comme nous savons, la cause la plus immédiate de la priorité
relative de sa constitution en corps distinct de doctrines, ou, en général, de
son développement relativement plus avancé. En conséquence, nous pouvons résumer comme suit le cas actuel de composition de causes et d'enchaînement de causes et d'effets. Une cause générale, la simplicité relative
des phénomènes étudiés par la science, produit la priorité de culture de
la science ; cette même cause s'ajoute à l'effet qu'elle a produit (et qui
devient cause à son tour), pour produire, comme effet ultérieur, le phénomène qui nous occupe ici : la divisibilité relativement plus grande des
sciences à la fois plus simples et plus anciennement constituées.

sive et importante dans tous les cas et à toutes les époques scientifiques. A la longue, les sciences inférieures épuisent la série des propriétés de la matière qui leur incombent ; mais les phénomènes plus compliqués restent inexpliqués et alors, pour les réduire à leur tour à des lois, surgit la science supérieure. Supérieure dans un sens strictement conventionnel, figuratif et qui a pour but d'indiquer qu'elle n'est pas assise sur ses propres fondements, mais s'appuie sur la base des sciences plus simples ; car, dans toute autre signification, l'étude des phénomènes compliqués est immensément inférieure à l'étude des phénomènes simples. Dès ses débuts, comme dans tout le cours de son développement, la science supérieure se heurte constamment à cet obstacle à peu près insurmontable qui décourage l'esprit d'analyse et tend à rendre stériles ses plus puissants efforts : la difficulté croissante que notre esprit éprouve à considérer séparément les divers aspects d'un phénomène compliqué, sans perdre de vue leur connexion intime et leur unité réelle.

4. *Division du travail dans le groupe des sciences expérimentales et dans celui des sciences descriptives. Spécialisation des études dans l'histoire naturelle et dans la science naturelle des sociétés.* — Le résultat auquel aboutit finalement la courte esquisse analytique qui précède est, en vérité, peu conciliable avec une vue téléologique et optimiste des progrès du savoir humain. Ce résultat ne tend à rien moins qu'à la proposition décourageante, que plus l'enchevêtrement des causes et des effets est grand dans un ordre de phénomènes, moins il nous est loisible d'avoir recours au seul moyen de débrouiller ce chaos que comporte la nature de notre esprit, c'est-à-dire moins il nous est permis d'étudier séparément chaque espèce différente, chaque série de causes et d'effets. Ou bien encore, que plus la complication des phénomènes analysés par une science semble nécessiter une étude strictement spécialisée, moins la division de la science en plusieurs parties isolées est réellement profitable à la découverte des lois.

D'un côté, nous avons des besoins très certains de la science supérieure et, d'un autre, une impossibilité apparente ou réelle de les satisfaire. Poussée un peu plus loin, cette antinomie nous mène logiquement à la négation de la possibilité de la science supérieure, tout au moins à cette conclusion, que les sciences des phénomènes les plus compliqués ne seront jamais que ce que certains auteurs nomment des demi-sciences, des connaissances conjecturales et problématiques, auxquelles la prévision exacte fera toujours défaut. C'est là certainement ce qu'on peut appeler, avec M. Cairnes, une véritable impasse et c'est ici le cas, ou jamais, de répéter sa question : comment en sortir ?

Une chose est certaine : si, comme j'en suis convaincu, une issue existe, il faut la chercher non dans des théories vaines et des constructions arbitraires de l'esprit, mais dans les faits, dans le cours réel suivi jusqu'ici par les sciences des phénomènes compliqués, dans la lutte que ces branches supérieures de la connaissance humaine ont depuis longtemps engagée contre les formidables difficultés qui les enveloppent de toutes parts. Un moyen facile d'apprécier cette lutte et ses résultats sera de comparer ce qui s'est réellement passé, à cet égard, dans le groupe des sciences les plus compliquées, celles que j'appelle descriptives, avec ce qui s'est passé dans le groupe voisin, celui des sciences expérimentales. Je préfère confronter des groupes entiers de sciences, au lieu de m'en tenir à la comparaison habituelle d'une science fondamentale avec une autre, par cette raison que les différences qui existent de groupe à groupe m'apparaissent comme un grossissement de celles qui existent de science à science. Mais d'abord je dirai quelques mots à ceux qui se font encore de nos jours les défenseurs de la théorie des demi-sciences.

Les demi-sciences ont fait leur temps, il n'y a plus à évoquer ce passé, où la demi-science de la chimie côtoyait la demi-science de la physique, laquelle touchait à son tour à la demi-science de la mécanique. La science de la vie qui comprend les phénomènes vitaux et les phénomènes psychiques et la science sociale sont, à l'heure qu'il est, des sciences positives dans l'acception la plus stricte de ce mot. Entendue de cette façon générale, l'unité de la science et l'unité de la méthode sont des faits accomplis. D'autre part, il est puéril de contester l'infériorité, malheureusement trop réelle, des sciences des phénomènes plus compliqués comparativement aux sciences des phénomènes plus simples. Si la complexité relative de certains groupes de phénomènes naturels est plus qu'une simple figure de rhétorique, destinée à masquer notre ignorance temporaire des lois qui les concernent, si cette complexité est, comme tout nous induit à le croire, une réalité objective inéluctable qui a ses racines dans l'essence intime et à jamais cachée des choses, elle devra se traduire constamment et nécessairement, dans le monde subjectif de la pensée et de la connaissance humaine, par une difficulté relative plus grande qui sera constamment et nécessairement attachée à l'explication des phénomènes plus compliqués. Mais la difficulté éprouvée par le sujet connaissant est une cause qui doit indubitablement être suivie d'un effet, et, dans le cas donné, cet effet ne peut évidemment être qu'une infériorité relative des sciences les plus compliquées, ou, plus particulièrement, un défaut de précision (mais non pas de certitude) dans la prévision de certaines conjonctures très compliquées d'événements ou de phénomènes.

Revenons maintenant à la division du travail scientifique dans les deux groupes voisins des sciences strictement expérimentales et des sciences qui suppléent, dans une large mesure, par les procédés de la description scientifique aux efforts trop souvent infructueux d'une expérimentation toujours difficile et quelquefois impossible. Cette division paraît s'organiser différemment dans chacun de ces deux groupes.

Nous avons déjà indiqué la distinction capitale qui s'offre d'elle-même à un observateur attentif. Il s'agit de cette bifurcation de nos connaissances qui est le propre du groupe descriptif et ne commence qu'avec lui; de ce dédoublement de la science compliquée en une partie essentiellement préparatoire, ou *histoire naturelle*, et une partie, pour ainsi dire, conclusive, ou *science naturelle* des phénomènes.

La stratification de la science descriptive, ainsi que nous avons appelé ce phénomène, nous paraît maintenant fournir l'issue cherchée plus haut, ou plutôt nous paraît être cette issue même. Nous avons là, en tout cas, une puissante compensation des difficultés inhérentes à l'analyse des phénomènes les plus compliqués de la nature, et j'ajoute que cette compensation est d'autant plus précieuse, qu'elle a surgi spontanément des efforts répétés de l'esprit humain au milieu des aspérités naturelles de cette partie de la route scientifique. Mais cette compensation est-elle suffisante et contrebalance-t-elle entièrement le vice radical, l'impossibilité flagrante, dans cet ordre d'études, d'isoler, pour en tirer des lois générales, les causes multiples de leurs effets variés, et une série de causes de toutes les séries voisines? C'est là une question dont la solution complète appartient évidemment à l'avenir ; il est certain que, jusqu'à présent, la compensation dont il s'agit n'a été que partielle et limitée. Voici, en résumé, comment je conçois ce qui se passe actuellement, à cet égard, dans les sciences qui admettent la stratification ou le dédoublement en question.

Les phénomènes étudiés par ces sciences, avant de donner lieu aux vastes généralisations aboutissant à la découverte des lois théoriques qui régissent les aspects concrets des choses, subissent une préparation préalable, qui se passe exclusivement au sein de la phase de l'analyse scientifique appellée ordinairement histoire naturelle des phénomènes. On y fait plus que collectionner les faits et les décrire sommairement : on les soumet à une description aussi détaillée et — ceci est essentiel — aussi isolée, aussi unilatérale que le comportent la nature du cas et les exigences scientifiques de l'observateur. L'analyse prend ici toutes les libertés possibles, toute l'extension, ou plutôt — car il s'agit d'un procédé d'isolement artificiel — toute l'étroitesse dont elle est capable. Il importe peu que des erreurs, des écarts considérables se glissent à chaque pas dans les calculs et les opérations de la science ; ces erreurs sont pour la plupart commises sciemment ; elles sont une conséquence inévitable de la faiblesse de notre vue mentale en butte à tous les désavantages d'une dissection hypothétique d'agrégats fort compliqués. Mais, je le répète, cela importe peu, car ces lacunes seront comblées, ces erreurs seront réparées dans la phase suivante qui, d'après nous, est celle où le « synoptisme » légitime de la science reprend ses droits. Une science naturelle des phénomènes compliqués se forme alors avec les matériaux, déjà dégrossis et scientifiquement préparés qui lui sont fournis par l'histoire naturelle de ces même phénomènes.

En conséquence, je crois pouvoir hasarder cette règle générale, que plus la séparation, la spécialisation des études est poussée avant dans le domaine de l'histoire naturelle des phénomènes, moins cette séparation ou spécialisation devient indispensable aux succès de l'investigation qui a pour objet la découverte des lois générales des phénomènes, et forme, dans les sciences très compliquées, un domaine spécial — la science naturelle des phénomènes. Je prie le lecteur de remarquer que je ne nie nullement la nécessité d'une classification des phénomènes ou d'une division du travail scientifique, dans la science naturelle. On ne pourrait se passer, dans cette dernière, ni de la classification, ni de la division ; mais ni l'une ni l'autre ne seront aussi multiples et aussi variées que pourrait le faire supposer la complication des phénomènes qu'il s'agit, ici encore, de classifier et d'étudier séparément. La classification pourra ne pas se perdre dans les détails, pourra être très générale, sinon tout à fait sommaire ; la division ne sera pas poussée aussi loin qu'elle aurait nécessairement dû l'être sans le correctif de la divisibilité illimitée de l'histoire naturelle. Elle présentera très peu de lignes de démarcation et ces lignes seront peu accusées, dans ce sens qu'elles ne seront qu'un reflet lointain de la réalité concrète, que des généralités de l'esprit ou des abstractions intimement liées l'une à l'autre. Elles seront donc toujours présentes à l'esprit et à la mémoire de l'observateur qui pourra embrasser d'un coup d'œil les traits essentiels, les contours généraux des phénomènes compliqués, en apprécier ainsi les causes principales, en calculer les moyennes, en déterminer les résultantes. La variété infinie des objets d'études, des points de vue spéciaux, des causes et des effets isolés de leur complexité réelle, des lois et des généralisations contradictoires et pour la plupart hypothétiques, en un mot le chaos de l'histoire naturelle, deviendra l'ordre et l'unité de la science naturelle qui aspire à la connaissance des lois générales, idéales aussi bien que réelles, des phénomènes compliqués.

Je remarquerai ici que le résultat auquel j'aboutis n'est pas du tout si éloigné que cela pourrait paraître à première vue, de l'opinion commune et très répandue sur la même question. Il y a, au fond, une concordance réelle entre la vue esquissée plus haut et les idées généralement admises sur le même sujet. Si je tiens à constater cette coïncidence, c'est que j'y vois une espèce de garantie et de sauvegarde contre une erreur involontaire de ma part. Un excellent représentant des opinions courantes sur les questions qui nous occupent, et plus particulièrement sur la manière de traiter les phénomènes compliqués de la sociologie, est M. Fisk, un spencérien plutôt qu'un positiviste et auteur d'un ouvrage fort recommandable, intitulé : *Of cosmical philosophy*. Voici ce que M. Fisk pense à ce sujet : « Les investigations compliquées de la sociologie ne sauraient être menées à bonne fin qu'en suivant une seule route, à savoir, la méthode qui consiste à écarter tout ce qui n'est pas essentiel, comme cela se pratique, du reste, dans les sciences plus simples. Les éléments perturbateurs qui ne possèdent qu'une importance secondaire doivent pour quelque temps être laissés de côté, de la même manière que les inégalités de mouvement, provenant de l'attraction mutuelle des planètes, ont dû être ignorées dans la recherche des lois générales de la pesanteur. Il faut remettre l'étude des détails infiniment petits de l'histoire jusqu'à l'époque où la loi des changements sociaux sera déduite des phénomènes les plus constants et sera prête à recevoir une vérification inductive. Une loi assez générale pour pouvoir servir de fondement à la science sociale doit inévitablement être abstraite, dans le sens le plus élevé de ce mot, et ne peut être trouvée qu'à l'aide de l'examen des attributs les plus généraux et les plus saillants des phénomènes sociaux. La première condition à laquelle doit satisfaire la formule cherchée consiste dans l'indication des caractères essentiels de l'évolution sociale [1]. »

1. L'auteur ajoute plus loin : « Ainsi, Auguste Comte a été parfaitement dans son droit, en limitant son examen de la marche de la civilisation à

Dans ce passage, qui est comme un écho de ce qui se dit ordinairement sur cette question, chaque phrase, à peu près, est très certainement sujette à de nombreuses critiques. Je les épargnerai toutes à mes lecteurs, hormis une qui se réduit à l'objection suivante : c'est une faute grave d'assimiler en tout et pour tout les procédés des sciences des phénomènes compliqués aux procédés employés dans les sciences des phénomènes simples. La complication des phénomènes est une cause objective qui a pour effet subjectif des différences notables dans la structure intérieure des sciences correspondantes, comparée à l'organisation scientifique des études plus simples. Mais, si l'on met hors de cause cette objection de laquelle découle, évidemment, notre distinction entre l'histoire naturelle et la science naturelle des phénomènes compliqués, le reste des desiderata de M. Fisk me paraît concorder assez visiblement avec ce que je demande moi-même, à savoir que, dans l'étude des phénomènes très compliqués, une ligne de démarcation soit établie entre les généralités et les détails, entre l'analyse, ou plutôt les analyses spécialisées des parties, et l'analyse, essentiellement synoptique, de l'ensemble.

l'étude presque exclusive de la civilisation qui a pris naissance dans le bassin de la Méditerranée et a passé de là en Europe et dans une partie de l'Amérique. »

CHAPITRE VII

5. *État chaotique de l'histoire naturelle des sociétés. Opinion de
Comte sur la tentative prématurée de constituer dès à présent
une sociologie concrète.* — J'ai employé, dans le précédent chapitre, cette qualification : le chaos de l'histoire naturelle des sociétés, en parlant des études morcelées qui forment, à l'heure
qu'il est, la science officielle de l'homme en société. On s'élève
souvent aujourd'hui, dans les cercles scientifiques, contre ce
caractère que je crois normal, de la préparation sociologique
et on use immodérément de l'épithète « regrettable » en parlant d'un état de choses qui, considéré à un point de vue quelque peu différent des points de vue généralement admis, devrait
nécessairement apparaître non seulement comme plus utile que
nuisible, mais encore comme indispensable à l'avancement du
but même qu'on se propose — la création d'une science générale des phénomènes sociaux.

Un de mes confrères de la *Revue positive*, M. Guarin de Vitry,
traçait un tableau frappant de l'incoordination actuelle et du
défaut de système des études sociales. Selon lui :

« Les économistes recherchent dans quelles conditions se produisent, se distribuent et se consomment les choses nécessaires
à la vie humaine, ce qu'ils appellent les richesses.

« Les juristes et moralistes étudient les conditions dont la réalisation doit assurer la réciprocité et la sécurité dans les relations humaines.

« Les psychologues explorent la genèse et les modes de combinaison des sentiments et des idées.

« Les ethnologues demandent à l'anthropologie, à la linguistique, à l'investigation des mœurs et des traditions, le secret de la formation des divers peuples qui occupent la terre.

« Les historiens nous racontent les péripéties des diverses nations, leurs luttes pour l'existence, leurs progrès et leurs décadences, leurs fusions et résolutions les unes dans les autres.

« La politique s'obstine à chercher la solution de l'insoluble problème de gouverner le plus possible, au plus grand profit des gouvernés — et des gouvernants.

« Chaque corps de doctrine : économie, droit, psychologie, histoire, politique, creuse son sillon isolé, méconnaissant et dédaignant les doctrines parallèles et s'attribuant le monopole de la science sociale. Pure illusion ! Toutes ces études n'en sont que les ramifications ou les racines. Elles ont toutes commencé par la métaphysique et même par la théologie, et il serait prématuré d'affirmer qu'elles en sont toutes entièrement émancipées....

« Toutefois, le souffle moderne pénètre déjà dans ces derniers refuges de la vieille métaphysique : les études sur le droit comparé, sur la morale et la psychologie comparées, les tentatives d'interprétation philosophique de l'histoire et autres symptômes manifestent une tendance décisive à introduire enfin la méthode expérimentale dans le domaine des doctrines dites morales et politiques, terrain jusqu'ici jalousement réservé aux ébats de la pensée omnipotente. Bien d'autres études, corollaires, annexes ou subdivisions des précédentes, sont aussi entrées récemment dans la voie de l'observation et de la comparaison : l'ethnologie, l'esthéthique, l'archéologie, l'étude des mœurs et des coutumes, la science du langage et celle des religions rassemblent des documents de tous côtés, et la statistique, perfectionnant ses procédés, va rendre possible une certaine application de la méthode quantitative dans l'étude des phénomènes sociaux.

« Mais tous ces travaux sont isolés, fragmentaires, sans lien commun, absolument comme l'étaient ceux des botanistes, zoologistes, anatomistes et autres, avant la constitution de la biologie. On croirait voir une multitude de maçons, forgerons, charpentiers, couvreurs, menuisiers, serruriers, peintres et vitriers, s'acharnant chacun à sa besogne isolée et préparant des matériaux de toute sorte, sans ordre ni plan. Vienne l'architecte, et l'édifice s'élèvera.

« L'édifice, c'est la sociologie.

« Auguste Comte en a jeté les bases immortelles et en a tracé les lignes générales, il y a plus de trente ans ; la *Revue positive* continue son œuvre en France, tandis qu'en Angleterre Herbert Spencer cherche à faire rentrer l'étude de l'évolution sociale dans la doctrine générale de l'évolution universelle dont la sociologie formerait le couronnement.

« Quel que soit le résultat actuel de ces tentatives diverses, la sociologie est dans l'air, suivant l'expression consacrée : l'atmosphère scientifique s'en imprègne de plus en plus, et le siècle ne se clôra probablement pas sans qu'on puisse saluer la reconnaissance officielle de la science nouvelle par le monde savant [1]. »

Ce tableau est vrai et exact en tous points ; mais ce n'est qu'un tableau, c'est-à-dire une représentation plus ou moins fidèle de la réalité, ce n'est pas une clef qui facilite la compréhension du *comment* du groupement observé d'une série de phénomènes. Est-ce un mal, et surtout un mal qui aurait pu être évité, que cet isolement, cette indépendance et cette spécialisation extrêmes des études préparatoires en sociologie ? Ou bien tous ces traits si caractéristiques et qui, à un degré plus faible, mais très apparent encore, se trouvent reproduits dans l'histoire du développement des sciences biologiques, ne seraient-ils pas plutôt de véritables conditions d'existence, des antécédents inéluctables de la science générale des phénomènes sociaux, un fait nécessaire d'embryogénie scientifique, si ce n'est même un fait général de statique relatif à tout le groupe des sciences descriptives? Les considérations développées dans le dernier chapitre nous forcent à nous prononcer en faveur de ce second aspect du dilemme. Il est inutile d'insister davantage, sous peine de tomber dans des redites ; mais il ne sera que juste de citer encore à ce sujet une opinion remarquable de l'auteur auquel nous venons d'emprunter une page entière.

M. Guarin de Vitry signale l'arrêt qui s'est actuellement produit dans le développement de la sociologie, et cet arrêt, plus ou moins momentané, il croit pouvoir « l'attribuer à l'entreprise prématurée de constituer la sociologie abstraite avant d'avoir conduit au degré suffisant une exploration systématique des phénomènes qu'elle doit intégrer dans ses généralisations. La biologie n'a pu se fonder qu'après un certain développement de l'histoire naturelle du monde organique ; de même, les progrès de la sociologie générale dépendent de ceux de l'histoire naturelle des sociétés, et cette histoire naturelle n'existe pas encore. Des milliers de volumes nous racontent les vicissitudes des nations et les gestes des héros et monarques,

---

1. *La Philosophie positive*, t. XIV, p. 415.

mais il reste à faire la morphologie, la physiologie et la classification des divers types de sociétés vivantes ou éteintes[1]. »

Il est difficile de mieux exprimer une pensée que nous croyons juste et une vue que d'excellents esprits, comme nous l'avons fait remarquer au commencement de ce travail, acceptent et défendent aujourd'hui. Nous sommes donc parfaitement d'accord avec M. Guarin de Vitry quant à la cause principale de l'arrêt qui se fait sentir actuellement dans le développement de la sociologie générale, comprise comme biologie ou science naturelle des sociétés. Mais, en revanche, nous ne saurions passer sous silence un dissentiment essentiel qui existe entre nous dans le même ordre d'idées, et que nous tenons d'autant plus à signaler qu'il intéresse directement une des thèses générales que nous nous efforçons de prouver dans ce livre. Notre estimable confrère, à la suite du passage cité plus haut, croit important de relever particulièrement que ce qu'il appelle l'histoire naturelle des sociétés est une partie de la sociologie concrète et non pas de la sociologie générale ; à son avis, par conséquent, la sociologie concrète précède et devance inévitablement la sociologie abstraite : car, « devant consister en généralisations tirées de l'observation effective des sociétés, » la sociologie abstraite « ne peut se constituer qu'après une *étude concrète*, une analyse descriptive et un classement provisoire des principaux types d'associations humaines. » — « C'est de toute évidence, » ajoute l'auteur ; mais c'est aussi, comme le lecteur l'aperçoit au premier coup d'œil, le contre-pied absolu de notre doctrine sur le même sujet.

Pour nous, l'analyse descriptive et le classement provisoire des principaux types d'associations humaines forment un faisceau d'études spécialisées et morcelées, il est vrai, mais conservant toujours un caractère aussi essentiellement abstrait que celui qui appartient à l'étude simplifiée, généralisée et unifiée du même sujet, étude que nous désignons comme science naturelle des sociétés. Nous ne nions pas la grande différence dans le degré d'abstraction propre à ces deux variétés (qui sont deux phases distinctes de l'évolution scientifique) de l'étude des phénomènes sociaux ; il est de toute évidence que les généralisations compréhensives de la seconde phase exigent un effort plus intense de l'esprit abstractif que les généralisations particulières, limitées et singulièrement hypothétiques de la phase préparatoire. Mais une différence de degré ne saurait être transformée en une différence de nature. Un but identique

----

1. *La Philosophie positive*, t. XV, p. 172.

est poursuivi par ces deux parties de la sociologie abstraite qui emploient la même méthode et se complètent l'une l'autre : la partie dite historique qui a pour fonction la spécialisation ou abstraction préalable des études sociales, et la partie générale qui a pour fonction la condensation ou abstraction définitive des résultats obtenus par ces études. Ce dédoublement de la science abstraite est un phénomène observé dans tout le groupe des sciences descriptives ; et il est lui-même le résultat d'une loi de la connaissance humaine que nous avons essayé d'établir dans les chapitres précédents.

Une étude concrète des phénomènes sociaux précédant l'étude de leurs lois abstraites est, selon nous, un véritable non-sens. Pour trouver les lois générales d'une catégorie déterminée de phénomènes, il faut d'abord, analysant la réalité concrète de ces phénomènes, en abstraire un nombre suffisant, le plus grand nombre possible à un moment donné, de lois de cas isolés, toujours plus hypothétiques et conditionnelles que les lois des cas généraux dont la découverte s'effectue précisément au moyen d'une élimination graduelle de l'élément hypothétique et conditionnel prédominant dans les lois des cas isolés. Mais l'analyse de la réalité concrète qui aboutit à une série d'abstractions hypothétiques, ne doit pas être confondue avec l'analyse de la même réalité qui a pour but l'explication de cette dernière dans son ensemble synthétique, comme un agrégat naturel complexe produit par un ensemble de phénomènes ou de propriétés déjà étudiés isolément par les sciences dites abstraites. L'analyse de la science concrète n'arrive qu'à la connaissance des conditions indispensables pour qu'un agrégat concret complexe soit effectivement constitué par des agrégats plus simples, et des conditions nécessaires pour que cet agrégat complexe se conserve, se modifie ou se résolve en ses éléments. Mais tel n'est, certes, pas le caractère de cette multitude d'études analytiques préparatoires qui constituent, par leur ensemble, l'histoire naturelle des formes sociales et fournissent ses matériaux à la science naturelle des sociétés. A cet égard, nous ne saurions trop recommander à nos lecteurs de méditer (sous la réserve d'une seule confusion qui est capitale et que nous signalons ici même) ces paroles d'Auguste Comte dans la 58° leçon du *Cours de philosophie positive* : « La science concrète (indûment confondue par Comte avec l'histoire naturelle proprement dite) ne peut être rationnellement abordée tant que la science abstraite n'a pas été suffisamment ébauchée envers tous les ordres successifs de phénomènes élémentaires dont chaque élaboration concrète exige, par sa nature, l'entière combinaison permanente [1]. » M. Guarin de Vitry voit dans ces paroles, interprétées trop à la lettre, un encouragement indirect de la tentative prématurée de constituer dès à présent la sociologie abstraite. Mais il n'en saurait être rien, comme le lecteur a pu se convaincre, du moment qu'on se tient suffisamment en garde contre l'erreur ordinaire qui n'a malheureusement pas été évitée par Comte et qui consiste à confondre l'analyse et la description des caractères particuliers d'un phénomène concret avec l'étude concrète du même phénomène. Il semble, en outre, que M. Guarin de Vitry se contredise légèrement lui-même quand il nous explique de la manière suivante la véritable portée des paroles de Comte : « Evidemment, Auguste Comte a voulu nous recommander de décomposer d'abord les phénomènes dans leurs éléments avant de les considérer dans leur ensemble, d'étudier l'anatomie des organes avant de prétendre connaître les corps, de procéder par l'analyse patiente avant de hasarder des synthèses téméraires, surtout enfin d'éclairer nos investigations par une théorie provisoire fondée sur l'ensemble des connaissances positives précédemment acquises. Il a voulu aussi nous prémunir contre l'imitation des procédés de la prétendue philosophie de l'histoire, qui croit expliquer l'évolution de tel ou tel peuple particulier avant que soient connues les conditions générales de l'évolution des sociétés [2]. » En effet, Comte a pu vouloir nous recommander tout cela ; mais cette décomposition des phénomènes en leurs éléments, cette investigation anatomique des moindres organes, ces analyses patientes des détails, qu'on nous indique ici comme des traits caractérisant la science abstraite des phénomènes sociaux, font-ils donc défaut aux études préparatoires qui, sous le nom d'histoire naturelle des sociétés, sont si souvent et si injustement confondues avec la science concrète ? Aucun doute sérieux, croyons-nous, ne peut subsister à cet égard.

6. *Un caractère saillant de la sociologie générale.* — Résumons-nous. Un des caractères les plus saillants de la science naturelle des sociétés, ou sociologie générale, quand on la compare avec les autres sections fondamentales de l'étude abstraite des lois de la nature, est son unité relativement plus grande, son

---

1. *Cours*, t. VI, p. 756. 1re édition. Citons encore ces deux passages tout à fait significatifs : « J'ose aujourd'hui garantir, dit Comte, que les sciences vraiment concrètes resteront toujours interdites à notre faible intelligence... Nos besoins théoriques n'exigent, au fond, que la science abstraite, qui seule nous est accessible. » Vol. I, p. 431.

2. *La Philosophie positive*, t. XV, p. 174.

synoptisme plus constant. Ce caractère est lui-même une conséquence nécessaire de la complication supérieure des phénomènes sociaux qui entraîne avec elle, en tout ce qui concerne l'étude de ces phénomènes, des désavantages certains et
nombreux. Un expédient scientifique d'une nature particulière
tend pourtant à compenser en partie ces désavantages. Cet expédient consiste à renforcer la division et la spécialisation des
études dans le domaine de l'histoire naturelle proprement dite,
et à leur y rendre tout ce qu'elles perdent dans le domaine de la
science naturelle. La nécessité de recourir à cet expédient se fait
sentir dans tout le groupe des sciences descriptives, dans les disciplines qui étudient les lois de la vie aussi bien que dans celles
qui explorent la région si peu connue des phénomènes sociaux ;
mais dans le dernier cas cette nécessité est plus urgente, plus
indispensable que dans le premier.

Déjà, la biologie générale poursuit activement l'intégration des
conditions d'existence (statique) et des conditions de développement (dynamique), de la végétalité et de l'animalité, de la normalité et de l'état pathologique, sans compter le grand nombre
des différenciations mineures qui donnent naissance aux innombrables spécialités biologiques. Mais ce n'est que dans l'étude des
phénomènes sociaux que la double tendance signalée atteint son
véritable point de culmination. Ici, plus la dissection hypothétique des agrégats si complexes formés par les phénomènes
sociaux et leur analyse isolée sont poussées avant dans les études
morcelées et monographiques de la phase préparatoire, moins
ces mêmes procédés d'isolement et de séparation deviennent
indispensables aux succès de l'investigation qui a pour objet la
découverte des lois générales des phénomènes sociaux [1].

---

1. Auguste Comte avait déjà fait cette remarque si judicieuse « que la
nature du sujet de la science sociale, où la solidarité est beaucoup plus complète que partout ailleurs, assure spontanément à cette science, *dès sa naissance, en compensation nécessaire de sa complication plus grande,* une rationalité supérieure à celle de toutes les sciences préliminaires, y compris même
la biologie, en y établissant *aussitôt l'ascendant normal de l'esprit d'ensemble*
(sur l'esprit de spécialité). » (*Cours de philosophie positive,* t. VI, p. 334.
1re édition.) Le synoptisme de la science sociale, dérivant de la complication extrême des phénomènes sociaux, est présenté ici par Comte comme
étant en rapport direct avec la rationalité supérieure de cet ordre d'études.
Il est certain que le nombre immense de faits, les mille données contradictoires etc., qu'il s'agit si souvent, en sociologie, d'embrasser d'un
vaste coup d'œil d'ensemble, exigent un exercice très grand de nos capa-
cités de raisonnement. On pourrait donc dire, dans ce sens, que les véritables sciences de raisonnement sont les sciences sociales. Mais il ne faut
pas oublier que le raisonnement le plus facile cherche le phénomène
particulier inconnu dans le phénomène général connu, c'est-à-dire qu'il

Mais, comme je l'ai déjà fait observer dans le courant de ce chapitre, le caractère fondamentalement synoptique, tendant à embrasser simultanément toutes les parties de l'ensemble, de la sociologie générale, ainsi que le correctif spontané de ce synoptisme, le morcellement extrême des analyses préparatoires, ne sont que des notions essentiellement relatives qui n'excluent nullement ni la nécessité, pour la sociologie générale, de classifier les phénomènes dont elle formule les lois et d'avoir recours, dans une certaine mesure, à une division rationnelle de ses travaux, ni l'utilité, pour l'histoire naturelle des phénomènes sociaux, d'atteindre à des généralités un peu hautes, en amalgamant des études voisines et en effaçant des lignes de démarcation arbitraires et trop rapprochées.

Les divisions et subdivisions de cette partie de la science sociale, qu'on s'accorde souvent aujourd'hui à désigner sous le nom d'histoire naturelle des sociétés, sont trop multiples et en même temps assez généralement connues pour qu'il soit nécessaire de les mentionner ici spécialement ou d'en dresser l'inventaire. Il ne nous reste donc, pour achever la tâche que nous nous sommes imposée dans ce chapitre, qu'à exprimer notre opinion sur les divisions possibles de la seconde moitié de la science sociale, de la sociologie générale.

7. *Statique et dynamique sociales. Importance théorique et valeur pratique de cette division. Anatomie, physiologie et pathologie des sociétés.* — La plus importante parmi les divisions proposées est celle de Comte, qui a été adoptée depuis par un grand nombre d'auteurs. Le principe de cette division est excellent et défie toute critique. Il consiste, comme on sait, à faire dans les phénomènes sociaux la part des conditions d'existence, d'équilibre, de structure, d'organisation, et celle des conditions nécessairement corrélatives de mouvement, de croissance, de modification et, en général, d'évolution. Emprunté à d'autres domaines de la connaissance, et plus particulièrement au vaste champ de la physique, ce principe de division possède une réalité, une vérité logique incontestables et qui s'imposent

---

est toujours {un raisonnement déductif ; tandis que l'effort de l'esprit qui trouve et saisit le phénomène général inconnu dans le phénomène particulier connu, ou le raisonnement inductif, est, sans contredit, celui dans lequel notre raison déploie toute sa puissance et atteint ses plus grands triomphes. Par conséquent, une science à laquelle la nature de son sujet, pour m'exprimer comme Comte, assure une rationalité supérieure à celle de toutes les autres ou qui, pour parler le langage habituel, est une science de raisonnement, n'est nullement, pour cela, une science *déductive*. Le contraire paraîtrait, probablement, plus vrai, si l'on pouvait se dégager complétement des préjugés ordinaires de la logique régnante.

à l'esprit. Les choses sociales, comme tout autre phénomène naturel, peuvent être considérées sous ce double aspect, qui est certainement le plus large possible, subjectivement parlant. Mais, en admettant cela, il convient encore de demander jusqu'à quel point l'application pratique·de ce principe aux besoins immédiats des études sociales est possible. Il convient de rechercher si sa fécondité pratique ne le cède pas de beaucoup à sa haute valeur théorique, et même si cette fécondité n'est pas dans un rapport quelconque avec l'âge de la science, c'est-à-dire si elle n'augmente pas ou ne diminue pas à mesure que la science parcourt les différentes phases de son développement.

La pratique a déjà partiellement répondu à ces questions. Malgré des efforts variés et successifs, on n'est arrivé ni à constituer définitivement, ni même à ébaucher d'une manière générale satisfaisante une statique de la société, quelque peu indépendante de sa dynamique. Dans les meilleurs essais d'analyse sociologique, et malgré la bonne volonté des investigateurs, ces deux points de vue, théoriquement si distincts, sont continuellement confondus. Aucune clarté nouvelle n'a jailli de cette distinction si simple, aucune loi fondamentale n'a été trouvée à l'aide de ce procédé analytique; il n'est que vrai d'ajouter que, comme instrument de découverte, cette division n'a pas encore été sérieusement mise à l'essai. Toutefois, il est assez évident que ces mécomptes doivent être rapportés au degré inférieur de développement atteint par la science sociale, à l'état d'enfance dans lequel elle se trouve actuellement, plutôt qu'à un vice inhérent au principe même de la division. Riche en faits particuliers et en observations éparses, la phase actuelle de la science sociale est presque dépourvue de théories générales pouvant servir à lier ces faits entre eux. Dans le conflit des opinions anciennes et nouvelles, dans le chaos des préjugés de toute sorte, dans l'entrecroisement des structures sociales à peine entrevues et des fonctions dont l'arrangement systématique ou le classement est encore un « pieux désir », les chercheurs des théories générales, les inventeurs d'hypothèses explicatives, les créateurs de systèmes temporaires ont vraiment trop à faire, d'une façon positive et négative à la fois, pour ne pas puiser indifféremment leurs matériaux dans le domaine de la statique et de la dynamique des sociétés, et ne pas perdre de vue la distinction précieuse établie par Auguste Comte. Mais la fécondité scientifique de cette distinction et de la division correspondante n'est qu'ajournée. Ce point de vue reprendra tôt ou tard ses droits, et nous posséderons alors, dans la science naturelle ou biologie des sociétés, une véritable anatomie générale, une véritable doctrine des structures sociales qui servira de base à une physiologie générale, à une doctrine des fonctions sociales. Ces deux parties de la science seront à leur tour complétées par une double pathologie générale, tant structurale que fonctionnelle.

Mais le plus sûr moyen, peut-être, d'atteindre au plus tôt cette différenciation inévitable qui sera un progrès réel, consiste à suivre, en attendant, une marche moins régulière, mais temporairement plus féconde. Un système strictement unitaire de description sociale doit prévaloir encore pendant quelque temps. Dans ce système, à mesure qu'on décrira parallèlement la structure et les fonctions d'une forme d'association donnée, soit celle de la famille, de la classe, de la parenté, de la race, soit celle de la communauté religieuse, politique, linguistique, littéraire, scientifique, artistique, etc., etc., on remarquera inévitablement que telle forme remplit plus spécialement telle fonction, on pourra déterminer avec quelque exactitude les rapports les plus constants entre certaines catégories de structures et certaines catégories de fonctions et arriver ainsi insensiblement à une classification rationnelle de ces deux ordres fondamentaux de phénomènes sociaux. En agissant de la sorte, on rencontrera sur son chemin, tantôt l'économie politique, tantôt le droit, la politique, l'histoire, l'anthropologie, etc., et ces divisions, sanctionnées par l'usage, se grouperont et se coordonneront naturellement, laissant à nu le vide et la futilité des discussions pédantesques sur les rapports de prééminence qui peuvent exister entre elles. Ces différentes branches de l'histoire naturelle des sociétés trouveront chacune leur véritable place, sans empiéter les unes sur les autres, mais aussi sans pouvoir un seul instant se supposer indépendantes les unes des autres.

L'étude des diverses questions sociales dont quelques-unes ont une importance capitale pour l'avenir des sociétés modernes, se rattache naturellement aussi à l'étude des structures sociales, tant à l'état normal qu'à l'état pathologique, et des fonctions correspondantes. Mais il est évident que ces questions ne sauraient être non plus traitées, à l'heure qu'il est, d'une manière satisfaisante que par une description réellement synoptique de tous les éléments du corps social.

La division dont nous venons d'indiquer la rationalité pour ainsi dire virtuelle, car actuellement et temporairement cette division est inefficace, est la seule qui puisse être prise sérieusement en considération parmi les nombreux essais de classification de la science sociale qui se sont produits jusqu'à ce jour. En vérité, comme nous l'avons déjà implicitement affirmé plus haut, la classification tripartite de la sociologie en anatomie (morphologie ou biostatique), physiologie (biodynamique) et pathologie des corps sociaux mérite d'être exceptée de ce jugement; mais la raison en est que cette division n'est en réalité qu'une simple reproduction, déguisée sous des termes empruntés à la biologie, de la bipartition de Comte [1].

8. *Subdivisions ultérieures de la statique et de la dynamique sociales*. — Les subdivisions ultérieures de la statique et de la dynamique des sociétés sont, à plus forte raison, peu aptes à profiter à la science, dans sa phase actuelle, bien entendu. La spéculation sur des questions qui intéressent un

1. La science descriptive de la biologie présente trois parties distinctes : l'anatomie, la physiologie et la patbologie. Ces mêmes divisions se représentent dans la science descriptive par excellence de la sociologie. En ne considérant d'abord que l'anatomie et la physiologie, on pourrait, pour prouver cette thèse, avoir recours aux analogies nombreuses qui éclatent à chaque pas entre ces deux ordres de phénomènes. Mais il vaut encore mieux, à cet égard, se fonder simplement sur cette loi générale de notre esprit, en vertu de laquelle nous pouvons toujours considérer toute espèce de phénomènes au moins sous deux aspects différents. Cette loi psychologique qui est qualitative, rappelle une autre loi psychologique qui est quantitative et dont on a fait un axiome de mathématique empirique, à savoir : que tous les objets ont trois dimensions. Si, quant à leurs rapports de quantité, tous les objets ont trois dimensions, quant à leurs relations de qualité, ils présentent au moins deux aspects. Cette bipolarité se fait jour à travers la série entière des sciences, depuis les faits si simples de la mécanique jusqu'aux faits si compliqués de la biologie et se traduit, dans le monde inorganique, par la distinction entre l'équilibre et le mouvement des masses aussi bien que des molécules, ce qui donne lieu aux considérations statiques et dynamiques, et, dans le monde organique, par la distinction entre la structure et la fonction, ce qui donne naissance aux points de vue anatomique et physiologique. Les phénomènes du monde social sont soumis à la même loi et présentent la même dualité d'aspect. Il est assez indifférent de constater cette dualité sous la dénomination de statique et de dynamique, ou sous celle d'anatomie et de physiologie; pourtant cette dernière appellation paraît préférable, un peu à cause des analogies nombreuses qui existent entre les faits biologiques et les faits sociaux, et beaucoup à cause de la nécessité d'introduire dans la science sociale, sous le nom de pathologie, un troisième ordre de considérations. Le point de vue pathologique fait son entrée dans le domaine de la science avec la biologie. Les sciences antécédentes se passent parfaitement de cette complication dans les aspects des choses et dans les points de vue auxquels se place leur explorateur. Elles réduisent tous les phénomènes à la simple opposition de l'aspect statique ou anatomique à l'aspect dynamique ou physiologique. Il est évident que c'est là aussi l'idéal de la biologie et, par conséquent, de la sociologie. Si cet idéal ne peut jamais être atteint, la raison en est dans la complication extraordinaire des phénomènes étudiés par le biologiste et le sociologiste. Cette complication nécessite une description spéciale de tous les phénomènes qui ne rentrent pas, d'une manière immédiate, dans les deux catégories ordinaires de la normalité et se présentent à l'observateur comme des déviations du cours habituel des choses.

avenir indéterminé est possible quand on possède les données
et les éléments nécessaires à leur solution ; dans le cas contraire,
elle est oiseuse. Tel est précisément le cas de la science sociale.

Je soutiens cette thèse avec d'autant moins d'appréhension,
que j'ai partagé et défendu moi-même, autrefois, l'opinion que
je crois erronée aujourd'hui et que je combats. Dans un article
critique publié il y a quelques années en langue russe sur un
mémoire que mon ami G. Wyrouboff avait présenté à la Société
sociologique, fondée à Paris par les positivistes de France
(Société qui m'avait fait l'honneur de m'élire comme membre
étranger), je proposais une classification ou division de la partie
générale de la sociologie qui, dans ses traits principaux, peut
être résumée par le diagramme suivant :

SOCIOLOGIE.

I. — STATIQUE.				II. — DYNAMIQUE.			
1° Familles. Embryologie sociale.	2° Classes. Structures simples.	3° Nations. Structures compliquées intérieures.	4° Races. Structures compliquées extérieures.	1° Embryogénie sociale. Lois de la formation sociale.	2° Economie sociale. Lois des associations élémentaires.	3° Droit et institutions sociales. Lois des associations compliquées.	4° Histoire ethnographique générale. Lois générales des civilisations.

Je ne donne pas ici l'explication détaillée de mon diagramme ; pour les personnes au courant de ce qui s'est dit et
imprimé dans cet ordre d'idées, ce diagramme ne saurait avoir
rien d'obscur et peut se passer de tout commentaire. Je dois
indiquer pourtant la raison essentielle qui m'a décidé à abandonner le plan que je développais jadis. Cette raison est tout
entière dans les vues que j'ai eues depuis sur l'emploi des
méthodes descriptives dans toute étude rationnelle des phénomènes compliqués de la société, et surtout dans la théorie de la
stratification, ou, plus exactement, de la bipartition préalable
de la science abstraite de la sociologie en une histoire naturelle
et une science naturelle des phénomènes correspondants. En
effet, une fois admises l'existence et la nécessité de cette bipartition qui relève de la méthode et y aboutit, qui ne dépend
pas d'un système de classification et n'y conduit pas, il devient
inutile de se préoccuper des détails d'une division possible,
dans un avenir plus ou moins éloigné, d'un ensemble de doctrines qui n'existent pas encore, du moins autrement qu'à l'état
de germes invisibles. Il est urgent, au contraire, de s'occuper
d'une bonne classification des études préparatoires et fécondes

ROBERTY.   8 qui sont destinées à produire et à faciliter l'éclosion de ces doctrines. On aurait toutefois tort de croire qu'il ne s'agit ici que d'une simple transposition, d'un domaine scientifique à un autre, des lignes de démarcation et des cadres d'une classification donnée. Une classification arrangée pour l'usage de la science naturelle des sociétés ne pourrait, sans subir préalablement des modifications nombreuses et profondes, rendre des services utiles à l'histoire naturelles des phénomènes sociaux. Les exigences et les besoins de ces deux parties de la science, comme nous espérons l'avoir prouvé, diffèrent sensiblement quant à leur nature et à leur intensité.

L'histoire naturelle des phénomènes sociaux ne saurait par conséquent s'accommoder des quelques larges lignes de division qui auraient pu suffire amplement aux généralisations infiniment plus vastes de la science naturelle. Dans cette première série d'études, il est donc préférable, croyons-nous, de s'en tenir aux divisions multiples qui sont d'un usage courant parmi les savants spéciaux et doivent être considérées comme le produit spontané de la nature intime des recherches sociologiques. Il ne faut que donner à ces divisions un arrangement aussi rationnel et un développement aussi grand que possible.

Quant aux essais de classification des doctrines générales de la sociologie, on peut les tenir en réserve pour un avenir plus ou moins prochain. Mais il serait, certes, présomptueux de croire que le développement spontané de la science n'amendera ou ne modifiera pas ces premières tentatives, de façon à les rendre méconnaissables. En attendant que ce progrès se fasse, il est à recommander, dans les hautes études de la sociologie générale, de se tenir strictement en garde contre toute idée préconçue sur la dépendance mutuelle des divers ordres de phénomènes sociaux.

Dans ces recherches abstruses, il suffira, pour avoir un point fixe de repère, de se confier à cette simple considération qu'un fait social est toujours, quant à son côté structural ou statique, un fait d'association d'êtres vivants (plus particulièrement d'êtres humains) et, quant à son côté fonctionnel ou dynamique, un fait de relation constante, ou de relation variant selon un rapport constant, entre différentes forces personnelles (biodynamiques), matérielles (physiques, chimiques, climatériques, etc.), enfin économiques, par suite de l'intervention de l'homme et des changements qu'il opère au sein de la nature. Partout et toujours, par conséquent, dans ce domaine supérieur de la science, on recherchera l'association et ses formes, l'activité sociale et ses modes.

Un trait complètera cette esquisse des tendances de la sociologie générale. Celle-ci, comme nous la concevons, est une forme scientifique plus élevée que les disciplines sociales purement descriptives déjà existantes et qui doivent être conservées en vue de la préparation et du dégrossissement des matériaux sociologiques au fur et à mesure de leur rassemblement. En conséquence, la sociologie générale ne s'occupera que des faits et des relations déjà convenablement décrits et détaillés par les explorateurs spéciaux, réduisant sa part de travail scientifique à la description et à la classification des types d'association et des modes d'activité sociale les plus essentiels et les plus généraux.

9. *Fonctions sociales et organes correspondants. L'histoire. La statistique. Mésologie sociale ou étude des milieux.* — Avant dé quitter ce sujet si important de la division du travail scientifique dans le domaine de la sociologie, je crois utile de présenter quelques remarques, en premier lieu sur le peu de profit qu'il y a de s'attacher, en sociologie comme en biologie, à l'étude des fonctions et des organes les plus en vue, qui sont aussi les plus compliqués, et d'en faire dériver une classification de la science, ensuite, sur la question de savoir si, dans une classification rationnelle de la sociologie, une place doit être réservée à la statistique, à l'histoire et à cette discipline nouvelle, la mésologie ou étude des milieux.

Maintes fois déjà, on a essayé de classifier la sociologie d'après ce qu'on appelait et ce qu'on supposait être les fonctions principales du corps social. A chacune de ces fonctions principales correspondait ce qu'on nommait, par analogie, un organe social. Mais, déjà en biologie, la distinction entre organes, tissus et cellules est extrêmement flottante, car toute cellule, tout tissu remplit, dans une certaine mesure, une fonction spéciale, et devient ainsi un véritable organe. Il n'y a que leur degré plus ou moins grand de complication qui distingue réellement ces organes non reconnus des organes reconnus. De même, dans le corps social, toute association ou tout groupe d'éléments sociaux remplit sa fonction spéciale et, dans les cas si fréquents de vicariat fonctionnel, la fonction de toute autre association ou groupe social ; les fonctions compliquées sont ici aussi, pour la plupart, la résultante, expliquée ou non, des fonctions simples. Le progrès scientifique consisterait donc non en une division d'après les fonctions et les organes compliqués, mais en une classification qui laisserait de côté ces distinctions purement apparentes, comme cela est suffisamment démontré par l'exemple de Bichat, de Claude Bernard, de Virchow et de la révolution que ces

savants ont opérée en biologie. Il est préférable de pousser
l'analyse aussi loin que possible; mais, pour atteindre ce but,
il n'est nullement nécessaire de diviser la science en quelques
grandes masses et d'étudier chacune de ces parties isolément et
indépendamment des autres. L'unité de la science, l'étude
synoptique ou comparée de toutes les associations ou de tous
les groupes sociaux connus et observés se prêtera mieux aux
besoins d'une analyse, d'une description et d'une classification
allant au fond des choses.

On a quelquefois voulu faire de l'histoire et de la statistique
des parties distinctes de la science sociale. Il n'en saurait être
ainsi et la possibilité de cette vue fournit une démonstration
nouvelle de l'irrationnalité profonde des idées courantes au sujet
de la science sociale, de sa méthode et de son objet. Aucune des
deux études mentionnées ne forme une science dans la seule
acception possible de ce terme, et ne pourra jamais devenir une
science ou une partie quelconque, une subdivision quelconque
d'une science. Ces prétendues disciplines sociales sont des
moyens d'étude et de découverte, des modes d'investigation ou
des méthodes qui sont propres à toutes les parties indifféremment et à toutes les divisions possibles de la science sociale.
Un peu d'attention suffit pour montrer même qu'il n'y a pas,
dans l'histoire et la statistique, d'élément méthodologique vraiment nouveau ou inconnu, qui puisse les faire aller de pair
avec les méthodes fondamentales de l'observation simple, de
l'expérimentation et de la description. En réalité, ces deux méthodes, qu'on prétend, non sans raison, devoir être spécialement
affectées à l'usage de la science sociale, — la critique historique
et la méthode statistique, — ne sont que des formes particulières de la description, parfaitement adaptées au caractère des
matériaux qu'elles servent à élaborer. L'histoire peut être définie : la description dans le temps, ou description des attributs de succession (filiation, évolution); et la statistique :
la description dans l'espace, ou description des attributs de
coexistence. En effet, qu'est-ce que la statistique, si ce n'est
la *classification par dénombrement*, et qu'est-ce que l'histoire,
sinon la *classification des antécédents et des conséquents?* Mais
qui dit classification dit *description*. Ces deux modes descriptifs sont d'une application aussi facile et utile en biologie qu'en sociologie, ainsi que cela est prouvé par l'exemple
de la paléontologie, de la théorie évolutive, etc. ; on peut, dans
une certaine mesure, en faire usage même dans les sciences
inférieures. En outre, chacune de ces méthodes est le complément nécessaire et obligé de l'autre ; [car, [en dehors de leur

emploi simultané, toute description est et reste unilatérale et incomplète. Malgré cela, on ne songe presque jamais à les réunir ; c'est là un des obstacles les plus sérieux qui s'opposent jusqu'à présent à une progression plus rapide de la sociologie.

Enfin, quant à l'étude des milieux ou mésologie, c'est là encore un mode incident de description qui survient dans toute investigation rationnelle des phénomènes biologiques et sociologiques. C'est la description analytique et comparée des « milieux » ou conditions vitales et sociales extérieures qui exercent une action quelconque sur les structures et fonctions des individus biologiques et de leurs groupes sociaux, et sont avec ces structures et ces fonctions dans un rapport constant et déterminable. Cette étude auxiliaire a pour destination de faciliter la résolution d'un problème général qui incombe également à la biologie et à la sociologie et qu'on peut formuler ainsi : étant donnés le milieu et la structure (ou l'organe), déterminer la fonction inconnue ; ou bien, la fonction et le milieu étant connus, trouver la structure qui leur correspond ; ou enfin reconnaître le milieu quand l'organe et la fonction sont donnés.

QUESTIONS CONNEXES

CHAPITRE VIII

DE L'ANALOGIE RÉELLE OU TRANSCENDANTE.

1. *Fondement de l'analogie réelle. Homogénéité de la matière et de la force.* — L'ordre et la suite naturelle dans laquelle se rangent les questions que nous nous sommes proposé d'examiner dans leur connexion entre elles et avec le problème fondamental de la méthode en sociologie, nous conduit maintenant à considérer les rapports qui existent ou doivent exister entre cette dernière science et les domaines limitrophes de la connaissance humaine. Le développement régulier de la science sociale et sa progression rapide dépendent évidemment pour beaucoup d'une juste et exacte délimitation entre les objets d'étude qui lui incombent exclusivement et ceux qui appartiennent en propre à la biologie et à la psychologie ; car ce n'est qu'après avoir déterminé, au moins approximativement, les frontières naturelles de ces divers domaines scientifiques qu'on peut s'attendre à voir la méthode qui s'adapte le mieux aux études sociales porter tous ses fruits.

Cependant, avant d'aborder cet ordre particulier de considérations, il me paraît nécessaire d'examiner une théorie générale qui s'y rapporte directement et qui jouit de la faveur spéciale d'une partie du monde scientifique. Cette doctrine, selon ses partisans, assiste puissamment l'intelligence dans la démonstration aussi bien que dans la découverte de la vérité, elle fournit à la science une méthode précieuse ; mais, s'il faut en croire ses adversaires, cette méthode n'est qu'un leurre éblouissant, un habile artifice de l'esprit. Quoi qu'il en soit, la doctrine de l'analogie transcendante qu'on appelle encore réelle, car c'est d'elle qu'il s'agit, tend à effacer toute ligne précise de séparation entre les théories sur la vie, les lois de l'esprit et les lois qui régissent les sociétés. Son examen préalable se trouve donc tout indiqué par le double problème qui nous intéresse et qui a pour but la détermination des rapports de la sociologie avec la biologie et la psychologie.

La question de la valeur scientifique et des limites légitimes de l'analogie, considérée comme une méthode générale de découverte ou de preuve, est intimement liée à la plus haute et la plus abstraite des questions que connaissent la science et la philosophie : l'hypothèse de l'unité ou de l'homogénéité fondamentale de la matière, et de l'unité ou de l'homogénéité de la force.

La première moitié de cette hypothèse forme une doctrine chimique autant que philosophique qui a sa valeur et qui est probablement préférable à la supposition, fondée sur un empirisme grossier, de l'hétérogénéité fondamentale de la substance matérielle considérée en ses divers éléments. La seconde moitié de la même hypothèse est une doctrine philosophique qui prétend rendre à notre esprit de grands et précieux services en facilitant la généralisation interscientifique ou philosophique.

Les diverses propriétés de la matière, considérées dans leurs rapports génétiques, semblent être plutôt des modalités d'une seule et même propriété, que quelque chose d'essentiellement et d'originairement différent. Mais, les rapports génétiques mis de côté, il est évident que l'hypothèse en question n'a pas et ne peut avoir en vue d'affirmer que ces diverses propriétés, considérées comme modes d'action, ne sont pas différentes [1].

Les conséquences qu'entraîne l'adoption de cette croyance à l'unité de la matière et à l'identité de la force, à l'égard de ce qu'on pourrait nommer l'intégration ou l'unité et la différenciation ou la classification de la science, sont claires et aisées à établir. On peut dire, en deux mots, que cette hypothèse facilite singulièrement l'intégration de la science, l'établissement de son unité fondamentale et n'empêche en aucune façon sa différenciation, l'établissement de domaines

---

1. « Les forces n'existent pas hors des propriétés de la matière; les rapports ou relations réciproques de propriétés différentes déterminent des effets ou résultats ; rapports que, par abstraction, l'homme exprime par la notion de force considérée comme cause de ces effets. » (Ch. Robin, *Revue phil. pos.*, t. IV, p. 353.)

distincts de la connaissance humaine. Quelques doutes, en vérité, peuvent surgir par rapport à la dernière affirmation, mais ils sont très vite dissipés à l'aide de cette simple considération que la doctrine de l'homogénéité de la matière n'entraîne nullement, comme conséquence logique, la négation de l'existence d'une série expérimentale de modalités réelles de la substance unique (en ce sens qu'elles sont réellement et constamment perçues par notre appareil sensitif et transmis par lui à notre intelligence), modalités qui sont inséparablement liées à une série expérimentale correspondante de modalités de la propriété primordiale unique. Cette double série de modalités se traduira toujours objectivement par ce qu'on nomme des corps différents ou des agrégats distincts de phénomènes, entre lesquels l'esprit humain percevra toujours des relations uniformes et constantes qu'il appellera lois de ces phénomènes. En conséquence, toute modalité qui présentera les caractères d'une propriété spécifique, c'est-à-dire d'une propriété appartenant à un groupe expérimentalement distinct de phénomènes, donnera lieu à une étude spéciale, ayant pour but de rassembler en un faisceau dogmatique les lois qui expriment les relations mutuelles de ces phénomènes. En conséquence aussi, les relations uniformes manifestées par une modalité quelconque de la force unique se distingueront toujours des relations manifestées par une autre modalité de cette force primordiale, et les différents domaines scientifiques seront toujours intimement liés entre eux sans jamais être confondus.

2. *Complication graduelle des modalités de la matière et de la force.* — Cette même vue peut être présentée à l'esprit de plusieurs manières différentes. Ainsi toutes les modalités de la matière et de la force peuvent être rangées suivant un ordre fixe et constant, déterminé par une notion de l'esprit, l'idée de complication. L'échelle des modalités sera alors représentée par une série non interrompue de complications croissantes dans les agrégats phénoménaux qui, pour parler la langue de l'école, servent de substratum à ces modalités. Une différence dans le degré de complication des phénomènes sera le signe constant d'une modalité ou propriété nouvelle manifestée par cet ordre de phénomènes.

La doctrine de l'identité fondamentale des forces ou propriétés manifestées par la matière est une hypothèse dérivée de la théorie de l'équivalence des forces, dans laquelle on démontre que les forces de la nature, ne se perdant jamais, ne font que se convertir en une somme équivalente d'autres forces; théorie qui, comme on sait, est en parfait accord avec les faits de l'expérience, du moins quant à un certain nombre de propriétés, mieux étudiées que les autres. L'hypothèse de l'identité développe et pousse à ses limites extrêmes la théorie de l'équivalence, au moyen d'une généralisation qui représente toutes les propriétés naturelles comme des formes ou des apparences différentes d'un seul et même fait d'expérience : le mouvement au sein de la matière. Dans cet ordre d'idées, il subsiste pourtant un ensemble de faits qui ne rentre pas dans la catégorie du mouvement et qui est représenté par une généralisation évidemment plus vaste que cette catégorie : ce sont les faits d'expérience qui se rangent sous le chef général de la quantité. La quantité, c'est-à-dire les propriétés de l'étendue et du nombre, ne peut pas être conçue par l'esprit comme le mouvement sous l'une ou l'autre de ses formes : l'attraction des masses et des molécules, les propriétés physiques, chimiques, vitales et sociales. En revanche, le mouvement, sous toutes ses formes, est toujours inévitablement accompagné par les attributs ou les propriétés quantitatives ; car le mouvement est une relation entre les objets qui se produit nécessairement dans l'espace (l'étendue) et le temps (relation de succession et, en conséquence, dénombrement). C'est ce qui a fait dire à quelques philosophes que la notion du mouvement devait être elle-même rangée parmi les idées quantitatives dérivées. A ce point de vue, il serait difficile de se refuser à admettre qu'en somme la théorie de l'unité des forces et la théorie de l'évolution qui en est une conséquence naturelle, ne font que confirmer la distinction quantitative des phénomènes, sans dissiper en aucune façon les ténèbres épaisses qui enveloppent cette chimère de toutes les philosophies, l'identité qualitative des phénomènes.

Mais revenons au mouvement, inséparable de la quantité. On peut dire à cet égard : pas d'étendue, pas de nombre, — pas de matière ; donc, pas de mouvement. C'est là le sens précis et présenté sous sa forme la plus naturellement élémentaire, que nous attachons à l'idée de complication, quand nous disons que les phénomènes qui manifestent la relation ou la propriété appelée mouvement sont plus compliqués que les mêmes phénomènes considérés d'une manière abstraite quant au rapport unique de leurs relations ou de leurs propriétés quantitatives.

Voyons maintenant si l'idée de complication ne conserve pas le même sens à l'égard de chacune des faces, formes ou transformations plus ou moins complètes du mouvement. Le mouvement d'attraction des corps sidéraux que nous nommons gravitation, le mouvement d'attraction des corps terrestres que nous appelons pesanteur, et enfin le mouvement d'attraction des molécules qui se révèle à nos sens dans les différents degrés de cohésion des corps, se compliquent tous et toujours par les attributs quantitatifs. Plus loin, le mouvement intermoléculaire particulier qui se révèle à nos sens comme chaleur se complique inévitablement au moins par les propriétés de pesanteur et d'attraction moléculaire simple. Le mouvement qui se traduit, dans nos sensations, comme lumière, paraît être impossible sans la coexistence d'un certain quantum de chaleur qui n'est pas transformée en vibrations lumineuses. Cela est également vrai de l'électricité, du magnétisme, etc. Tous ces phénomènes possèdent au moins le même degré de complication que les phénomènes de calorique et sont probablement plus compliqués. Plus loin encore, les propriétés chimiques nécessitent, pour faire leur apparition, la coexistence de quelques-unes et, probablement, de toutes les propriétés physiques ; les phénomènes chimiques sont donc plus compliqués que les phénomènes dans lesquels les procédés abstractifs de l'esprit ne nous font voir que les propriétés dites physiques. Évidemment aussi, sans la coexistence de la chimicité, la vie est impossible ; enfin, le groupement social où les phénomènes d'association se compliquent, de toute nécessité, des phénomènes vitaux présentés par les êtres animés qui s'associent. Ainsi, même dominé par la grande généralisation du mouvement, notre esprit, d'accord en cela avec nos sens et l'expérience que ceux-ci nous procurent, se refuse obstinément à admettre la transformation complète des forces de la nature qui ne laisserait nul résidu et, par conséquent, n'offrirait aucune différence dans le degré de complication des phénomènes au sein desquels cette transformation se serait opérée. La même relation de coexistence phénoménale qui existe entre la quantité et le mouvement, propriétés qui ne se transforment pas l'une dans l'autre, existe aussi entre les différentes formes du mouvement.

3. *Formule de M. Lewes. Valeur réelle des théories unitaires.* — Enfin, dans le même ordre d'idées, on peut atteindre un point de vue plus abstrait encore. Une analyse positive des généralisations les plus vastes que puisse former notre esprit par rapport aux choses de l'expérience, une analyse comme celle, par exemple, qui a été conçue et exécutée dans un esprit réellement scientifique par M. Lewes dans ses *Problèmes de la vie et de l'esprit*, laisse facilement apercevoir et comprendre que ce que nous appelons force ou propriété de la matière, force et propriété unique aussi bien que forces et propriétés mul-

tiples et variées, n'est, en réalité, qu'une relation entre les objets et leur perception par nos sens et entre certains objets et certains autres; car les objets eux-mêmes sont des groupes de relations, des synthèses de propriétés; les objets n'existent pas par eux-mêmes, c'est-à-dire indépendamment des propriétés qu'ils manifestent.

Les objets sont leurs propriétés et ne sont pas autre chose : d'où la vanité de la poursuite métempirique de l'objet en lui-même, c'est-à-dire de l'essence des choses, et la valeur suprême de la recherche empirique dirigée vers la détermination des relations cognoscibles des phénomènes entre eux. A ce point de vue, c'est déjà une erreur que de parler de propriétés inhérentes aux phénomènes, au lieu de parler de modes d'existence déterminés par des relations entre les objets. Une autre erreur, provenant de la même source, laisse supposer que des propriétés non manifestées existent dans les phénomènes, quoiqu'étant temporairement masquées par la présence d'autres propriétés; mais, en réalité, et rigoureusement parlant, nous n'avons aucun droit de supposer que ces propriétés existent, dès qu'elles ne se manifestent pas. Quand dans les phénomènes nous abstrayons leurs relations effectives, et quand nous concevons ces phénomènes comme placés dans des relations différentes des premières, nous voyons seulement les propriétés qu'ils ont manifestées et qu'ils manifesteront derechef, une fois replacés dans les mêmes conditions. Mais parler de la substance comme de la chose qui reste après l'abstraction des relations effectives, et représenter ces dernières comme inhérentes à la substance est un artifice purement logique qui ne rend justice qu'au côté idéal des faits. Ainsi, dans le cas de la gravitation, tout ce que l'expérience découvre réellement consiste dans une relation entre les phénomènes, qui est exprimée mathématiquement par la loi de la masse et des carrés inverses. Mais, quoique pouvant être interprétée de plusieurs façons, cette relation implique nécessairement deux termes de comparaison et ne saurait être imaginée comme existant en soi, ou dans l'un des termes seulement.

On ne devrait pas oublier non plus que les propriétés dans les objets deviennent sensations dans la conscience et y sont soumis à une limitation particulière, qui provient de ce que chacun de nos sens est expérimentalement limité d'une façon différente. Certes, des relations de ressemblance et même d'équivalence entre les diverses sensations peuvent être découvertes et démontrées expérimentalement, et ceci nous aidera à construire ce qu'on pourrait appeler l'unité scientifique de la sensation; néanmoins, chaque sensation spécifique est et demeure subjectivement irréductible à une autre. Ainsi la sensation de lumière ne peut jamais se résoudre subjectivement en sensation de chaleur ou de son, quoique toutes trois puissent être objectivement réduites à des mouvements ondulatoires de la matière.

Mais, une fois admis que ce que nous appelons propriétés des choses consiste dans des relations mutuelles, assez constantes et générales pour que notre esprit ne puisse les concevoir autrement qu'intimement liées aux choses et inséparables de leur perception par nos sens, on n'est pas loin de voir clairement la futilité de la majeure partie de nos dissensions sur l'unité ou la diversité fondamentale des forces de la nature et des propriétés essentielles des phénomènes. En effet, ce qui est objectivement une relation devient subjectivement, de toute nécessité, un concept de l'esprit, une abstraction, une généralisation. Mais c'est aussi une tendance nécessaire, un trait de la constitution intime de notre intelligence, que de ne pas s'arrêter à mi-chemin dans ses généralisations, et de préférer toujours, dans les mêmes conditions, une généralisation plus vaste ou plus élevée que celle qui embrasse un cercle plus restreint de phénomènes. L'intelligence monte toujours aussi haut qu'elle peut. Et il est clair qu'en bonne logique, on peut parfaitement parler d'une propriété, d'une force, d'une énergie, d'une matière ; dans tous ces cas, on n'a en réalité, devant soi, que des formules logiques répondant à certains concepts de l'esprit qui ont atteint la dernière limite accessible à l'intelligence : une généralité qui embrasse tous les phénomènes et devient ainsi leur lien suprême, leur unité définitive.

C'est cette adaptation aux besoins de notre intelligence, bien plus qu'une base expérimentale quelconque, un fondement véritablement objectif qui fait la force, et a fait la fortune, dans l'esprit des savants et du public, de la plupart des belles théories modernes sur l'unité de la matière, l'identité des forces, le transformisme sous toutes ses faces, l'évolution des êtres, etc. Les partisans de la diversité phénoménale ont tort de s'alarmer, dirais-je : pour si peu ? Non, car ce n'est pas peu, dans la science, que de fixer les phénomènes flottants, de lier les faits épars de la réalité au moyen de théories générales qui ne sont pas, comme naguère, des concepts métaphysiques, des déviations de l'esprit hors de la ligne de l'expérience, mais qui demeurent, au contraire, en stricte concordance avec les données de l'observation, et n'en sont, pour ainsi dire, que le reflet logique, la représentation psychologique, la traduction fidèle dans le langage des signes abstraits employés par l'intelligence pour la reproduction, dans la conscience, et la fixation, dans la mémoire, des per-

ceptions sensorielles. Mais les adversaires des théories unitaires
ont tort de craindre que celles-ci n'effacent les lignes de démarcation qui, par les efforts continus et les labeurs successifs de
générations entières, ont été établies entre les différentes
sciences, et ne portent une atteinte sérieuse au principe de la
division du travail scientifique, cette condition nécessaire de
tout progrès réel du savoir. Ce principe et la classification des
sciences qui s'y rattache, n'ont rien à redouter des tendances
unitaires, protégés comme ils le sont, contre tout danger sérieux
de ce genre, par des nécessités logiques et psychiques d'un ordre
particulier, nécessités qu'une saine philosophie saura toujours
indiquer à temps. Se refusant à devancer les sciences dans le
chemin frayée par les hypothèses unitaires, une philosophie
vraiment scientifique saura toujours mettre en évidence le caractère essentiellement subjectif ou logique des vastes généralisations hypothétiques que, seule, la science particulière a le droit
de former, car seule elle peut n'y voir qu'un moyen temporaire
propre à lui faciliter sa tâche positive et spéciale.

4. *Une conception-limite de la science moderne. Mouvement
et quantité. Qualification croissante des relations de quantité.* —
Dans sa recherche de l'unité fondamentale des phénomènes,
l'esprit moderne s'est arrêté, comme on sait, à la conception du
mouvement, comme à la généralisation la plus propre à embrasser toute la diversité réelle présentée par les faits observés.
Mais, il faut le dire, cet arrêt est volontaire et conventionnel. Il
est motivé non pas par l'impossibilité logique de s'élever plus
haut, d'atteindre une généralité plus vaste, qui contienne le
mouvement comme un cas particulier, mais par des considérations d'utilité scientifique; car le mouvement est une relation
entre objets qui se plie aux exigences d'une interprétation strictement physique des données de l'expérience mieux que la
relation immédiatement plus générale, préférable à un point
de vue purement logique, je veux parler de la relation de quantité. En effet, et sans contester pour cela la supériorité pratique du point de vue qui place le mouvement au sommet de
l'échelle des phénomènes, il est facile de s'apercevoir que la
véritable clef de voûte de l'édifice théorique qui a pour but de
loger l'unité présumée ou réelle des phénomènes ne peut être
que la relation de quantité. La quantité peut être définie : la
propriété de la matière de présenter des relations de coexistence ou de succession, ou simplement de coexister et de suivre; ou bien encore, comme le dit Herbert Spencer, d'occuper
l'espace ou le temps. Occuper l'espace veut dire avoir de l'étendue, occuper le temps veut dire pouvoir être dénombré. Mais

puisque, en dernière analyse, toute coexistence se révèle à la conscience comme succession, on mesure l'occupation de l'espace, c'est-à-dire l'étendue, de la même façon que l'occupation du temps : on emploie à cette fin le nombre, le dénombrement d'unités de l'espace et du temps.

Il est évident, d'après cette définition, que la quantité est une propriété, ou une relation entre phénomènes, sans qualification spéciale, ce qui fait que c'est l'abstraction la plus haute, la généralisation la plus vaste à laquelle nous puissions atteindre dans l'ordre d'idées qui a pour but de classer les différentes propriétés de la matière ou les diverses relations générales des objets entre eux.

Pour être moins générale et moins abstraite, toute propriété ou relation devra être nécessairement qualifiée ou limitée d'une certaine façon ; autrement, elle ne serait encore que de la quantité. C'est au moyen de l'opposition des idées de qualification et de non-qualification, de limitation et de non-limitation, que certains philosophes prétendent creuser je ne sais quel gouffre entre la quantité et la qualité, abîme illusoire, car il ne s'agit ici, logiquement aussi bien que réellement, que d'un seul degré d'abstraction en plus ou en moins. Dans une représentation schématique des diverses propriétés naturelles, la quantité n'est que le premier chaînon d'une série de propriétés ou de relations entre objets, série qui suit un ordre fixe de généralité décroissante et de qualification ou limitation croissante. C'est d'abord la propriété de coexister et de suivre, d'occuper l'espace et le temps, immédiatement ou d'un seul degré moins générale et moins abstraite que la quantité, c'est-à-dire déjà qualifiée ou limitée d'une certaine manière. Nous nous heurtons ainsi aux limites, à la qualification physiques. Puis vient la même propriété, conservant sa limitation physique et y ajoutant une nouvelle limitation ou qualification, — limites ou qualification chimiques. Plus loin encore, la limitation vitale s'ajoute à la qualification chimique pour être, à son tour, suivie par la limitation ou qualification sociale. Certes, ce ne sont là que les limites les plus marquées, les qualifications les plus apparentes parmi un nombre infini de propriétés qui remplissent les espaces intermédiaires. Le schéma algébrique de cette classification des propriétés naturelles peut être représenté comme suit :

Quantité non qualifiée,

Quantité qualifiée par a,

Quantité qualifiée par $a + b$, et ainsi de suite.

En dernière analyse, par conséquent, tout phénomène est évidemment un phénomène de quantité ; et voilà pourquoi il

est si facile de donner une teinte mathématique à toutes les
sciences sans exception. Mais chaque science particulière doit
s'attacher à l'étude de la qualification spéciale du phénomène
général de la quantité. Ce n'est que du côté de la forme qu'on
peut opérer, dans toute science, quantitativement ou mathématiquement; et c'est là, sans contredit, un procédé très utile qui
simplifie régulièrement les opérations scientifiques, mais seulement à la condition, réalisée exclusivement par les sciences les
plus simples et les mieux développées, de ne jamais perdre
de vue la qualification spéciale des phénomènes étudiés, qualification dont les lois réelles ne sauraient être déduites de la
seule considération de la quantité, car la propriété spéciale n'est
contenue dans la propriété générale que d'une manière formelle ou purement logique. Enfin, il est évident qu'il est parfaitement indifférent d'admettre plusieurs propriétés différemment qualifiées, ou de n'en admettre qu'une seule dont la
qualification varie et se complique graduellement. Une propriété différemment qualifiée, et présentant un degré différent
de généralité, est une nouvelle propriété pour la science, qui ne
pénètre ni l'essence des choses, ni l'essence de leurs manifestations particulières.

5. *Définition de l'analogie transcendante. Son aboutissement
naturel.* — Vraies ou fausses, fondées ou arbitraires, les vues
que nous venons d'exposer accordent certainement à l'hypothèse de l'identité fondamentale des forces et des propriétés
naturelles, le maximum de valeur conciliable avec les exigences
de la raison gouvernée par l'expérience. Mais cette hypothèse
est la véritable base et la principale justification de l'analogie
réelle, ou de ce mode particulier de raisonner et de philosopher qui de nos jours est très répandu et a acquis une importance avec laquelle on doit compter.

L'analogie réelle peut être définie en peu de mots : une méthode d'investigation qui, tirant des conclusions pratiques im-
médiates du principe de l'identité de la matière et de ses manifestations, et faisant bon marché des restrictions objectives et
subjectives auxquelles ce principe hypothétique est évidemment
soumis, se place à côté et même souvent au-dessus des simples
méthodes logiques de concordance, de différence, des variations
concomitantes, des résidus, etc. Cette méthode prétend singulièrement simplifier la recherche de nouveaux rapports, l'établissement de nouvelles relations, la découverte de nouvelles
lois, et la vérification des rapports et des lois anciennement établis ; tout cela en identifiant non plus seulement les phénomènes
ne manifestant que des propriétés identiques, ainsi que le fait,

dans son domaine spécial, chaque science particulière, mais en identifiant, au même titre, les phénomènes présentant des sommes inégales de propriétés, ayant quelques propriétés spécifiques en plus et d'autres en moins, c'est-à-dire en identifiant, par exemple, les phénomènes sociaux avec les phénomènes biologiques, et ceux-ci avec les phénomènes chimiques et ainsi de suite.

L'aboutissement naturel de cette manière de comparer, dite réelle, en opposition avec l'analogie ordinaire qui n'est que formelle, logique ou verbale, consiste dans l'affirmation que, depuis le grain de sable jusqu'à des faits aussi compliqués que la chute de l'empire romain ou la question sociale qui agite l'Europe contemporaine, tous les phénomènes de la nature sans exception sont régis par des lois strictement identiques : affirmation puérile si l'on n'a en vue que les relations les plus générales, telles que celles de quantité, ou les relations physiques, mais foncièrement hostile à tout progrès réel dans les sciences particulières, si l'on étend sa signification aux relations plus compliquées et plus spéciales, étudiées par la plupart de ces sciences. Il s'entend de soi, du reste, que nous ne visons ici que la forme plus subtile de l'analogie réelle, celle qui s'entoure, d'un côté, de tout l'arsenal des arguments de la haute métaphysique, et de l'autre de tout l'attirail des expériences et des hypothèses de la science moderne. Quant à cette forme grossière, mais assez commune, de l'analogie, qui triomphe en identifiant des ressemblances superficielles et des coïncidences fortuites, il est évident que nous ne saurions nous y arrêter un seul instant.

6. *Défauts intrinsèques de l'analogie réelle.* — L'examen auquel, dans les pages précédentes, nous avons soumis le fondement, la base philosophique de l'analogie réelle, telle que nous venons de la définir, rend relativement aisée la tâche qui nous reste à accomplir et qui consiste à indiquer les principaux défauts intrinsèques de ce mode d'investigation de la nature.

Les objections que nous faisons à l'analogie réelle peuvent être rangées sous les trois chefs généraux suivants : 1° d'être une méthode manquant complètement le but de la science particulière; 2° l'objection tirée du caractère formel, purement logique et souvent simplement verbal des relations d'identité que l'analogie établit ; 3° l'objection tirée de la confusion entre les phénomènes ou groupes objectifs de relations, et leurs propriétés ou relations, considérées isolément et abstraitement, c'est-à-dire entre un agrégat objectif et ses parties constituantes, confusion dans laquelle le procédé d'investigation connu sous le nom d'analogie réelle semble souvent tomber sans s'en rendre compte. Examinons de plus près chacune de ces objections.

1° L'analogie réelle a pour but d'identifier des modalités différentes de l'existence. Mais, même en admettant qu'un pareil but puisse réellement être atteint, on ne saurait douter qu'il n'appartienne au domaine propre de la philosophie. Dans un certain sens, il est vrai, la science particulière cherche aussi à prouver, et, quand elle n'y parvient pas, elle suppose souvent l'identité fondamentale des manifestations diverses de la force ou des forces qu'elle étudie; elle généralise certaines manifestations de la force, certaines relations entre certains agrégats objectifs donnés, et arrive ainsi à la conception des propriétés physiques, chimiques, vitales et sociales.

De même aussi, faute de pouvoir démontrer expérimentalement l'identité fondamentale de toutes les propriétés de la matière, la science générale ou philosophie peut supposer cette identité, comme le font, par exemple, tous les systèmes monistiques; du groupe concret et objectif elle peut faire une unité abstraite et subjective. Mais, à moins de faire de la métaphysique au sein même de la science et avec les matériaux qu'elle fournit, on ne pourrait prétendre, par exemple, que la chimie ait pour objet d'identifier les phénomènes et les propriétés chimiques avec les phénomènes et les propriétés physiques d'un côté, et les phénomènes et les propriétés biologiques de l'autre. En supposant qu'une telle identification soit possible ou nécessaire, elle ne saurait incomber à la science particulière. A chaque science échoit et suffit sa tâche, qui ne peut pas s'étendre au delà de la généralisation des phénomènes particuliers que cette science étudie; chaque science apporte à la philosophie sa pierre, et la somme de ces matériaux doit suffire à la construction de l'édifice d'une philosophie vraiment scientifique ou expérimentale. La science particulière ne doit, par conséquent, poursuivre que les analogies intérieures, pour ainsi dire; elle fait fausse route, quand elle s'arrête à considérer les analogies interscientifiques ou extérieures. Du reste, pour identifier une loi biologique et une loi sociologique, par exemple, c'est-à-dire pour les combiner dans une généralité plus haute et qui les contienne toutes deux à la fois, il ne suffit pas, comme le pensent la plupart des analogistes, de connaître un de ces termes seulement, même s'il était démontré que ce terme unique contenait quantitativement le terme inconnu; ainsi $5 + x = y$ est une équation complétement indéterminée, qui admet un nombre indéfini de solutions, même quand on sait d'avance que x est une quantité moindre que 5.

2° Comme la plupart des erreurs totales ou partielles dont l'esprit humain est coutumier, l'analogie réelle prend sa source dans une illusion mentale d'un genre particulier. A sa base gît la propension ordinaire de l'esprit à prendre les mots pour les choses, les formules subjectives et idéales pour les phénomènes objectifs et réels. Ainsi, quand nous avons établi ou prouvé que x contient y et z renferme v, ou que $x + y = a$ et $z + v = b$, nous avons, dans chaque cas, établi des formules identiques de relation entre des termes qui peuvent être complètement différents. C'est une erreur grossière en mathématique que de conclure de l'identité de deux formules ou de deux opérations à l'identité des termes que ces formules servent à relier entre eux; mais c'est une erreur qui, en philosophie, passe souvent inaperçue. Les partisans de l'analogie croient avoir établi l'identité des lois qui gouvernent les différents phénomènes, quand ils sont parvenus à faire tout au plus ressortir l'identité des formules qui servent d'expression à ces lois.

Mais l'identité des formes de la pensée est une chose, et l'identité des phénomènes et de leurs relations multiples et particulières ou simples et générales en est une autre. Les mots et les abstractions de l'esprit ne représentent pas les choses, comme la surface polie d'un miroir représente l'image des objets environnants. La logique des signes et les opérations intellectuelles qui s'y rattachent ont, du commencement à la fin, un caractère purement symbolique. La seule identité des signes employés par l'esprit ne fournit pas toujours la preuve de l'identité des choses que ces signes doivent représenter, ni de l'identité des relations réelles des objets entre eux. Et cependant, souvent des théories entières sont bâties sur de simples équivoques verbales. Dernièrement encore, par exemple, je voyais, dans un grave traité de philosophie, soutenir au moyen d'une analogie verbale qui mérite d'être citée, cette thèse favorite des analogistes, qui revient toujours comme la même litanie : que des lois identiques gouvernent tous les phénomènes, du plus simple au plus compliqué. L'auteur expliquait tout au long que partout dans l'univers, et sous toutes les formes que revêt la matière, nous retrouvions l'objet spécial des investigations de la science sociale, la société, et que, par conséquent, les propriétés sociales ne pouvaient pas former l'objet spécifique des études d'une seule science. Pour prouver sa conclusion, notre auteur passait en revue toutes les sciences : il montrait l'association ou société des sensations, des idées, des volitions, etc., comme formant le fond réel de la psychologie; passant à la biologie, il citait Virchow, selon lequel la constitution intime de l'individu biologique présente tous les traits d'un arrangement social, d'une organisation ou association, au sein de laquelle une masse infinie d'existences isolées dépendent les unes des autres, quoique chacune conserve toujours son activité spéciale et remplisse sa fonction particulière ; dans la chimie, il retrouvait une société bien caractérisée d'atomes chimiques différenciés entre eux par des caractères spécifiques (poids chimique, etc.) ; dans la physique ou ·mécanique moléculaire il se retrouvait en face d'une société d'atomes physiques ou de centres de force ou d'énergie ; enfin, dans l'astronomie, il contemplait l'idéal d'une société bien équilibrée de corps célestes. Malheureusement pour lui, notre auteur, en entassant toutes sortes de comparaisons curieuses et d'analogies frappantes, semblait avoir complètement oublié un rapport d'identité bien autrement simple et évident, à savoir que les mêmes lois psychologiques gouvernent les opérations de notre esprit, quand ces opérations ont pour objet les phénomènes les plus simples, comme dans le cas où elles s'appliquent aux phénomènes les plus compliqués.

La notation des objets réels au moyen des termes abstraits ou des signes de la pensée, comme le fait justement remarquer M. Ribot, possède ses degrés, comme le nombre ses puissances : rouge est un abstrait, couleur est plus abstrait, attribut plus abstrait encore [1]. Mais cette croissance dans l'abstraction n'est pas toujours aussi facile à constater que dans les exemples cités, et la difficulté en question donne naissance à bien des confusions. C'est dans une confusion de ce genre qu'est tombé l'auteur qui refusait un caractère spécifique aux propriétés sociales, parce qu'il croyait retrouver.les mêmes propriétés dans tous les phénomènes de la nature. Si, en effet, on analyse quelque peu l'idée de rapport, qui est une abstraction d'un degré supérieur, on trouve facilement que cette notation générale *connote* deux autres abstractions : l'idée de dépendance et l'idée corrélative d'indépendance; non pas de dépendance absolue, qui serait l'identité, ni d'indépendance absolue, qui serait la négation de toute relation, mais de dépendance et d'indépendance relatives. Or l'idée la plus abstraite et la plus générale que l'esprit puisse se former de la société se résout aussi en ces deux éléments abstraits : les notions relatives de dépendance et d'indépendance. Ainsi paraît s'établir une identité subjective ou idéale entre les deux abstractions de « relation » et de « société; » et, puisque toute science s'occupe de relations, la conclusion que toutes les sciences ont pour objet d'étudier des phénomènes de société (l'expression juste, mais qui ferait éva-

---

1. *La Psychologie anglaise contemporaine*, p. 57.

nouir l'analogie réelle pour ne laisser subsister que l'analogie de
la forme verbale serait : des sociétés de phénomènes) est à proximité. Mais si, se fondant sur les données de l'expérience, on attache à cette même abstraction de société un sens moins vague
ou plus précis, si on la réduit à un degré inférieur d'abstraction,
on voit sans peine qu'elle sert à connoter spécialement une série
objective de phénomènes d'une étendue infiniment moins vaste
que la série connotée par la notion abstraite de relation ou de
rapport.

Sous une forme plus spécieuse encore, l'erreur que nous venons de signaler reparaît chez bon nombre d'auteurs qui croient
plus ou moins fermement à l'efficacité scientifique de l'analogie
réelle. Cette erreur, due à une équivoque, semble même être un
des arguments favoris des écrivains qui ont entrepris une véritable croisade contre l'indépendance scientifique de la sociologie.
Nous ferons donc peut-être bien de consacrer encore quelques
lignes à ce sujet, et cette fois nous mettrons directement en cause
un esprit distingué, M. Schæffle, le savant sociologiste allemand.

Dans son récent ouvrage, intitulé *Structure et vie du corps
social*, M. Schæffle pose, comme un des piliers les plus solides
de ses théories sur la société, cette opinion que les phénomènes sociaux sont les plus universels parmi tous ceux que présente la matière. L'attribut d'universalité est pris ici dans son
sens ordinaire, qui effleure celui de généralité. Ainsi donc, selon
M. Schæffle, un phénomène peut être compliqué et général à la
fois, comme il peut être en même temps simple et spécial ; la
complication va de pair avec la généralité, et la simplicité avec
la spécialité. Voilà une terminologie pour le moins nouvelle, et
qui renverse entièrement la terminologie ordinaire. De plus, si
l'on s'attache à la portée exacte des termes employés par l'auteur
allemand, on voit que leur signification réelle ne dépasse pas
les deux notions suivantes, parfaitement vraies et justes en elles-
mêmes : pour qu'un phénomène social soit manifesté, il est nécessaire qu'aux phénomènes purement physiques s'ajoutent, successivement, des phénomènes chimiques, biologiques et psychiques ; tandis que, pour la manifestation de tout autre ordre de
phénomènes, il suffit de la coexistence ou de l'action simultanée
d'une série plus limitée de faits naturels. Un fait social est donc
une espèce de microcosme dans lequel se donnent rendez-vous
toutes les lois de l'univers, tous les phénomènes de la nature.
C'est une collection d'échantillons de toutes les couleurs et de
toutes les nuances phénoménales, sans exception possible. Un
traité de sociologie est, dans un certain sens, une encyclopédie

générale du savoir humain ; la sociologie ne serait alors qu'un
autre nom de la cosmologie.

Une définition de l'objet de la sociologie est fondée sur cette
notion. La vie sociale, selon M. Schæffle, est l'intégration et la
différenciation la plus subtile (la moins grossièrement matérielle) et la plus universelle de toutes les forces terrestres, inorganiques et organiques, physiques et psychiques, leur vivifica-
tion parfaite, leur individualisation la plus complète et la plus
consciente. Rien de pareil n'a lieu dans le domaine de la
nature organique et, à plus forte raison, dans celui de la nature
inorganique. Ce n'est que par le monde social et dans lui que
nous atteignons à une communauté vivante, qui renferme en
son sein, en guise de matière intercellulaire, toute espèce de
matière terrestre et, en qualité de membres d'une association
vivante qui peuple la terre, toutes les existences individuelles
sans exception. A l'aide de formes du mouvement et de la
matière, encore inconnues au monde organique proprement
dit, telles que la parole, les symboles de l'écriture, etc., et
après avoir passé par ce foyer de concentration — la famille
ou cellule sociale, l'unité brisée et périssable de la vie organique devient une communauté vivante d'une espèce nouvelle
qui embrasse le globe entier et qui, historiquement parlant,
est aussi impérissable que ce dernier. Ainsi se forme une troisième grande sphère qui entoure et contient les deux premières,
le noyau du monde inorganique et la sphère intermédiaire du
monde organique, et qui peut être définie : la sphère universelle du monde des *personnes* (car l'individu qui est l'objet des
sciences organiques y devient personne ou objet de la science
du droit) et des *biens* (car la matière qui est l'objet des sciences
inorganiques y devient richesse ou objet de la science économique) [1].

A cette conception du monde social, il est utile d'opposer les
conceptions habituelles, qui toutes, depuis la belle parole de
Pascal sur l'humanité jusqu'aux notions plus précises du fondateur de la philosophie positive, ne font entrer en ligne de compte,
dans la définition de la société, que cet élément principal et
absorbant, pour ainsi dire, tous les autres, l'homme ou plutôt
l'ensemble des êtres humains, l'humanité. L'écrivain allemand
tient à cœur d'embrasser dans sa formule, en même temps que
l'humanité, tout ce qui est derrière l'humanité, et sans quoi
celle-ci ne serait évidemment pas possible. Mais c'est précisément en raison de cette dernière considération que les concep-

---

1. *Bau und Leben des socialen Kœrpers*, t. I, p. 26.

tions de Pascal et de Comte sont tout aussi complètes que la conception qui a nécessité la longue définition donnée plus haut ; elles ont, en outre, l'avantage d'être plus claires, plus sobres et scientifiquement plus exactes, car elles font ressortir sans effort le trait distinctif et essentiel de toute société et épargnent, à cet égard, mainte dissertation et mainte explication.

Tout phénomène social est à la fois, sans aucun doute, un phénomène d'attraction, d'affinité, un phénomène vital, etc. Nous disons que c'est là un phénomène compliqué. M. Schæffle dit que c'est là un phénomène universel, et, jusqu'ici. nous avons raison tous les deux, car sous deux termes abstraits distincts nous entendons exactement la même chose ; nous désignons la même réalité objective par deux notations subjectives, auxquelles on peut attacher des significations différentes, mais qui, pour nous, ont une valeur identique. Toutefois, à l'encontre des opinions professées par M. Schæffle, nous affirmons encore que tout ce qui, dans un phénomène social, est attraction, affinité, ou vie végétative et animale, ne présente, généralement parlant, aucunes difficultés autres que celles qui sont résolues ou peuvent être résolues par les différentes sciences qui s'occupent de ces conditions *sine qua non* de toute existence au sein du monde social. S'arrêter, dans la science sociale, à des considérations qui ont pour objet ces conditions, c'est refaire une besogne qui a été déjà faite ailleurs. Le caractère d'universalité, comme le caractère de complication, appartient à l'ensemble du phénomène social, ensemble qui est formé par ses parties connues ou données et ses parties inconnues ou problématiques, par les faits étudiés dans toutes les autres sciences, et le résidu formant l'objet spécial de la science sociale. Quant à ce résidu, il n'est évidemment nullement universel dans le sens de général.

Admettons encore qu'un phénomène social soit, comme tout autre phénomène naturel, un « mouvement de la matière. » M. Schæffle nous accorde que c'est là un mouvement multiforme, varié, compliqué, universel. Mais, dans cette multiplicité de formes, on distingue : 1° la forme appelée attraction ou pesanteur ; 2° la forme manifestée par les propriétés purement physiques ; 3° la forme apparaissant dans les combinaisons chimiques ; 4° la forme vitale, avec sa sous-forme psychique ; 5° enfin, la forme inconnue et spéciale, qui s'ajoute aux autres pour produire le mouvement multiforme, varié, compliqué, universel des sociétés. Mais si, comme nous le supposons, cette distinction préalable peut être opérée dans toute espèce de faits sociaux, il devient évident que l'analyse sociale a pour but effectif d'isoler le résidu social ou la forme spécifiquement sociale qui est le véritable et le seul objet des études sociologiques [1].

3° L'exemple cité en dernier lieu manifeste assez clairement la tendance des adhérents de l'analogie réelle à confondre le phénomène, c'est-à-dire l'ensemble objectif des relations qui impressionnent simultanément et d'une certaine façon nos sens, avec la propriété irréductible ou la relation générale, qui est le dernier produit ou le résultat ultime d'une longue série d'analyses, auxquelles l'esprit a dû préalablement soumettre un nombre considérable de phénomènes analogues. Une semblable confusion n'est pas justifiée même par le langage ordinaire, qui donne le nom de phénomène à tout ce qui tombe sous les sens indistinctement, à tout ce qui peut affecter notre sensibilité d'une manière quelconque, soit au physique, soit au moral. Dans cette signification générale, une relation particulière, un attribut particulier peuvent encore être appelés phénomènes ; mais une relation générale ne saurait jamais, et d'aucune manière, tomber immédiatement sous les sens, avoir une existence phénoménale quelconque.

La pluralité et la différence sont les attributs propres au monde réel, objectif. Quant à l'identité, c'est une généralité subjective, une non-existence objective. Elle s'établit inévitablement dans notre esprit, parce que, à côté de divergences sensibles, l'analyse, la décomposition artificielle d'un phénomène quelconque, constate des ressemblances et opère des rapprochements, qu'elle ne peut que rarement rendre sensibles, mais qu'elle s'efforce toujours de rendre compréhensibles. Ces rapprochements entre les parties ou les éléments réels ou fictifs d'un seul et même phénomène dont l'ensemble continue toujours à impressionner nos sens d'une manière qui lui est particulière, conduisent à ce que nous appelons la connaissance démontrée

---

1. Il est curieux de remarquer que ces vues de M. Schæffle, comme beaucoup d'autres opinions sur la philosophie de la science sociale qu'une certaine école d'écrivains oppose journellement aux vues professées par un certain nombre de positivistes, si elles ne sont pas directement empruntées aux écrits d'Auguste Comte, sont du moins, très probablement, formées sous l'influence de quelques-unes de ses idées. Ainsi, la théorie de l'universalité des phénomènes sociaux ne paraît-elle pas être un simple écho de la célèbre vue de Comte sur la prédominance nécessaire et universelle du point de vue sociologique? Comte parle souvent, en propres termes, de la *position encyclopédique* assignée à la sociologie par sa hiérarchie scientifique, et qui fait qu'elle résume l'ensemble des conditions et des relations antérieures, ainsi que « du point de vue susceptible d'une véritable universalité qui appartient à la sociologie », etc. Voyez *Cours*, tome VI, p. 829, 835.

de l'identité de tels ou tels éléments constitutifs d'un phénomène quelconque, ou bien seulement à la présomption de cette
identité. Ce dernier cas est celui de l'analogie; mais il n'y a
que le premier qui donne réellement le droit de former des
catégories subjectives, de ranger certains phénomènes dans le
même ordre scientifique.

Dans chaque science dite relativement supérieure, nous avons
affaire à des phénomènes relativement plus compliqués et que
nous appelons ainsi par cette simple raison qu'ils impressionnent
nos sens comme des agrégats de phénomènes dont les uns se
présentent seuls dans une majorité immense de cas, et les autres
n'apparaissent jamais qu'accompagnés des premiers et liés,
amalgamés, fusionnés avec eux d'une manière qui, expérimentalement, est absolument indissoluble. Le phénomène chimique
pur ou le phénomène vital pur n'ont aucune existence objective,
et ne sont que des signes abstraits au moyen desquels l'esprit
désigne et note la différence ultime entre les impressions sensorielles produites par certains groupes phénoménaux et certains
autres. C'est au groupe lui-même, et nullement au signe abstrait
qui sert à le différencier de tout autre ordre de groupes, que
s'applique l'idée de complication. Et cette idée se résout elle-
même en une simple notion quantitative, d'après laquelle certains groupes sont constamment et uniformément plus grands,
produisent une grande variété d'impressions, tandis que d'autres
sont tout aussi constamment et uniformément plus petits, produisent des impressions de moins en moins variées.

Quant au signe abstrait de la différence expérimentale ultime,
au phénomène chimique pur ou idéal, au phénomène vital pur,
etc., ou, dans une terminologie différente, quant à la propriété
chimique, vitale, sociale, il est évident que tous ces concepts de
l'esprit présentent une simplicité égale et sont, en fait, des
abstractions du même degré. Ces concepts sont formés par l'esprit pour servir de limites à notre connaissance de la nature, limites que nous ne pouvons franchir avec la seule aide
des procédés rigoureux de l'observation et de l'expérience [1].
Les phénonèmes vitaux sont plus compliqués que les phéno-

<hr>

1. La question de la valeur réelle des concepts de l'esprit qui servent de
limites à notre connaissance des choses — limites aussi mobiles et chan-
geantes que cette connaissance elle-même — a été traitée de main de maître par J. Wyrouboff dans un de ses plus remarquables articles, intitulé :
Le certain et le probable, l'absolu et le relatif. (*Philosophie positive*, t. I,
p. 165 et suiv.) Je ne puis mieux faire ici que d'y renvoyer ceux de mes
lecteurs qui voudraient approfondir ce sujet, si digne de la méditation
philosophique.

mènes chimiques, en ce sens que les premiers forment des groupes plus vastes et plus variés de propriétés ou relations perçues par nos sens autrement que ne le sont les groupes analogues formés par les seconds; mais le mystère de la vie est tout aussi simple ou tout aussi compliqué que le mystère de l'affinité chimique.

L'analogie réelle obtient fréquemment des triomphes factices en ne distinguant pas suffisamment deux choses différentes : l'abstraction qui représente la somme des impressions produites sur nos sens par un fait naturel, et l'abstraction qui sert de signe ou de notation aux diverses limites extrêmes de l'expérience. Cette confusion équivaut à une négation partielle ou totale de ces limites, ou du moins elle équivaut à prendre ces dernières pour ce qu'elles ne sont pas, des phénomènes réels qu'on peut analyser, comparer, identifier. Les victoires faciles remportées par ce moyen ne sauraient être durables ; les bornes immuables de l'expérience ne peuvent ni être transposées ni surtout disparaître. On a beau s'efforcer d'en amoindrir le nombre en les identifiant les unes avec les autres, la limite effacée par l'analogie reparaît toujours au cours d'une investigation sérieuse des phénomènes, et ne s'évanouit complètement que quand l'investigateur plonge lui-même dans les eaux profondes et mytérieuses de la connaissance métempirique.

7. *Dépendance de la science supérieure envers l'inférieure. L'analogie non-transcendante. L'analogie et la déduction.* — Toutefois, les sciences supérieures, les sciences des phénomènes compliqués doivent se fonder sur les sciences inférieures, les sciences des phénomènes relativement plus simples; et la dépendance de la science supérieure envers la science inférieure est toujours d'autant plus grande que la différence entre les degrés de complication des phénomènes qui sont étudiés par chacune des deux sciences présente un moindre écart. En d'autres termes, une science supérieure est toujours fondée sur la science qui, dans la classification de nos connaissances d'après le principe de la généralité décroissante et de la complication croissante des phénomènes, la précède immédiatement et résume pour la science supérieure toutes les autres branches de la connaissance de la nature. En conséquence, toute sociologie rationnelle doit être fondée d'une manière immédiate sur la biologie. La raison de ce précepte de philosophie positive est claire.

Un phénomène social ne peut être qu'un phénomène vital avec toutes ses propriétés, auxquelles viennent s'ajouter encore certaines propriétés nouvelles. Mais comme le groupe objectif formé par ces propriétés diverses est en réalité indissoluble, l'artifice qui consiste à séparer les propriétés nouvelles des autres, afin d'en former l'objet d'une étude spéciale, et sans lequel la science ne serait qu'un assemblage incohérent de faits incompréhensibles et inexpliqués, ne peut être fructueux et utile qu'autant qu'on ne perd pas de vue les propriétés déjà étudiées et qu'on se garde de les confondre avec celles qui ne le sont pas ; mais, pour cela, il faut évidemment posséder une connaissance parfaite des premières. Mieux on les connaît, plus on peut espérer arriver à une connaissance exacte des propriétés nouvelles ; ou, dans un certain sens, plus on est bon encyclopédiste, plus aussi on est apte à devenir bon spécialiste.

Les mêmes raisons expliquent pourquoi le cours régulier du développement des sciences ne suit pas un ordre indifférent. L'évolution scientifique peut présenter des cas nombreux d'interdépendance, mais elle ne saurait jamais être, à la longue, et par rapport à des phases parachevées d'évolution, ni simultanée ou contemporaine dans différentes branches du savoir, ni intermittente.

En somme, une science est fondée sur une autre, avant tout et principalement afin de pouvoir distinguer et ne pas confondre entre elles les différentes propriétés de la matière, nullement dans le but de rechercher les nombreuses analogies que ces propriétés peuvent offrir et d'arriver, par ce moyen, à une synthèse générale qui aurait pour terme l'identité parfaite de toutes les propriétés de la matière. Cette synthèse, sinon cette identité, est déjà donnée par la nature, et l'art, qui est ici la science, a précisément pour mission de diminuer, par l'analyse, la confusion naturelle.

On voit que l'analogie transcendante ou réelle est condamnée par le principe même de la dépendance de la science supérieure envers la science qui la précède immédiatement, ou par le principe sur lequel elle prétend surtout s'appuyer. Mais, à côté de l'analogie transcendante, il y a l'analogie qui ne l'est pas et qu'il serait véritablement malheureux et inhabile de confondre avec la première. En effet, l'analogie qui ne dépasse pas les conceptions-limites que nous appelons propriétés irréductibles de la matière et qui ne sont que les termes ultimes de l'expérience fondée sur la sensation, cette sorte d'analogie ne court pas après l'ombre de l'identité fondamentale des phénomènes, et ne laisse pas échapper la proie réelle qui, dans toute science, est la connaissance exacte des rapports de différence aussi bien que des rapports de ressemblance.

La différence fondamentale entre les phénomènes d'ordres

divers gît principalement, comme nous l'avons fait remarquer, dans les propriétés spécifiques et irréductibles de ces phénomènes. Les rapports de ressemblance qui existent entre les phénomènes d'ordres différents et les relient entre eux comme les anneaux successifs d'une immense chaîne naturelle de conditions d'antécédence et de conséquence, se manifestent, au contraire, principalement dans l'ensemble du phénomène considéré comme un groupe de propriétés, dans les formes et les aspects variés présentés par différents groupes, enfin dans le cours du développement ou dans l'évolution de ces formes et de ces groupes. Des analogies nombreuses et frappantes se présentent ici à chaque pas, et il serait puéril et contraire à une saine pratique scientifique de fermer les yeux sur ces analogies et de les rejeter avant de les avoir convenablement vérifiées.

Toute analogie, dûment vérifiée, peut conduire à l'établissement d'un rapport de ressemblance ou d'identité et nous aider, de cette manière, à former des classifications rationnelles; l'analogie peut nous inciter à découvrir des lois particulières et empiriques et nous faciliter cette découverte; enfin, et c'est là son usage le plus précieux, mais aussi le plus restreint et le plus délicat, elle peut nous aider à rattacher les lois particulières ou empiriques des phénomènes à leurs lois générales ou théoriques. Ceci est le plus grand succès auquel puisse prétendre l'analogie ; mais il est aussi facile de voir qu'en le remportant effectivement, l'analogie change de nature, cesse d'être un simple travail de comparaison et devient une opération ratiocinative ou déductive de notre esprit. Jamais l'analogie seule ne pourra suffire à la tâche de déduire des lois empiriques de lois analogues qui relient entre eux des phénomènes appartenant à un domaine scientifique distinct ; elle ne pourra, par exemple, nous être d'aucune utilité dans la déduction des lois sociales des lois plus générales de la biologie, de la chimie, etc. Mais l'analogie dûment vérifiée, en nous aidant à trouver le joint des phénomènes de la même espèce, pourra nous faciliter la déduction des lois sociales particulières de lois sociales plus générales. Dans ces limites, l'office utile de l'analogie a une importance qu'on ne saurait trop priser [1].

1. Malheureusement, ces limites sont constamment méconnues aujourd'hui. L'abus qu'on fait de l'analogie dans plusieurs sciences moins avancées que les autres et les services merveilleux qu'on semble en attendre permet de la comparer à cette baguette divinatoire qui, tournant d'elle-même entre les mains de certaines gens, leur indiquait sûrement l'emplacement des trésors cachés. C'est là le rôle exact de l'analogie entre les mains des « devins » de la science moderne. On peut les croire sur pa-

En essayant de faire connaître la nature fallacieuse de la lumière versée par l'analogie transcendante sur le sujet si obscur encore de l'interdépendance nécessaire des divers domaines de la connaissance, nous avons eu pour but d'écarter de notre route l'obstacle principal qui s'oppose, selon nous, à un examen impartial des rapports qui existent entre la sociologie et les sciences voisines de la biologie et de la psychologie. L'obstacle éloigné, nous poursuivons notre chemin, et nous allons, dans les chapitres suivants, examiner la nature de la double relation dont il s'agit.

role, si l'on veut : il est certain que les hasards de la découverte leur donnent souvent raison. Mais les sceptiques de la science feront tout aussi bien de suivre l'exemple qui leur est donné par les sceptiques parmi les chercheurs d'or : de creuser le terrain scientifique sur lequel l'analogie fait planer des soupçons, comme les mineurs fouillent l'emplacement qui leur est devenu suspect pour une cause quelconque. L'analogie peut couvrir une dissemblance profonde et essentielle aussi bien qu'une ressemblance qui tendrait à se résoudre en un rapport d'identité. L'histoire des sciences est pleine d'exemples de l'une et de l'autre sorte. La règle générale est de ne pas s'arrêter aux apparences, sinon de s'en méfier, mais de comparer les choses en identifiant patiemment et un à un les éléments que fournit leur analyse exacte ; et, après avoir identifié tous leurs éléments réellement communs, de marquer soigneusement chaque fois les différences qui ne peuvent être réduites, les résidus que laissent l'analyse et la comparaison et qu'on ne pourrait identifier entre eux qu'en appelant à l'aide de la science les témérités aussi dangereuses qu'improfitables de la méthode *a priori*.

CHAPITRE IX

DES RAPPORTS DE LA SCIENCE SOCIALE AVEC LA BIOLOGIE

1. *Les sciences du monde inorganique et les sciences de la vie. L'organisme individuel et l'organisme collectif.* — Les sciences du monde inorganique, en étudiant les propriétés les plus générales de la matière, les relations de quantité, le mouvement sous toutes ses formes et les propriétés chimiques, tendent à la connaissance positive du milieu général dans lequel s'opère, et dont l'influence domine constamment, l'évolution de la série organique qui a pour dernier et suprême terme l'humanité, l'objet permanent de nos préoccupations et le but final vers lequel convergent nos efforts scientifiques, esthétiques et pratiques. Les sciences du monde organique tendent, à leur tour, à la connaissance positive de la série organique et de son évolution, et la première place y appartient à l'humanité, qui y est envisagée sous tous les aspects possibles de son existence et de son activité. L'étude du milieu physico-chimique qui se compose de phénomènes indépendants de notre action, sauf quelques modifications secondaires, de phénomènes pour ainsi dire fondamentaux, communs à tous les êtres, et qui peuvent être, en outre, étudiés dans nombre de cas où ils existent isolés de toute complication vitale ou sociale, précède, prépare et rend seule possible la connaissance des conditions d'existence et des lois auxquelles obéit l'évolution des organismes, tant individuels que collectifs, qui se développent spontanément dans le milieu inorganique. Les sciences du monde inorganique forment, par conséquent, la base naturelle, le fondement solide sur lequel s'élève la superstructure des sciences de la nature organique.

Le même rapport de dépendance, la même union intime et

indissoluble se laissent facilement saisir entre les deux branches principales de l'étude du monde organique. Ce que nous appelons organisme individuel et organisme collectif, ne sont que des désignations générales pour les deux grands aspects sous lesquels se reflète nécessairement dans notre conscience la variété infinie de la série objective des êtres vivants. Mais de ces deux aspects, le second ou l'aspect collectif n'est pas autre chose qu'une complication, matérielle et logique à la fois, du premier ou de l'aspect individuel : matérielle, car l'organisme collectif est matériellement composé d'un certain nombre d'organismes individuels, logique, car la notion de l'organisme collectif est dérivée de celle de l'organisme individuel et a pour but exprès de représenter d'une manière générale et abstraite cette simple différence de degré dans la complication réelle des phénomènes correspondants.

Le génie de l'auteur du *Cours de philosophie positive* lui a laissé clairement apercevoir, au milieu des ténèbres qui, à son époque, environnaient la question, cet enchaînement nécessaire de nos connaissances et la double dépendance qui en dérive, des sciences du monde organique envers les sciences de la nature inorganique d'abord, et ensuite des sciences sociales qui étudient le *mode social de l'existence organique* envers les sciences biologiques qui étudient le *mode individuel* de cette existence. Selon les propres expressions de Comte, « l'unité finale de la science humaine se concilie spontanément avec sa décomposition rationnelle en deux classes principales d'études, l'une relative à l'existence organique ou générale et ses trois modes essentiels, d'abord quantitatif, ensuite physique et enfin chimique, et l'autre à l'existence organique ou spéciale avec les deux modes, individuel et social, qui lui sont propres. En considérant l'ensemble de ces deux classes d'études, on voit que la première constitue l'indispensable préambule de la seconde ; de même, si l'on ne considère que cette dernière, on voit que l'étude du mode individuel de l'existence organique y est la préparation nécessaire et la véritable base de l'étude du mode social [1]. »

1. *Cours*, t. VI, p. 789 de la 1ʳᵉ édition. Dans un récent et excellent ouvrage, cette grande conception de Comte quant à l'unité finale de la science est résumée d'une manière fort juste dans sa brièveté ; je ne puis m'empêcher de citer ici ce court passage : « Le particularisme scientifique, dit Espinas (*Des Sociétés animales*, p. 108) est du même coup aboli. Chaque science ayant deux faces, l'une par laquelle elle regarde la science inférieure et subit les conditions objectives que celle-ci lui transmet, l'autre par laquelle elle regarde la science supérieure et se rattache à la destination subjective qu'elle y puise, on voit aussitôt l'ensemble des connaissances humaines converger vers l'homme et la vie sociale comme en

Voici d'ailleurs — je crois qu'il ne sera pas inutile de le rappeler ici — comment Comte concevait, dans la première moitié de ce siècle, la double complication des phénomènes physico-chimiques qui explique, en premier lieu, l'apparition des phénomènes purement biologiques, ensuite celle des phénomènes sociaux, et comment il concevait aussi l'union intime qui existe entre ces deux derniers modes fondamentaux de l'existence organique. Selon lui, « en passant des études inorganiques aux études purement biologiques, on voit, avec une entière évidence, que l'existence matérielle éprouve un nouvel et immense accroissement, très supérieur aux deux degrés essentiels d'extension successive qu'elle avait déjà reçus, » en s'élevant des simples conditions quantitatives à l'état physique, et de là à la nouvelle complication de l'état chimique. Cet accroissement de l'existence matérielle, c'est la vie, c'est la nouvelle activité qui se manifeste par des mouvements continus d'assimilation, de désassimilation et de prolifération moléculaires. Parallèlement à cet accroissement objectif, la science s'enrichit de la notion fondamentale de l'organisme qui était auparavant absorbée par celle du milieu, et qui s'en différencie maintenant et prend l'influence qui convient à sa nature, « par la considération habituelle d'une longue succession de systèmes vitaux de plus en plus complexes, dont l'existence, de plus en plus éminente, modifie toujours davantage l'existence universelle, et devient aussi de plus en plus susceptible de se modifier elle-même, conformément à l'ensemble des exigences extérieures. » On voit par là que la notion de l'organisme se complète à son tour par la notion de la série ou de l'échelle des êtres. Comte juge encore à propos de remarquer à cet égard que, « quoique les idées systématiques d'ordre et d'harmonie aient dû primitivement résulter des études inorganiques, à raison de leur simplicité supérieure, les idées de classement et de hiérarchie, qui en constituent sans doute la plus haute manifestation, ne pouvaient certainement émaner que des études biologiques d'où elles doivent finalement s'étendre aux spéculations sociales qui en avaient originairement fourni le type spontané et qui, en effet, les renverront ultérieurement partout avec une irrésistible énergie. Malgré les immenses lacunes de la biologie actuelle, où la position des diverses questions essentielles est seule aujourd'hui pleinement appréciable, sans qu'aucune d'elles

un centre vivant d'attraction, et former ainsi un seul organisme. A vrai dire, il n'y a qu'une science : la science de l'humanité, dont les autres sciences ne sont que les préliminaires, parce qu'il n'y a qu'un art suprême, la vie sociale, dont tous les autres arts ne sont que les serviteurs. »

soit encore effectivement résolue, nous avons donc pu regarder cette grande science comme ayant déjà pris, au moins chez ses plus éminents interprètes, le vrai caractère général qui convient à sa propre nature : ce qui est pleinement compatible avec l'extrême imperfection des détails dans une étude où, d'après l'intime solidarité du sujet, l'esprit d'ensemble doit essentiellement prévaloir. » Enfin, toujours d'après Comte, et comme la conséquence de ce qui précède : « La notion fondamentale de la spontanéité vitale se développant, à divers degrés déterminés, entre les limites générales correspondantes à l'inévitable accomplissement continu des lois élémentaires de l'existence universelle, est désormais irrévocablement établie dans la science de la vie d'après la grande conception hiérarchique (de la série organique) qui domine l'ensemble des idées biologiques. »

Passant à la sociologie, Comte constate que cette dernière science, « qui est la seule qui puisse être vraiment finale et envers laquelle la biologie ne constitue elle-même qu'un dernier préambule indispensable, » est nécessitée par « l'extrême accroissement fondamental qu'éprouve l'existence réelle en s'élevant de l'organisme individuel à l'organisme collectif. » L'accroissement de l'existence réelle dans ce cas est représenté par le fait de l'association d'organismes individuels, fait qui, dans les phénomènes considérés, développe, à côté des conditions purement biologiques, des conditions entièrement nouvelles, telles que le concours d'éléments matériellement indépendants et surtout la filiation historique, ou l'influence de l'ensemble du passé sur le présent et l'avenir. La complication définitive des phénomènes qui nécessite leur dernière étude séparée, dans la science spéciale de la société, est d'une nature différente de celle de chacune des complications antérieures (complication physique, chimique et biologique) ; mais, comme le dit Comte, « elle n'est pas moins prononcée que celles qui ont déjà été reconnues en passant d'abord du degré mathématique initial au degré physique proprement dit, ensuite de celui-ci au chimique et même enfin du degré chimique au plus simple degré biologique ; elle est d'ailleurs toujours en harmonie avec la généralité décroissante des phénomènes successifs. »

Quant aux rapports qui doivent nécessairement s'établir entre les deux sciences voisines de la biologie et de la sociologie, Auguste Comte se prononce d'une manière assez catégorique, et il est aussi intéressant qu'utile de grouper ici les principales opinions qui ont été exprimées sur cette question par le fondateur de la philosophie positive.

Les rapports qui s'établissent entre deux sciences sont, de

toute nécessité, ou bien des rapports d'union fondés sur des ressemblances essentielles entre les phénomènes étudiés et conduisant à une solidarité étroite des deux sciences et à une certaine communauté qui s'étend de leurs méthodes aux résultats acquis à l'aide de procédés identiques, ou bien des rapports de séparation et de division, fondés sur des différences essentielles entre les phénomènes correspondants, et conduisant à une démarcation sévère des domaines respectifs occupés par les deux sciences, et à une différenciation qui s'étend également des méthodes employées aux résultats définitivement acquis. Du reste, et c'est là la règle générale, ces deux espèces de rapports peuvent s'établir et exister simultanément entre deux sciences immédiatement voisines, se touchant nécessairement par l'une des extrémités de la chaîne ininterrompue de leurs phénomènes et divergeant non moins inévitablement par l'autre extrémité.

Auguste Comte admettait parfaitement cette dualité dans le caractère des rapports qui relient la biologie à la sociologie. Il insistait avec la même énergie de conviction sur l'évidence et la nécessité, tantôt de l'union étroite de ces deux sciences, et tantôt d'une distinction profonde entre leurs domaines. Le lecteur s'en convaincra aisément en parcourant les passages suivants que j'extrais du *Cours de philosophie positive*, et sur lesquels j'appelle toute son attention.

D'après Comte, la distinction scientifique entre l'existence individuelle et l'existence sociale n'est réellement assez prononcée que dans l'espèce humaine. « Malgré cela, dit-il, cette distinction exige, comme je l'ai tant démontré, l'indispensable décomposition de la philosophie organique en deux sciences distinctes, quoique intimement liées, l'une biologique, l'autre sociologique. Mais, quelque importante réaction que la seconde étude doive ultérieurement exercer sur la première, il est sensible que la sociologie doive reposer sur la biologie, afin de connaître l'agent nécessaire des phénomènes qui lui sont propres, après avoir apprécié le milieu où il doit se développer, et avant d'examiner sa marche effective. »

« A tous les degrés de l'échelle sociologique, poursuit Comte, et sous tous les rapports statiques ou dynamiques, la biologie fournit nécessairement sur la nature humaine, autant qu'elle peut être connue par la seule considération de l'individu, des notions fondamentales qui doivent toujours contrôler les indications directes de l'exploration sociologique, et souvent même les rectifier ou les perfectionner. Mais, en outre, dans la partie inférieure de la série, sans descendre d'ailleurs jusqu'à l'état initial, où les déductions biologiques peuvent seules nous guider, il est clair que la biologie, toujours dominée, comme dans tous les cas antérieurs de ce genre, par l'esprit sociologique, doit faire spécialement connaître cette association élémentaire , intermédiaire spontané entre l'existence purement individuelle et l'existence pleinement sociale, qui résulte de l'existence domestique proprement dite, plus ou moins commune à tous les animaux supérieurs, et qui constitue, dans notre espèce, la véritable base primordiale du plus vaste organisme collectif. Toutefois, l'élaboration originale de cette nouvelle science a dû être essentiellement dynamique, en sorte que les lois d'harmonie y ont été presque toujours implicitement considérées parmi les lois de succession, dont l'appréciation distincte pouvait seule constituer aujourd'hui la physique sociale. Aussi sa plus haute connexité scientifique avec la biologie consiste-t-elle maintenant dans la liaison fondamentale, que j'ai établie entre la série sociologique et la série biologique, et qui permet d'envisager philosophiquement la première comme un simple prolongement graduel de la seconde, quoique les termes de l'une soient surtout coexistants et ceux de l'autre surtout successifs. Sauf cette unique différence générale, qui ne saurait interdire l'enchaînement des deux séries, nous avons, en effet, reconnu que le caractère essentiel de l'évolution humaine résulte nécessairement de la prépondérance toujours croissante des mêmes attributs supérieurs qui placent l'homme à la tête de la hiérarchie animale, où ils dirigent aussi l'appréciation rationnelle des principaux degrés d'animalité. On parvient ainsi à concevoir l'immense système organique comme liant réellement la moindre existence végétative à la plus noble existence sociale, par une longue progression intermédiaire de modes d'existence de plus en plus élevés, dont la succession, quoique nécessairement discontinue, n'en est pas moins essentiellement homogène. Enfin, le principe d'un tel enchaînement consistant, au fond, dans la généralité décroissante des phénomènes prépondérants, cette double série organique se rattache spontanément à l'unique série rudimentaire que puisse nous offrir la nature inorganique, où, en effet, les trois degrés principaux , d'abord mathématique ou astronomique, ensuite physique et enfin chimique, propres à l'existence universelle, présentent déjà une succession relative au même principe... Du point de vue de la loi fondamentale de l'évolution humaine (lois des trois états), la sociologie se rattache encore profondément à la biologie, puisque l'état initial de l'humanité y coïncide essentiellement avec celui où leur imperfection organique retient les animaux supérieurs, chez lesquels l'essor spéculatif ne dépasse jamais ce fétichisme primordial, d'où l'homme lui-même n'aurait pu sortir sans l'énergique impulsion du développement collectif. » D'un autre côté, toutefois, « la biologie ne saurait être complètement constituée sans l'intervention prépondérante de la sociologie ; car, tandis que, par son extrémité inférieure, la biologie touche à la science inorganique dans l'étude élémentaire de la vie végétative, elle adhère, par son extrémité supérieure, à la science finale du développement social, dans l'étude transcendante de la vie intellectuelle et morale. Or cette dernière étude, sans laquelle la connaissance biologique de l'homme est radicalement insuffisante, ne saurait être convenablement instituée du seul point de vue individuel, et elle exige l'indispensable considération d'un essor collectif qui, en lui-même, ne saurait être scindé. »

Mais les différences entre le mode individuel et le mode collectif de l'existence organique sont profondes et tout aussi nombreuses pour le moins que les points de contact, et une vigilante distinction entre les domaines scientifiques correspondants est urgente. C'est une tendance fort naturelle et qui est facilement expliquée par les lois générales qui règlent nos opérations mentales et les habitudes de l'esprit, que la tendance des sciences inférieures et comparativement plus simples à envahir le domaine propre des sciences supérieures et comparativement plus compliquées, à dominer ces dernières, et à les représenter, en tout et pour tout, comme de simples annexes, comme de simples dépendances de la science antérieure.

Toutes les sciences ont dû tour à tour combattre cette tendance qui est une simple conséquence de la faiblesse native de notre esprit, aux prises avec les difficultés croissantes d'un monde de phénomènes se compliquant graduellement et se diversifiant à l'infini. Aussi dans l'opinion de Comte, c'est tomber dans une aberration philosophique particulière que de vouloir réduire l'existence physique à la seule existence géométrique (quantitative) et mécanique, et c'est une aberration analogue qui pousse beaucoup d'esprits distingués à ne voir que de simples effets physiques dans les phénomènes chimiques les mieux caractérisés. La chimie même, à l'époque où écrivait Comte, paraissait avoir principalement besoin « d'être judicieusement garantie contre la vicieuse domination de la physique, première source directe de sa positivité rationnelle et à travers laquelle, au reste, s'introduirait dans la chimie l'ascendant mathématique. » Une tendance aussi radicalement contraire au progrès général de la chimie apparaissait à Comte comme « d'autant plus dangereuse qu'elle repose en partie sur l'incontestable affinité des deux sciences fondamentales les plus voisines l'une de l'autre, d'après une irrationnelle exagération de la haute efficacité chimique qui appartient, évidemment, aux diverses actions physiques. »

La même tendance vicieuse reparaît dans la biologie. Selon Comte, dans la science de la vie, « la tendance générale des sciences inférieures à dominer les supérieures, d'après leur antériorité nécessaire, était encore plus puissante qu'envers les deux cas précédents, puisque les phénomènes vitaux sont certainement, en grande partie, mécaniques, physiques et surtout chimiques : ce qu'ils offrent de réellement propre, outre la différence des appareils, est d'abord d'une détermination trop difficile pour ne pas rendre bientôt spécieuse la légitimité d'une semblable domination, d'où semblait alors dépendre l'introduction décisive de l'esprit positif dans ces éminentes spéculations. Mais ce qui a dû le plus aggraver et prolonger cette intime perturbation, c'est que, pour résister à cette énergique impulsion physico-chimique et d'abord même mathématique, réclamant, au nom de la positivité, l'empire de la biologie, les droits de la rationalité, de l'indépendance et de la dignité des études vitales n'ont pu être longtemps soutenus qu'en y maintenant le ténébreux ascendant de l'esprit métaphysique, et même finalement théologique. L'antique régime mental est devenu tellement antipathique·à la raison moderne, que depuis trois siècles nous l'avons vu, à beaucoup d'égards, compromettre de plus en plus tout ce qui reste essentiellement placé sous sa vaine protection, dont la dangereuse persistance donne à la plus indispensable résistance le caractère inévitable d'une vraie rétrogradation, aussi bien dans l'ordre scientifique que dans l'ordre politique, également intéressés désormais à reposer sur une autre base philosophique, propre à concilier spontanément les conditions du progrès et celle de la conservation, qui, à partir des spéculations biologiques, semblent jusqu'ici radicalement incompatibles, tandis qu'elles convergent déjà suffisamment dans la partie préliminaire de la philosophie abstraite. Cette situation contradictoire a dû faire provisoirement accueillir en biologie toutes les conceptions qui paraissaient suffisamment susceptibles d'y détruire enfin, comme dans les sciences inférieures, l'ascendant métaphysique, quelque opposées qu'elles fussent d'ailleurs à la nature effective des phénomènes. »

Dans un autre passage, Comte indique encore une raison, toute pratique celle-là, mais judicieuse au plus haut point, et sur laquelle on ne saurait assez insister en l'appliquant surtout à la sociologie, raison qui, à elle seule, suffirait pour expliquer la prépondérance indue trop souvent exercée par certaines

études inférieures sur certaines études supérieures. Cette raison
consiste dans l'ignorance plus ou moins grande et souvent profonde dans laquelle sont plongés la plupart des biologistes (et
les sociologistes évidemment à un degré plus grand encore) à
l'égard des disciplines antécédentes et inférieures. Il paraît, en
effet, incontestable, comme le remarque Comte, « que les biologistes ne pourront jamais s'affranchir de l'irrationnelle inva-
sion de diverses sciences inorganiques qu'autant qu'ils se les
seront d'abord rendues assez familières pour en incorporer convenablement la judicieuse application simultanée au système de
leurs études propres ; cette irrécusable obligation résulte ici des
mêmes motifs essentiels, devenus seulement plus énergiques, qui
ont déjà imposé aux autres classes de savants de semblables
conditions logiques, comme unique moyen de contenir les em-
piétements abusifs des études inférieures sur les supérieures. »
L'identification des propriétés sociales avec les propriétés vitales
et de celles-ci avec le groupe des propriétés physico-chimiques,
identification qu'une certaine philosophie inscrit avec ostentation
sur son programme, paraît donc être, quant à ses causes effectives mais cachées et quant à ses effets pratiques, avant tout et
surtout un péché d'ignorance.

La série de raisonnements qui vient de passer sous les yeux
du lecteur forme une argumentation générale qui s'applique
à toutes les sciences fondamentales ou abstraites, et dans ce
nombre se trouve, comme nous savons, la sociologie. A l'égard
de cette science, Comte se repose sur la valeur convaincante de
son argumentation générale et ne fait, en réalité, que répéter
cette dernière dans le passage suivant, qui s'applique spécialement à la sociologie et qui sera le dernier que nous citerons
ici : « L'indispensable séparation des deux études organiques
(biologie et sociologie) est caractérisée, dans l'ordre purement
scientifique, d'après l'évidente impossibilité de jamais déduire
les phénomènes successifs de l'évolution sociale, indépendamment de leur propre observation directe, de la seule connaissance des lois individuelles ; car chacun de ces divers degrés de
l'évolution sociale ne peut d'abord être positivement rattaché
qu'au degré immédiatement antérieur, quoique leur ensemble
doive constamment rester, à tous égards, en harmonie fondamentale avec le système des notions biologiques. Nous savons
d'ailleurs que les théories biologiques elles-mêmes ne peuvent
isolément suffire à leur plus haute destination individuelle,
sans l'assistance supérieure des notions sociologiques. Il impor-
tait donc, en constituant la sociologie, de faire convenablement
sentir la nécessité de cette séparation fondamentale, où réside

maintenant, à mon gré, pour les esprits les plus avancés, la principale difficulté, à la fois scientifique et logique, d'une telle constitution, parce que la tendance générale des études inférieures à absorber spontanément les supérieures, en vertu de leur positivité antérieure, et d'après leurs relations naturelles, ne pourrait jamais être plus spécieuse que dans ce cas extrême, où presque aucun des éminents penseurs de notre siècle n'a pu, en effet, éviter cette grande aberration [1]. »

2. *Réflexions générales.* — Ces opinions de l'auteur du *Cours de philosophie positive* sur les rapports de la sociologie avec la biologie forment un exposé succinct et présentent une solution toute prête de la question importante soulevée dans ce chapitre. Cela suffisait déjà pour nous imposer l'obligation de rappeler ici cette solution, à charge de discuter et de réfuter, le cas échéant, les opinions du philosophe au nom duquel s'attache une si haute autorité. Mais nous avions, pour nous arrêter si longtemps sur les vues de Comte à ce sujet, une autre raison encore, qui n'a certainement pas pu échapper au lecteur attentif. Il est apparent, en effet, que ces vues présentent une concordance parfaite avec celles que nous avons développées dans le chapitre consacré aux aberrations propres au mode d'investigation connu sous le nom d'analogie réelle, et qu'elles concourent même à supporter et à fortifier notre théorie fondamentale quant au problème méthodologique de la science sociale. Notre adhésion leur est donc naturellement acquise, et nous aurions pu nous borner à les reproduire ici. Il nous paraît toutefois utile de les faire suivre de quelques réflexions générales et d'y ajouter quelques développements.

Il a été dit souvent et il a été prouvé par un nombre infini d'exemples pris dans tous les ordres de phénomènes, que tout se tient et tout s'enchaîne dans la vie universelle, et que, par conséquent, c'est entreprendre un travail vain et illusoire que de chercher à déterminer des limites tranchées, précises, exactes entre les différents groupes concrets de la nature. Tout se lie et s'enchaîne dans l'ordre naturel — rien de plus vrai; mais cette idée n'est juste que dans certaines limites qu'il est extrêmement dangereux de dépasser. Cette notion, comme toutes nos idées, est essentiellement relative, et lui donner une signification absolue serait la dénaturer et la rendre complètement fausse. L'idée de la liaison intime, de la continuité des phénomènes est entièrement relative à leur manifestation objective et réelle; elle ne saurait être transportée, sans des restrictions spéciales, dans le monde de la pensée subjective, monde idéal et conven-

1. *Cours de philosophie positive*, t. VI, p. 786-838.

tionnel qui est créé par les besoins de la science. Les limites qui entourent cette conception et peuvent seules lui donner un caractère indiscutable de positivité sont très marquées et facilement perceptibles : ce sont les limites qui, pour toutes sortes d'usages, séparent le monde objectif ou réel du monde subjectif ou idéal. Aucune science ne serait possible, si l'on cessait de considérer les faits et les agrégats naturels comme isolés les uns des autres, comme manifestant des propriétés spécifiques, comme appartenant à des ordres différents de phénomènes. Telle est la constitution de notre esprit, que savoir veut dire abstraire, distinguer, spécifier. La science est elle-même un artifice, l'artifice le plus grand et le plus sublime de l'esprit humain, et comme toute création artificielle, elle doit refléter les conditions qui ont facilité et rendu possible son apparition. Sans les divisions de la science, le monde, selon la belle parole de Comte, resterait éternellement pour nous la grande énigme qui frappa de terreur l'enfance humaine et créa les dieux.

Entre la sociologie et la biologie il y a, suivant les uns, les phénomènes psycho-physiques et psychologiques ; selon les autres, les phénomènes de pécorisme ou de grégarisme chez les sauvages et les associations rudimentaires des animaux; entre la biologie et la chimie il y a les phénomènes de nutrition; entre la chimie et la physique, les phénomènes d'attraction moléculaire; enfin entre la physique et la mécanique pure, il y a l'équivalence mécanique des forces physiques : autant de domaines mixtes et neutres, autant d'anneaux qui relient indissolublement les différentes parties de la grande série naturelle. Et partout, dans cette série, les phénomènes les plus compliqués du groupe inférieur ressemblent bien plus, à tous les égards, aux phénomènes les moins compliqués du groupe immédiatement supérieur, qu'aux phénomènes plus simples de la catégorie dans laquelle ils sont scientifiquement rangés. Mais cette variabilité et cette mobilité des limites interscientifiques, cette impossibilité flagrante de les fixer d'une manière précise dans tous les cas sans exception, prouve-t-elle le moins du monde que ces limites n'existent pas réellement, ou même qu'elles soient inutiles à l'accomplissement du but de la science? Et, pour prendre des exemples qui touchent de près à notre sujet, peut-on en conclure, comme le font certains philosophes, que la biologie ne soit qu'une science concrète qui relève directement de la science abstraite de la chimie, et que la sociologie ne soit qu'un chapitre spécial de la biologie et, à proprement parler, qu'une simple annexe de la zoologie? Assurément, rien n'est plus douteux que la validité d'une pareille conclusion.

La division en plusieurs domaines distincts de l'ensemble de nos connaissances sur l'univers et sur ce qui s'y passe n'a nullement pour but ou pour effet de briser l'unité objective des phénomènes, de morceler, pour ainsi dire, la nature et d'en rassembler, dans les différentes sciences, les fragments épars. En théorie comme en fait, cette unité et cette continuité restent intactes. La division de la science est entièrement, et sous quelque aspect qu'on l'envisage, une nécessité psychologique, un postulat subjectif de la connaissance humaine. Certainement, des conditions objectives, qu'il est nécessaire de rechercher, correspondent à l'opération subjective de la division, et cette dernière ne peut être acceptée si elle n'y a égard. Mais c'est une erreur palpable que de reprocher à la division de ne pas être strictement objective, ou de rejeter toute division, en se fondant sur l'impossibilité d'en trouver une qui n'encourût pas ce reproche. Autant vaudrait rejeter toute sorte d'abstractions, parce que l'abstraction ne peut jamais être objective, quoiqu'elle doive toujours correspondre à certaines conditions qui le sont.

L'ensemble des conditions réelles qui correspondent à l'opération subjective de la division des phénomènes naturels en domaines séparés se résume, dans la classification des sciences adoptée par la philosophie positive, en une seule notion générale : la notion de la complexité des phénomènes. Certains groupes ou agrégats réels, comparés d'abord entre eux et ensuite avec d'autres groupes, apparaissent, sous le premier aspect, sensiblement de la même complexité (ou présentant des ressemblances frappantes, une identité relative), et, au second, d'une complexité différente (ou présentant des différences notables, une non-identité relative). Si l'on ne notait que les ressemblances qui éclatent entre tous les groupes naturels, on devrait logiquement arriver à la conception d'une science unique étudiant toute la diversité des phénomènes de la nature ; et si, au contraire, on ne relevait que les différences entre les phénomènes concrets, on devrait logiquement arriver à la conclusion que tout agrégat phénoménal doit former l'objet d'une science spéciale. La seconde erreur, qui n'est que rarement commise par quelques ultra-spécialistes, enthousiastes du détail, n'est pas plus grossière, ni plus nuisible à l'avancement réel de nos connaissances, que la première, dans laquelle tombent si souvent aujourd'hui quelques esprits ultra-généralisateurs, enthousiastes de l'unité absolue des phénomènes [1].

1. Je ne veux pas résister au plaisir de transcrire ici les lignes suivantes, qui se rapportent au même sujet, et que je trouve chez un auteur que

3. *Le principe de l'expérience. Valeur relative de toute classification des sciences.* — Arrivé à ce point, cependant, je me crois obligé de faire une distinction qui me paraît avoir son importance dans le débat que soulève de tous côtés la question de la classification des sciences. J'accepte entièrement la classification des sciences établie par Comte, et je crois, en conséquence, que la biologie et la sociologie sont toutes deux, à titre égal, des sciences abstraites ou fondamentales ; je pense aussi qu'il n'y a pas lieu d'intercaler entre elles quelque autre domaine distinct de la connaissance. Mais je me refuse à voir dans la classification de Comte un principe supérieur de la philosophie positive, un principe qui puisse aller de pair avec le seul principe qui soit propre ou particulier à cette philosophie : le principe de l'expérience. Je n'y puis voir qu'un résultat de ce principe fondamental et, de plus, un résultat strictement limité par les conditions actuelles de notre connaissance des phéno-

j'ai déjà eu l'occasion de citer dans ces pages. « Eblouis par la vive compréhension de l'unité fondamentale des phénomènes, certains penseurs, écrit M. Guarin de Vitry, tendent à méconnaître l'autre aspect du grand problème, à savoir la nécessité de distinguer, spécifier, caractériser chaque ordre de manifestations de la vie. En exagérant l'usage légitime des généralisations, ils répètent, en quelque sorte, l'antique erreur des alchimistes et oublient que, tout en concourant, chacun suivant sa nature, à la grande combinaison du monde, les éléments premiers et les faits primordiaux n'en conservent pas moins indélébilement pour nous leur caractère spécifique et leur individualité. D'autres, et de nos jours ce sont les plus nombreux, tombent dans l'excès contraire. Fatigués des égarements de la métaphysique, déconcertés et découragés par l'effondrement de toutes les constructions de la philosophie, ils se concentrent dans le fait, se confinent même dans l'analyse d'un détail du fait, et consument leur vie dans l'étude d'une coquille, d'une feuille, d'un insecte ou d'une équation. Ceux-là se disent spécialistes et s'attribuent volontiers le monopole de l'esprit positif. Toute généralisation les effraye, et, si vous leur exposez la moindre vue d'ensemble, leur lèvre dédaigneuse laisse tomber ces paroles superbement humbles : « Je ne m'occupe point de philosophie. » Ces gens sont dignes d'estime et même d'encouragement, puisqu'ils remplissent consciencieusement un indispensable office : sans leur patient labeur, la science ne serait pas possible ; mais la conscience de leur valeur ne devrait pas leur faire méconnaître celle des autres, ni oublier que, pour construire les édifices, il faut aussi des architectes..... La science dont le spécialiste cultive un infime détail, n'existerait pas si ses maîtres n'avaient philosophé, c'est-à-dire généralisé : et ses propres recherches, qui représentent tant de pénible travail, resteraient inutiles et sans la moindre valeur, si une succession de généralisateurs ne devait, tôt ou tard, en interpréter les résultats. La faculté de combiner les faits est un don bien plus rare que celle de les discerner, dit Agassiz ; et : Il faut faire de l'étude des généralités une grande spécialité de plus, dit Comte. » (*Considérations sur la constitution de la science sociale*, dans le t. XIV de la *Revue positive*, p. 411.)

mènes. La classification de Comte me semble justifiée par l'expé-
périence du passé et du présent, et par les probabilités très
grandes qui en découlent quant à sa confirmation par l'expérience de l'avenir; mais elle ne me paraît nullement pouvoir
être présentée comme devant nécessairement défier toute correction ou modification ultérieure.

J'ai appelé importante la distinction ci-dessus, et je veux
donner ici, au risque de m'éloigner un peu du sujet de ce chapitre, une illustration de cette importance. Dans un remarquable article, publié dans la *Philosophie positive* et intitulé *De
la philosophie positive*, M. Littré défend une thèse intéressante
s'il en fût, à savoir l'indépendance de la philosophie à laquelle
il appartient des progrès qui peuvent être accomplis dans
l'avenir par les sciences particulières. L'argument principal employé par M. Littré est irréfutable, car il consiste à dire que la
philosophie positive, s'appuyant toujours sur le même principe que les sciences, c'est-à-dire sur l'expérience, ne peut
jamais, à aucune époque, être autre chose que l'expression
générale des résultats, quels qu'ils soient, acquis par les
sciences particulières. Mais je ne puis en dire autant de l'argument auxiliaire employé par M. Littré au courant de la même
discussion, et qui consiste à présenter la hiérarchisation du savoir humain accomplie par Comte comme une sorte de second
principe immuable sur lequel repose et reposera toujours l'édifice de la nouvelle philosophie, ou comme la clef de voûte impérissable, et défiant toutes les possibilités de l'avenir, de cet
édifice. La classification des sciences, telle qu'elle a été établie
par Comte, ne peut être appelée la clef de voûte du système entier de la philosophie positive qu'autant qu'elle sert
d'expression exacte aux résultats généraux obtenus jusqu'ici
par l'ensemble du savoir humain, et cette classification ne
peut être représentée comme un principe immuable qu'autant
qu'on n'aura pas obtenu, dans la même direction, des résultats
différents. Ceux qui, parmi les savants et les philosophes ayant
adopté la méthode positive à l'exclusion de toute autre, n'admettent pas la série scientifique de Comte, présentent le spectacle de penseurs qui, tout en restant positifs quant à la plupart
de leurs conceptions, se laissent aller, dans cette question particulière de la classification des sciences, à une sorte d'intuition
qu'ils condamnent partout ailleurs. Mais, puisque la philosophie
positive n'a qu'un seul principe fondamental, l'expérience, et
que, hors de là, tout, dans le corps des doctrines positives, est
résultat, on ne saurait, sans se placer en contradiction formelle
avec ce principe fondamental, présenter aucun de ces résultats

comme immuable et indépendant des progrès des sciences particulières. La classification des sciences, établie par Comte, n'est évidemment aussi que le résultat extrêmement important d'une expérience plusieurs fois séculaire, qui tend à démontrer l'irréductibilité de certaines propriétés de la matière et, dans leur nombre, des propriétés vitales et sociales. Nier aujourd'hui cette irréductibilité, c'est commettre la grosse faute d'aller à l'encontre de la somme de l'expérience actuelle, pour se laisser guider, à sa place, par une sorte d'intuition, fondée sur des présomptions et des hypothèses qui sont invérifiables, dans l'état présent de la science. Mais c'est encourir le même reproche, c'est se laisser également aller à une intuition, que d'affirmer que l'expérience de l'avenir ne viendra pas, dans tel ou tel cas donné, ou sur tel ou tel point, corriger l'expérience du passé ou du présent.

J'ajoute encore que, si la philosophie positive ne relève que d'un seul principe supérieur, celui de l'expérience, ce principe unique possède toutefois des corollaires, et l'un d'eux nous apprend que l'expérience est impuissante à nous faire pénétrer l'essence des choses. C'est précisément à ce corollaire que se rattache la défense théorique de la classification de Comte, attaquée pour avoir accordé à la biologie et à la sociologie le caractère de sciences abstraites. En effet, affirmer ou supposer, dans l'état actuel de nos connaissances, la réductibilité des propriétés spéciales qui distinguent les phénomènes les plus compliqués, est une intuition qui équivaut à une affirmation gratuite quant à l'essence de ces propriétés, si peu étudiées encore dans la plupart de leurs manifestations. Mais ce corollaire n'implique nullement que, dans un état plus avancé de nos connaissances, ces propriétés spéciales ne puissent être ramenées à des propriétés plus générales ; car, si cela arrivait, leur essence se confondrait avec l'essence de ces dernières et demeurerait encore impénétrable. Le centre de gravité métempirique, si l'on peut s'exprimer ainsi, serait alors déplacé, sans disparaître pour cela. Mais c'est exclusivement à l'expérience de l'avenir qu'il appartient d'opérer un pareil déplacement, nullement à l'intuition ou à l'hypothèse du présent, comme semblent le croire lès adversaires de la classification de Comte. Je ne nie pas que l'hypothèse ne soit souvent, du moins dans la science particulière, la route la plus courte pour arriver à une expérience décisive, et le moyen le plus efficace pour forcer la nature à nous dévoiler ses mystères ; toutefois, cet office si utile ne peut être rempli par l'hypothèse qu'à la condition que cette dernière contienne quelques termes, au moins, qui soient immédiatement vérifiables. Mais aucun des termes de l'hypothèse fondamentale à laquelle ont recours les adversaires de la classification de Comte n'est susceptible d'une vérification immédiate; et ce trait seul suffirait à démontrer le caractère profondément irrationnel de cette hypothèse.

4. *Facteurs différentiels. La déduction en sociologie.* — Deux autres ordres de considérations peuvent encore servir à éclairer la véritable nature des rapports qui unissent entre elles les sciences voisines de la biologie et de la sociologie. Ces considérations se rattachent : en premier lieu, à l'examen des conditions nouvelles, des facteurs jusque-là inconnus, qui interviennent dans les phénomènes sociaux et les différencient fondamentalement des phénomènes strictement vitaux ; en second lieu, à la démonstration de l'impossibilité effective de déduire les conditions et les lois sociales des conditions et des lois individuelles ou purement vitales. Je passe maintenant à l'exposition de ces deux ordres de considérations, qui termineront ce chapitre.

5. *Association. Évolution. L'explication biologique et l'explication psychologique des phénomènes sociaux.* — Les travaux de la biologie moderne expliquent l'apparition des phénomènes vitaux par l'intervention, au milieu des phénomènes purement chimiques, de certaines influences ou facteurs nouveaux, tels que la structure des corps vivants et les propriétés assimilatrices, désassimilatrices et prolifères de la cellule, ou plutôt de l'élément anatomique. La sociologie est une science trop récente et trop peu avancée encore pour qu'on puisse raisonnablement lui demander une démonstration des propriétés sociales ayant un caractère d'exactitude et de réalité tant soit peu comparable à celui que possèdent aujourd'hui les expériences correspondantes en biologie. La sociologie actuelle ne peut, tout au plus, que fournir quelques indications générales et assez vagues de leur nature sur les caractères les plus importants, les propriétés ou les conditions spécifiques les plus essentielles, qui séparent les phénomènes de la vie des phénomènes de la société. Mais ces indications suffisent pour diriger rationnellement, dès aujourd'hui, les recherches ultérieures.

Le fait fondamental de la sociologie est l'association, l'ensemble des liens matériels et moraux qui se forment spontanément, dans certaines conditions, entre des groupes déterminés d'êtres vivants, d'existences individuelles ou biologiques. Au point de vue statique, c'est l'association telle qu'elle, l'association dans l'espace ; au point de vue dynamique, c'est l'association dans le temps, l'association historique qui naît, croît, se transforme , subit toute une série de changements ou de mutations inévitables, les unes progressives et conduisant à un accroissement de science, de pouvoir sur la nature et de bien-être général, les autres rétrogrades et conduisant à une diminution de force et de puissance, et la plupart se produisant au moyen d'oscillations plus ou moins régulières. En d'autres termes, au point de vue dynamique, qui est le plus important, sans comparaison, dans tout le champ des investigations sociologiques, c'est l'évolution sociale qui est le fait fondamental de la nouvelle science [1]. Laissant donc temporairement de côté le point de vue statique qui est secondaire, la question se trouve naturellement posée en ces termes : en quoi, ou par quels caractères qui lui sont propres, l'évolution sociale se distingue-t-elle de l'évolution biologique ?

La démarcation entre la biologie et la sociologie se présente, au premier aspect, comme un fait essentiellement empirique ; c'est-à-dire que cette démarcation serait un fait uniquement fondé sur l'impossibilité de construire la sociologie avec les matériaux exclusivement fournis par la science voisine et antérieure, la biologie. On s'est efforcé avant tout — et c'est dans la logique des choses — d'expliquer l'ensemble et les circonvolutions variées, les mille lignes brisées et se croisant en tous sens de l'évolution des sociétés à l'aide de grandes généralisations puisées dans le domaine biologique. Ces efforts ont produit un résultat curieux et inattendu. On réussissait, et d'une manière relativement assez facile, à expliquer la moitié, les trois quarts, les neuf-dixièmes de la totalité d'un phénomène social donné, mais on n'arrivait jamais à son entière explication, à sa résolution parfaite. Un résidu inexpliqué restait toujours, jetant son ombre sur les constructions et les déductions les plus ingénieuses, empêchant, par ce côté obscur, la compréhension du phénomène total et ne laissant ni trêve ni repos à l'esprit scientifique, qu'il incitait sans cesse à chercher et s'ouvrir des voies nouvelles. Il y a plus : bien des esprits comprenaient déjà que les demi-succès remportés dans le domaine de la science sociale à l'aide des théories biologiques n'avaient, pour la plupart, qu'une valeur négative et souvent même ressemblaient

---

1. En effet, comme le dit M. Littré, « si l'évolution ne se produisait pas, si l'association humaine ne dépassait pas ce degré qui appartient aux sociétés animales ou même, si l'on veut, aux tribus sauvages, il n'y aurait pas de science sociologique, aussi bien parce que ce premier rudiment ne dépasserait pas la valeur d'un fait biologique que parce que nulle intelligence ne serait là pour l'observer, l'intelligence humaine n'étant devenue apte à la science sociologique, comme du reste à toutes les sciences, que par l'évolution elle-même. » (*La science au point de vue philosophique,* p. 352.)

beaucoup à des défaites. Ces esprits, en effet, se rendaient clairement compte des conséquences naturelles qui devaient découler de cette condition essentielle de tout phénomène social, d'après laquelle la majeure partie, quantitativement parlant, des propriétés, activités ou attributs qu'un agrégat, événement ou fait social quelconque manifestent, appartient toujours à l'ordre biologique. En toute justice, je dois pourtant ajouter que, si les explications biologiques des faits sociaux équivalent à autant de défaites, en ce qui concerne la controverse philosophique soulevée par les prétentions de la biologie à régner en souveraine dans le domaine de la science sociale, ces mêmes explications, dûment limitées et commentées, représentent certainement des victoires scientifiques, des acquisitions précieuses, quant au corps de doctrine lui-même, quant aux théories dont la science sociale est formée. C'est dans ces explications qu'éclate, avec le plus d'évidence, la subordination naturelle de la sociologie à la biologie, et ce sont aussi ces explications biologiques qui fournissent le premier fondement à la positivité des théories réellement sociales.

Toutes les grandes généralisations et les théories les plus compréhensives de la biologie ont été, tour à tour, appliquées au développement sociologique. La série ou la succession des âges, la série hiérarchique ou l'échelle des organismes et son interprétation rationnelle par la permutation gràduelle des espèces qui s'opère elle-même au moyen de la sélection et du combat pour la vie entre les êtres plus ou moins bien organisés, enfin l'exercice et l'hérédité qui fixent les progrès acquis dans les races, tout cela a été maintes fois invoqué pour expliquer le principe caché et arriver à la connaissance de la loi supérieure des changements graduels dont la succession et l'enchaînement forment ce qu'on appelle l'évolution sociale [1]. Mais, si spécieuses qu'elles aient été, ces explications, puisées entièrement dans le domaine biologique, ont toujours été radicalement insuffisantes à remplir la tâche qu'on leur imposait. Elles retenaient nécessairement l'esprit dans la sphère biologique ou extérieure, et l'empêchaient

1. Comte lui-même ne dédaigne pas les explications biologiques. Voyez son *Cours*, t. IV, p. 368-467 de la 1ʳᵉ édition, et, par exemple, les passages suivants : « Cette grande notion de la série sociale retrouve, soit pour la science ou même pour la seule méthode, son véritable équivalent en biologie, non dans l'analyse des âges, mais uniquement dans la conception de la série organique fondamentale. » — « La succession nécessaire des divers états sociaux correspond exactement, sous le point de vue scientifique, à la coordination graduelle des divers organismes, eu égard à la différence des deux sciences : la série sociale, convenablement établie, ne saurait être, certes, ni moins réelle, ni moins utile que la série orga-

de pénétrer dans le cercle concentrique intérieur ou sociologique. C'était, pour ainsi dire, une lumière qu'on approchait et
promenait tout autour des *ima fundamenta*, des bases profondes
de l'édifice de la sociologie, mais cette lumière n'aidait guère à
éclairer les étages supérieurs et l'intérieur même de l'édifice,
qui restaient plongés dans une obscurité profonde.

Les associations plus ou moins merveilleuses de certains animaux inférieurs, associations qui ne constituent pas, selon
l'expression de Spencer, la combinaison vraiment sociale ou
hyperorganique, et qui ne manifestent probablement que de
simples actions réflexes, résultant d'une série très limitée 'd'expériences passées à l'état d'instinct et consolidées par une longue
transmission héréditaire ; les phénomènes de pécorisme ou grégarisme chez les animaux en troupe et chez l'homme sauvage
des cavernes et forêts primitives ; enfin, même les quelques rudiments épars de progrès que présentent les sociétés des animaux
supérieurs et les premières tribus humaines, tout cela était,
jusqu'à un certain point, susceptible d'une explication purement biologique. Mais aussi, tant que les choses demeurent en
cet état, la sociologie n'est-elle, en réalité, qu'une simple annexe
de la biologie, qu'un corps de faits et de théories exclusivement
et éminemment préparatoires, qui se distingue à peine de l'anthropologie proprement dite, s'arrête net au seuil même de la
véritable sociologie, et est souvent désigné aujourd'hui sous le
nom de pré-sociologie.

Un moment arrive pourtant, quand du sein des combinaisons
organiques surgit enfin la combinaison hyperorganique ou
véritablement sociale. Alors s'accomplit le processus important
dépeint par M. Littré : « Peu à peu, les rudiments de progrès
se compliquent ; les villes se fondent, les métiers surgissent,
les Etats se gouvernent, les religions interviennent, la poésie
et les arts naissent, les sciences pointent, les régimes sociaux
se succèdent. » Et alors aussi, « dans cette immense évolution,
il n'est plus possible de suivre les facteurs si apparents au commencement ; désormais ils descendent à leur rôle véritable, qui

nique ». — « Quant à une certaine amélioration graduelle et fort lente de la
nature humaine, entre des limites très étroites mais ultérieurement appré-
ciables, quoique peu connues jusqu'à présent, il me semble rationnellement impossible, du point de vue de la vraie philosophie biologique, de
ne point admettre ici, jusqu'à un certain degré, le principe irrécusable de
l'illustre Lamarck, malgré ses immenses et évidentes exagérations, sur
l'influence nécessaire d'un exercice homogène et continu pour produire,
dans tout organisme animal et surtout chez l'homme, un perfectionne-
ment organique susceptible d'être graduellement fixé dans la race, après
une persistance suffisamment prolongée. »

est de servir d'auxiliaires biologiques au mouvement sociologique [1]. » En d'autres termes, il devient apparent que l'évolution sociologique ne peut pas être confondue avec l'évolution biologique ; qu'elle a des caractères qui lui sont propres ; que ces caractères ne sauraient être déduits des conditions biologiques, et enfin qu'il faut, de toute nécessité, chercher les conditions essentielles de l'évolution sociale dans les phénomènes sociaux eux-mêmes, au moyen d'une observation directe de ces derniers. Dès lors, la démarcation entre la biologie et la sociologie, simplement empirique ou fondée sur l'impossibilité, directement et suffisamment prouvée par l'expérience, de construire la sociologie avec l'aide seule des matériaux appartenant à la biologie, tend à devenir rationnelle, c'est-à-dire à être fondée sur un fait primitif de sociologie. Quel est donc ce premier fait différentiel, cette condition primordiale et immédiate de toute évolution sociologique ?

On a souvent tâché de répondre à cette question capitale, on a souvent essayé d'indiquer, au moins d'une manière générale et telle que pouvait le permettre l'état d'enfance dans lequel se trouve actuellement la science sociale, les premiers vestiges vraiment essentiels de l'activité spontanée qui se développe au sein du mode collectif de l'existence organique. Je laisse, bien entendu, de côté les divagations, à ce sujet, de certains écrivains, imbus de l'esprit métaphysique au point d'imaginer des entités, des forces sociales mystérieuses qui dirigent et animent les organismes sociaux. Cette erreur palpable ne peut plus même, en sociologie, réclamer le bénéfice des circonstances atténuantes qu'on ne saurait refuser à l'erreur analogue en biologie, aux systèmes de l'animisme et du vitalisme, qui de leur temps ont puissamment servi à réagir contre les tendances envahissantes de la physique et de la chimie à l'égard de la science de la vie. Aujourd'hui, la biologie n'est pas moins ambitieuse que ses devancières et prend à son tour des allures conquérantes vis-à-vis de la science immédiatement plus jeune. Mais l'esprit positif a poussé des racines trop profondes pour qu'on puisse songer un seul instant à recourir à l'alliance compromettante de l'antique régime mental, selon une expression de Comte. Laissant donc entièrement de côté ces divagations qu'on ne rencontre malheureusement que trop souvent et qui déparent des écrits excellents à d'autres égards, je me bornerai à rappeler quelques-unes des principales tentatives qui ont eu pour objet de fonder la séparation entre les domaines contigus

---

1. E. Littré, *La science au point de vue philosophique*, p. 367.

des deux branches de l'étude du monde organique sur un fait observable, certain, capable d'être précisé et détaillé et qui, en outre, dépasserait manifestement la compétence de la biologie, en un mot sur un fait qui serait un fait primordial de sociologie, comme le double mouvement d'assimilation et de désassimilation et les phénomènes de prolifération sont des faits primordiaux de biologie.

Le cours le plus naturel à suivre, car il présentait le moins de difficultés apparentes, était d'aller droit aux phénomènes qui jouent, sans conteste, le rôle le plus important dans les événements et les faits sociaux, envisagés sous leur aspect concret, et dans l'évolution sociale considérée sous toutes ses faces, — je veux parler des phénomènes psychiques. Aussi cette direction a-t-elle été prise fort tôt par la majorité des esprits qui se sont préoccupés d'une solution positive du problème en question. C'est une opinion très répandue aujourd'hui, celle qui voit dans l'élément psychique le véritable *quid proprium* de la science sociale. Mais cette vue de la question a un défaut capital. Elle est fondée sur la supposition que l'élément psychique (les facultés intellectuelles et affectives) est un fait d'un ordre différent du reste des phénomènes biologiques, une complication nouvelle et supérieure de la matière, et elle conduit naturellement à faire de la psychologie une science particulière et nouvelle qui occupe une place intermédiaire, mais indépendante, entre la biologie d'un côté et la sociologie de l'autre. Dans cette vue, du reste, la sociologie, ne se différenciant de la biologie que par la prédominance qu'y reçoit l'élément psychique, c'est-à-dire l'objet d'une science particulière, ne peut évidemment prétendre qu'au rôle de simple annexe de cette dernière. Mais, je le répète, l'explication psychologique contient un défaut qui réduit à quelque chose de fort insignifiant la valeur que, sans cela, on serait obligé de lui reconnaître. En effet, cette explication n'échappe à une difficulté très grande qu'en en faisant naître une autre d'un caractère peut-être encore plus sérieux. Elle évite la supposition gratuite de forces mystérieuses qui agitent et meuvent les sociétés pour échouer misérablement sur un écueil non moins dangereux, car rien n'est si peu prouvé jusqu'à présent que la supposition sur laquelle cette vue se fonde exclusivement et qui concerne la nature intime des phénomènes psychiques.

L'explication psychologique est formée d'après le type le plus pur du raisonnement *à priori*, ou strictement déductif, qui est si souvent employé dans les investigations ayant pour but la connaissance des lois qui régissent les phénomènes sociaux. De

la masse inouïe des faits psychiques qui se passent journellement au sein de chaque société méritant ce nom, masse qui
forme, sans conteste, une majorité écrasante parmi les phénomènes divers qui concourent à la formation du moindre fait
social; de la prépondérance manifeste des causes ayant une origine psychique dans les milliers de cas de composition de
causes, où des forces de nature différente, les unes purement
matérielles, les autres intellectuelles et morales ou présentant
un alliage considérable de l'élément psychique, sont à l'œuvre
pour produire un résultat social compliqué; de l'importance et
de la supériorité, enfin, du facteur psychique, supériorité réelle
en partie et en partie exagérée et grossie par l'esprit humain qui
ne saurait concevoir rien de plus noble et de plus digne d'admiration que les facultés qui le différencient du reste des êtres organisés, — de toutes ces prémisses il n'y a, logiquement, qu'une
conclusion à tirer; et cette conclusion tendra nécessairement à
représenter l'élément psychique comme la *causa causans*, la
cause efficiente suprême de la variété infinie des phénomènes
sociaux et le point central et unique autour duquel gravite finalement l'histoire et se déroule majestueusement l'évolution du
genre humain.

Cependant, malgré les garanties logiques qu'elle semble offrir,
une pareille conclusion est loin de représenter exactement la réalité des choses. Un moyen facile de s'en convaincre consiste à
appliquer la même suite de raisonnements à tout ordre de
phénomènes étudiés par des sciences ayant définitivement
chassé de leur domaine l'*à priori* et rigoureusement subordonné la ratiocination de la phase primitive à l'observation
directe et à l'expérimentation de la période de maturité. En
effet, en chimie, par exemple, de la considération de la masse
énorme d'activité purement physique qui est manifestée dans
les moindres phénomènes de combinaison ou de décomposition
et qui exerce une influence souvent visiblement prépondérante
sur les réactions multiples des différentes substances, on pourrait finalement déduire que la cause efficiente des phénomènes
chimiques gît tout entière dans les propriétés physiques des
molécules subitement rapprochées dans des conditions déterminées. Et, en vérité, beaucoup d'esprits parmi les plus portés
à raisonner rigoureusement sont déjà arrivés, par rapport aux
phénomènes chimiques, à une conclusion analogue, sans se
douter le moins du monde du caractère profondément illusoire
d'une pareille déduction. De même encore, en biologie, on pourrait, et logiquement on devrait même, tirer de l'importance sans
égale des processus chimiques dans l'ensemble des manifesta-

tions organiques cette conclusion, que l'affinité chimique est la seule cause réelle dont l'action mystérieuse produit, soutient et termine l'agencement vital dans tous les êtres. L'explication déductive ou psychologique des phénomènes sociaux offre donc une preuve nouvelle de l'impuissance radicale de la déduction pure et simple à dévider l'écheveau embrouillé des phénomènes les plus compliqués; c'est là même une occasion, unique en son genre, de se pénétrer de la justesse parfaite de cet axiome de philosophie, d'après lequel rien ne saurait, en définitive, dans l'explication de la nature, suppléer l'expérience et l'observation directe des phénomènes.

6. *L'explication sociologique. La filiation historique.* — Dans la recherche des conditions essentielles qui différencient l'objet propre des études biologiques de l'objet spécifique des analyses sociologiques, on a également eu recours à cette dernière voie, — l'observation directe des phénomènes. Les résultats obtenus n'ont pas manqué de présenter un caractère complètement différent. Un trait mérite surtout d'être remarqué. Tandis que l'explication psychologique communiquait, pour ainsi dire, son propre caractère fondamental à toute la science sociale, qui, par le fait seul de l'admission de cette hypothèse, devenait nécessairement elle-même une science profondément déductive, l'explication rivale, fondée sur l'observation immédiate des faits historiques, laissait à la science sociale son caractère de science strictement descriptive, de science d'observation directe. L'explication dont nous parlons est due à Comte ; mais avant et après lui quelques autres auteurs, suffisamment pénétrés de l'esprit positif, sont parvenus, en toute indépendance, comme je crois, à des résultats approchants ou identiques.

Dans la masse des phénomènes variés qui s'entrecroisent et réagissent entre eux pour produire un mouvement social quelconque, deux ordres de faits sont relevés et marqués avec soin par cette explication qui est une véritable induction, et que j'appellerai l'explication *sociologique*, par opposition à la précédente qui est psychologique. Incomparablement moins apparents que les phénomènes psychiques, et paraissant, à première vue, ne posséder qu'une signification relativement restreinte et secondaire, ces faits devaient être connus d'une manière grossière et empirique, et l'étaient en effet, bien avant qu'on ne se fût avisé du rôle considérable que l'un d'eux, au moins, joue dans l'évolution des sociétés. Ces deux ordres de faits sont : le concours, dans tous les phénomènes sociaux, d'éléments entièrement indépendants (tandis que dans les phénomènes biologiques et psychologiques il y a concours d'éléments matériellement

connexes et étroitement liés entre eux), et la filiation historique,
ou l'influence de l'ensemble du passé sur le présent et l'avenir.

L'explication sociologique des phénomènes sociaux consiste à
voir, dans ces deux ordres de faits, des conditions entièrement
nouvelles et inconnues au mode individuel de l'existence organique, en d'autres termes, des faits sociaux primitifs qui différencient les organismes individuels des organismes collectifs. Ces
faits, quoiqu'ayant, comme tout autre phénomène social, des
racines biologiques, ne peuvent cependant être déduits directement de la connaissance des lois auxquelles obéissent les phénomènes purement vitaux et les manifestations exclusivement
psychiques.

De ces deux conditions différentielles de tout phénomène
social, la seconde seule présente indéniablement, à mon avis,
un caractère spécifique assez prononcé pour qu'on puisse la
considérer comme un fait primitif de sociologie. En effet, l'indépendance des éléments qui concourent à la production des
phénomènes sociaux ne peut signifier, à proprement parler,
que leur dépendance relativement moindre, quand on compare leur action et surtout leur position mutuelle dans l'espace à l'action et à la position des éléments qui entrent dans
la composition des organismes dits individuels et produisent les
phénomènes de la vie et de la pensée ; de sorte que nous n'avons
affaire ici qu'à une simple différence de degré. Mais il serait
probablement dangereux d'attacher à cette différence un trop
grand poids ou d'exagérer sa valeur, du moins avant qu'on ait
pu vérifier si cette différence n'est pas, en grande partie, apparente seulement. La notion d'agents indépendants, qui cependant concourent à produire une suite quelconque d'effets com-
binés, de même que la notion corrélative d'une action à distance
exercée par un corps sur un autre, sont des conceptions de l'esprit qui, tout porte à le croire, lui ont été suggérées par une
expérience hâtive et superficielle, ou une observation incomplète
des choses. Il est nécessaire de se mettre en garde contre de pareilles illusions de la vue mentale, comme il est nécessaire de
corriger les illusions multiples de la vue physique, et l'induction qui érige en fait primitif de sociologie le concours, dans les
phénomènes sociaux, d'éléments prétendus indépendants, nous
parait ne pas avoir assez tenu compte de la facilité avec
laquelle l'esprit prend des illusions, même d'origine empirique,
pour des réalités observées. Quant à la seconde condition
essentielle qui différencie les phénomènes sociaux des phénomènes biologiques, condition qui est particulièrement relevée
par l'induction en question et est caractérisée par Comte

« comme le phénomène principal de la sociologie, celui qui établit avec la plus haute évidence son originalité scientifique », en un mot, la condition ou le fait « de l'influence graduelle et continue des générations humaines les unes sur les autres », — nous n'avons rien à y objecter, et nous croyons qu'il est utile de l'accepter dès aujourd'hui, sinon à un titre définitif, du moins à un titre provisoire, comme un fait primitif de sociologie qui joue, dans cette science, un rôle analogue à celui qui appartient, par exemple, au double mouvement d'assimilation et de désassimilation en biologie.

Il me paraît difficile de ne pas reconnaître la valeur scientifique de la notion qui correspond à ce fait; mais il me paraît en même temps impossible de ne pas apercevoir que cette valeur est singulièrement diminuée par le manque de précision dans les termes, par le caractère vague et indéterminé des formules qui sont ordinairement employées pour exprimer l'ensemble des faits qui donnent naissance à la notion de la filiation historique. Des expressions comme « l'influence graduelle des générations les unes sur les autres » et même la formule plus compréhensive et, par cela même, un peu plus exacte, selon laquelle il s'agirait de l'influence « de l'ensemble du passé sur le présent et l'avenir », — ne précisent pas assez le caractère réel et laissent encore à rechercher le mode spécial de l'influence en question.

Une recherche de ce genre a été, d'ailleurs, entreprise et, croyons-nous, menée à bonne fin par un disciple de Comte, M. Littré. Le développement que M. Littré a apporté à la conception de Comte concernant « le phénomène principal de la sociologie » nous paraît rendre cette conception tout à fait acceptable, du moins dans l'état actuel de la science. En conséquence, nous ne pensons pouvoir mieux faire, pour clore la partie de ce chapitre se rapportant à la discussion des facteurs nouveaux qui différencient la sociologie de la biologie, que de reproduire ici les passages les plus essentiels du travail de M. Littré se référant à la détermination du mode effectif de l'influence qui prédomine en sociologie et qui a été signalée par Comte et quelques autres.

Selon M. Littré, « la condition fondamentale qui produit l'évolution du genre humain est *la faculté qu'ont les sociétés de créer des ensembles de choses qui peuvent et qui doivent être apprises*. La tradition, les monuments et l'écriture sont les serviteurs indispensables de cette faculté; c'est là qu'elle s'incarne. » Dans ces paroles, le mode effectif de l'influence que l'ensemble du passé exerce sur le présent et l'avenir est décrit comme une accumulation, une préservation et une transmission des résultats inorganiques ou proprement matériels, et organiques ou biologiques et surtout psychiques, qui sont le produit spontané de toute association dans l'espace et principalement dans le temps. Or toute association veut dire combinaison d'actions et de réactions entre une somme quelconque d'organismes individuels.

« Pour se représenter ce phénomène, explique plus loin M. Littré, il suffit de passer en revue, dans leur ordre hiérarchique, les quatre grands domaines qui embrassent toute notre activité. D'abord, dans le domaine des besoins, l'homme crée des outils, des armes, des métiers, des abris contre l'intempérie des saisons, des tissus pour se garantir et se parer ; plus tout cela s'accroît et se complique, plus il faut que chaque génération l'enseigne à la suivante ; toute l'industrie première naît ainsi et se fortifie ; il n'est pas besoin de la poursuivre plus loin. Le second domaine embrasse les rapports de l'homme avec la famille et la société, et les rapports de l'homme avec les puissances naturelles sous la domination desquelles il est placé ; les premiers engendrent le gouvernement domestique et celui de la tribu, de la cité, de la nation ; les seconds engendrent les religions ou l'idée d'un certain régime de l'univers ; on sait avec quel soin les institutions politiques et religieuses furent conservées et transmises ; et l'on voit quel immense accroissement reçoit par là le fonds commun. Le troisième domaine, celui de la poésie et des beaux-arts, offre le même spectacle ; il s'y forme à la fois des procédés et des modèles ; il faut savoir les procédés et il faut étudier les modèles ; ainsi s'établit la tradition du beau. Enfin le domaine le plus récent, celui du savoir abstrait, complète cette série et constitue le dernier membre des choses qui peuvent et doivent être apprises. »

« La création d'un fonds commun de choses à apprendre est purement sociologique... A cette création est corrélatif un enseignement d'abord instinctif et inconscient, puis déterminé et conscient, qui ne s'est jamais interrompu. C'est la société seule qui crée ce qui doit être appris et qui oblige à apprendre ce qui est ainsi créé. »

Après avoir rappelé ensuite que Comte attachait une grande valeur philosophique à la conception de la série historique et lui avoir pleinement donné raison sur ce point, M. Littré poursuit : « Cette série est, chez Comte, expérimentale en partie : celle-là il la reçoit de l'histoire ; rationnelle en partie, celle-là il la forme en prolongeant les civilisations que donne l'histoire et en y ajoutant, comme échelon antérieur, la sauvagerie et le fétichisme. » M. Littré croit ce procédé légitime, et, profitant des acquisitions récentes, il ajoute seulement à la série de Comte la notion terminale, pour ainsi dire, de l'homme biologique, cet ancêtre immédiat de l'homme préhistorique des cavernes et des outils en pierre et en os ; il reconstruit par la pensée l'état « où cet être n'avait encore aucune acquisition transmissible et ne possédait que ce que la nature lui avait départi ; c'est là le premier degré, celui d'où part l'évolution. » Dans la même suite d'idées, M. Littré saisit l'occasion qui s'offre de comparer le procédé biologique et le procédé sociologique, pour le perfectionement d'une race. « Le procédé biologique, dit-il, consiste, comme on sait, dans la sélection. L'éleveur choisit des mâles et des femelles doués de certaines qualités qu'il recherche ; aux produits qu'il obtient il interdit semblablement les accouplements vulgaires ; et, par un soin analogue suffisamment prolongé, il fixe, grâce à l'hérédité, les qualités voulues dans la race artificielle qu'il a formée [1]. Voilà le procédé biologique ; mais, sans compter que pour l'espèce humaine il n'y avait point d'éleveur qui fît la sélection, cette sélection, si on la supposait, que donnerait-elle ? Elle produirait des races douées de certaines aptitudes physiques ou morales déterminées, mais elle ne produirait rien de ce qui fait l'évolution ; tout au plus rendrait-elle plus propre à l'évolution quand l'évolution se manifesterait (il est question de l'évolution sociale). Le procédé sociologique, justement parce qu'il n'est pas biologique, n'a rien de commun avec la sélection. Créer ce qui doit s'apprendre est son office, et rien dans la biologie ne peut le suppléer. Aussi, en vertu des propriétés inhérentes aux sociétés humaines, s'est-il organisé de lui-même et a-t-il opéré les grands changements qui signalent l'histoire. Les sociétés sont stationnaires quand la somme de ce qui doit être appris reste la même ; elles rétrogradent quand cette somme diminue ; elles avancent quand cette somme grossit. »

M. Littré conclut en essayant de déterminer la part qui, dans l'évolution sociale, affère à l'exercice produisant une amélioration et à l'hérédité la fixant. « Ni l'exercice, ni l'hérédité, dit-il, ne peuvent soit créer le mouvement d'évolution, soit lui donner une direction qui marche toujours en un même sens. Mais, quand une fois l'évolution est commencée, et à mesure

---

1. Nous devons remarquer, à ce propos, que la nature agit de même dans la sélection naturelle ; seulement, l'exclusion des accouplements vulgaires n'est jamais aussi stricte et est produite, non par une volonté individuelle et les misérables moyens de coercition auxquels elle peut avoir recours, mais par un concours de causes naturelles et de forces coercitives d'un caractère bien autrement puissant.

qu'elle se déroule, l'exercice qu'elle provoque améliore les organes qui y servent, et l'hérédité intervient pour fixer dans les races les aptitudes dérivées que je nommerai des aptitudes de civilisation. Ainsi se trouve marqué le rôle important, mais secondaire, que la biologie joue dans le fait fondamental de la sociologie [1]. »

7. *Capacité déductive de la sociologie. La déduction interscientifique. Conclusion.* — Je passe maintenant à la considération des difficultés inhérentes à l'emploi,. dans la science sociale, d'une certaine catégorie de procédés déductifs d'investigation. J'appelle capacité déductive d'une science son aptitude plus ou moins grande à s'enrichir de découvertes, à former des théories, en un mot à croître et à se développer, selon un mode strictement déductif ou ratiocinatif d'accroissement et d'extension; ou, pour préciser ma pensée, selon un mode qui, dédaignant l'observation directe et l'expérimentation, ou du moins n'y voyant que des moyens auxiliaires, s'adresse de préférence à cette source d'informations et de connaissances qui lui paraît bien autrement pure et profonde — la déduction, à l'aide du simple raisonnement, des lois des phénomènes qu'une science donnée a pour objet d'étudier, de l'examen des lois qui appartiennent à d'autres domaines du savoir humain. De la sorte, je restreins entièrement le terme employé ci-dessus à la désignation de la déduction inter-scientifique, ou de la déduction qui tire des corollaires et des conséquences, non pas des principes généraux appartenant à la science particulière qu'il s'agit d'étendre et de faire progresser, mais des principes, théories ou lois générales formulés par toute autre science quelconque.

Quant à la déduction qui ne dépasse pas les bornes exactes d'une seule science, je n'ai pas à la juger ici. Mais je ne puis m'empêcher de remarquer qu'un pareil emploi des moyens logiques de l'esprit me semble des plus justifiés. Il est indispensable à la croissance régulière et au développement complet de la science particulière. Tout ce qui existe et est capable d'être augmenté et accru non par une adjonction extérieure, mais par un développement ou une extension spontanée du dedans au dehors, a un droit strict à accomplir cette évolution nécessaire sans aucunes entraves et dans toute sa plénitude. Les vérités scientifiques, les conceptions générales que l'esprit se forme des phénomènes et de leurs conditions, sont dans le même cas; elles ne devraient jamais être empêchées de porter tous les

---

1. *De la condition essentielle qui sépare la sociologie de la biologie* (*Revue positive*, t. II, p. 187-207).

fruits qu'elles peuvent donner. Malheureusement, on confond souvent la déduction qui a lieu à l'intérieur d'une science avec la déduction qui franchit témérairement les frontières naturelles entre les différentes sciences. L'utilité incontestable de la première et le danger que présente la seconde sont de la sorte invariablement mais indûment étendus de l'un de ces modes déductifs à l'autre; on voit souvent porter aux nues la déduction interscientifique, au moyen d'arguments tirés de la considération du rôle précieux de la déduction intérieure, et lancer contre cette dernière des anathèmes qui ne sauraient être justifiés que par la considération de l'influence pernicieuse exercée dans le domaine des sciences par la première.

Ayant défini le sens précis du terme nouveau que je me suis trouvé obligé d'employer, je puis maintenant poser la règle générale suivante : plus la capacité déductive d'une science donnée est grande, plus cette science se rapproche du type de la *science concrète*, type dont les attributs essentiels ont été déterminés au début de ce travail. Et, au contraire, moins se manifeste dans un ordre d'études cette capacité de déduction, plus on est en droit de soupçonner que ces études forment une branche indépendante du savoir général ou appartiennent, en d'autres termes, à ce qu'on appelle la *science abstraite*. La justesse de cette règle devient évidente, si l'on veut se rappeler les définitions que nous avons données de la science concrète et de la science abstraite; cette règle n'est qu'un corollaire naturel de ces définitions [1].

Cette règle présente, en tout cas, un avantage incontestable : elle permet de déterminer assez exactement, d'après une inspection de certains caractères facilement observables, l'espèce scientifique d'un ordre d'études donné. Elle indique même la place définie que ces études occupent dans la grande série qui embrassent les sciences concrètes, les sciences abstraites, et contient, en outre, toutes les gradations et les nuances qui servent de passage de la science abstraite à la science concrète. J'ajoute que ces nuances et ces gradations sont nombreuses, pour ne pas dire innombrables; elles relient imperceptiblement, elles

---

1. J'espère qu'on ne m'objectera pas ici les mathématiques. Cette science confirme, au contraire, et cela d'une manière éclatante, la vérité de la règle que nous venons de poser. Sa capacité déductive — dans le sens indiqué plus haut — est simplement nulle; en conséquence, c'est une science éminemment abstraite, la plus abstraite parmi toutes les sciences. Mais il est évident aussi, que son caractère abstrait ne saurait en aucune façon empêcher la déduction intérieure d'y jouer un rôle absolument prédominant.

soudent les uns aux autres les divers anneaux de la chaîne scientifique; les unes forment des études plus abstraites que concrètes, les autres des études plus concrètes qu'abstraites; mais toutes, quoique pouvant jouir pendant quelque temps d'une indépendance relative et apparente, et pouvant offrir le spectacle de disciplines dont la classification suscite des doutes sérieux et fait naître une incertitude réelle, rentrent tôt ou tard dans le giron d'une science abstraite ou d'une science concrète quelconque, à laquelle elles se rattachent comme des parties distinctes. D'après cette explication, toute science concrète a des parties qui participent du caractère propre à la science abstraite, et, inversement, toute science abstraite possède des parties qui participent du caractère de la science concrète [1].

L'application de la règle générale posée plus haut aux rapports qui existent entre la biologie et la sociologie ne présente aucune difficulté. Puisque les phénomènes biologiques et les phénomènes sociologiques s'entrecroisent de mille manières différentes, puisque, objectivement, ils s'enchevêtrent d'une façon souvent inextricable, et puisqu'enfin, par une partie de sa manifestation totale, partie qu'il faut avoir soin de séparer, autant que possible, des autres, tout phénomène sociologique est encore un phénomène vital, il est évident que cette partie biologique pourra toujours être plus ou moins facilement réduite aux lois et conditions générales des phénomènes de la vie, et, par conséquent, déduite aussi de ces lois et conditions. Mais il est non moins évident que les chapitres de la science sociale dans lesquels on poursuivra cette opération nécessaire ne seront

1. Les sciences fourmillent d'exemples de ces théories mixtes; j'en citerai un ici que je prends au hasard. L'explication de la fermentation par M. Pasteur permet de définir ce phénomène : « la vie sans air ». M. Pasteur démontre que les organismes microscopiques qui déterminent la fermentation de certains liquides soustraits à l'action de l'air extérieur vivent aux dépens de l'oxygène des différentes combinaisons chimiques contenues dans ces derniers (sucre, amidon, caséine, etc.); le résultat de cette désoxygénation des substances primitives est la formation de nouvelles substances, telles que l'alcool, l'acide butyrique, etc. Cette théorie repose sur un grand nombre d'observations directes et d'expériences variées; par ce côté, elle est inductive, et nous voyons qu'elle introduit dans la biologie abstraite la notion d'une forme particulière d'existence, la vie dans les milieux privés d'oxygène atmosphérique. Mais cette théorie n'aurait pu être formée sans l'aide d'une masse de connaissances préalables, appartenant aux domaines de la chimie et de la biologie; par ce côté, elle est déductive, et, si l'on ne considère que ce seul aspect, ou l'application des doctrines chimiques et biologiques, on voit aussitôt qu'elle peut être également revendiquée par les deux sciences voisines, la chimie et la biologie.

jamais que des chapitres auxiliaires, des études introductoires, pour ainsi dire, qui auront un caractère concret très marqué, car ils ne feront qu'appliquer les résultats de l'étude abstraite des phénomènes de la vie à la partie biologique de l'ensemble des phénomènes sociaux; cet ensemble, cependant, et les phénomènes purement sociologiques leur échapperont continuellement. J'ose même dire que logiquement, sinon dogmatiquement, ces chapitres auxiliaires ne nous font pas sortir de la biologie appliquée et ne nous font pas entrer dans la sociologie abstraite.

Mais à mesure que des considérations biologiques ou mixtes on s'élève aux considérations d'un ordre exclusivement sociologique, c'est-à-dire à mesure qu'on pénètre dans le domaine de la véritable science fondamentale ou abstraite, la capacité déductive des nouvelles études qu'on entreprend décroît rapidement et arrive bientôt à un point où l'on peut dire qu'elle est presque nulle. C'est là un phénomène qui se répète régulièrement dans toutes les sciences abstraites et qui, je suppose, a lieu aussi dans les sciences concrètes, à cette différence près qu'il y suit un ordre inverse, c'est-à-dire qu'on y commence par poser nettement certains principes abstraits et certaines lois générales et qu'on y finit par l'application de ces principes et de ces lois à un ensemble quelconque, à une certaine unité concrète de faits particuliers.

Le point de la science abstraite, marqué par l'impuissance déductive la plus complètement radicale, est celui où la vue scientifique commence à embrasser les horizons les plus vastes que puisse offrir une série de phénomènes et d'où elle découvre enfin les lois les plus générales qui régissent ces derniers. Arrivé à ce point, l'esprit humain ne pourrait faire que de vains et stériles appels à ses pouvoirs de réduction, de déduction, d'application, termes qui, pour le moment, sont tous synonymes; les lois générales des phénomènes sont régulièrement obtenues par des procédés inductifs de découverte. L'identité fréquente des formules qui servent à exprimer des lois générales se rapportant à des ordres différents de phénomènes, identité qui a été jugée dans le chapitre sur l'analogie réelle, ne doit tromper personne. Cette identité, ne saurait jamais être une preuve de la réductibilité d'un ordre de phénomènes à un autre ordre ou de la possibilité de déduire originairement (et non pas seulement de faire, après coup, ressortir des analogies, quelque nombreuses et frappantes qu'elles soient) une loi générale dans un domaine scientifique d'une loi qui appartient à un autre domaine.

Je puis conclure maintenant, en formulant nettement le rapport qui existe entre la biologie et la sociologie, et qui concerne la possibilité de déduire les lois qui régissent les sociétés, ces organismes spéciaux où la collectivité éclate, des lois qui régissent les agrégats biologiques, ces organismes d'une structure différente où l'individualité prédomine.

A la biologie appartient, à cet égard, un double office. La connaissance des phénomènes de la vie et des lois auxquelles ces phénomènes obéissent est absolument et doublement indispensable à toute étude rationnelle des phénomènes sociaux : d'abord, — et c'est là son office positif, — pour pouvoir en déduire directement la marche et les résultats des divers processus vitaux qui compliquent nécessairement tout phénomène social et en forment certainement la part la plus apparente; et ensuite, — et c'est là l'office négatif, — quand cette déduction préalable qui aboutit à la séparation artificielle ou au dégagement rationnel des inconnues sociologiques d'entre les données biologiques, a été menée à bonne fin et que toute confusion est ainsi devenue sinon impossible du moins difficile, — pour pouvoir se garder strictement, dans les opérations subséquentes ayant pour but la découverte des lois spécifiques (quelque générales qu'elles soient) qui régissent l'ensemble du phénomène social, de toute déduction biologique ultérieure. Sans cette connaissance approfondie de la biologie et les analyses qu'elle permet d'établir, il serait, en effet, presque impossible d'éviter une confusion involontaire entre les influences dues à l'action de causes physiologiques et les influences dues à l'action de causes purement sociales. A l'induction, à l'observation directe et à la description scientifique seraient toujours venues s'ajouter, paralysant une partie de leurs efforts, des déductions illusoires puisées dans le domaine de la biologie [1].

1. Pour tout ce qui concerne le côté philosophique de cette importante question, et, en particulier, pour ce qui concerne la différence entre la science abstraite et la science concrète, je dois renvoyer le lecteur aux premiers chapitres de ce travail. Ici, je me bornerai à observer qu'une confusion vraiment déplorable règne encore dans les esprits à l'égard de tous ces sujets. La méthodologie scientifique est jusqu'à présent une véritable tour de Babel, où les mots de déduction, induction, science inférieure, méthodes mathématiques, etc., sont employés dans des sens variés et souvent fantastiques. Un exemple suffira : on entend souvent dire que les lois physiques et chimiques sont dues à des déductions mathématiques, et certains esprits en sont encore à se représenter la marche réelle de cette prétendue déduction mathématique, comme si elle consistait à tirer une loi physique ou chimique de la loi du carré de l'hypoténuse ou de toute autre proposition mathématique. A ces personnes, je rappelle que les déductions physiques et chimiques ont été facilitées par l'emploi, souvent fort étendu, de formules mathématiques, mais qu'elles n'ont été faites qu'à

l'aide de ces deux termes : une grande *généralisation quantitative physique* (qui ne saurait être une loi purement mathématique ou s'appliquant à la quantité abstraite, c'est-à-dire à la quantité non qualifiée), et des cas plus particuliers, mais appartenant également au domaine de la physique; ou bien une grande *généralisation quantitative chimique* et des cas chimiques particuliers, etc., etc.

C'est également ici le lieu d'exprimer ma conviction que Comte s'est trompé en croyant qu'il a déduit la loi empirique des trois états d'une loi analogue appartenant au domaine de la psychologie et par conséquent, dit-il, plus générale. Au fond, comme je crois, il n'y a pas eu, dans ce cas, de déduction (ou bien alors nous ne nous entendons pas sur ce terme de logique), mais seulement une analogie frappante. Ce qui se passe dans la masse sociale se passe aussi dans l'esprit de chaque individu dont est composée cette masse. Une objection valide à la réalité de cette prétendue déduction de la loi sociale d'une loi appartenant à la biologie se présente déjà sous cette forme : est-ce vraiment à la biologie qu'appartient la loi qu'on dit être plus générale? Avons-nous donc à faire à des individus biologiques et non à des unités sociales? Et la loi plus générale ne serait-elle pas plutôt un simple reflet ou une conséquence de la loi qu'on en déduit? En un mot, le développement psychique individuel, mais se produisant dans le milieu social, ne serait-il pas un simple effet (ou, du moins, un phénomène concomitant du même degré de généralité) de la cause sociale, qui trouve son expression dans la loi empirique des trois états?

Je remarque, en outre, que, sur ce sujet des limites vraies de la déduction en sociologie, la pensée de Comte est en général flottante et indécise, comme l'est aussi sa pratique, du moins dans la dernière partie de son œuvre, où il apprécie les phénomènes contemporains et formule à leur égard certaines prévisions d'un caractère tout à fait apriorique et même personnel. La préoccupation hâtive de quitter les seules voies de l'empirisme et le désir de communiquer à la nouvelle science, dont il se considérait à juste titre comme le fondateur, le caractère rationnel des sciences ses aînées, devaient être pour beaucoup dans l'abus des considérations *à priori* qu'on peut lui reprocher, et dans l'inconsistance philosophique qui lui faisait écrire des passages aussi diamétralement opposés que ces deux-ci : « La sociologie comporte plus qu'aucune autre science l'emploi légitime des considérations *à priori*, soit parce qu'elle dépend de toutes les sciences préliminaires, soit en vertu de la parfaite unité qui caractérise son sujet, soit à raison de l'entière plénitude de ses moyens logiques... La dépendance des idées les plus complexes envers les plus générales y procure une importance plus capitale aux considérations *à priori* dérivées des sciences antérieures, et dont la judicieuse introduction conduit alors à rendre essentiellement déductives la plupart des notions fondamentales qui ne peuvent être qu'inductives dans les sciences plus isolées. » Et dans un autre endroit : « Il y a impossibilité évidente de jamais déduire les phénomènes sociaux, indépendamment de leur propre *observation directe*, de la seule connaissance des *lois individuelles;* car chaque degré de l'évolution sociale ne peut être rattaché qu'au degré immédiatement antérieur, bien que l'ensemble doive toujours être en harmonie avec les notions biologiques. » (Leçons 58ᵉ et 59ᵉ.)

CHAPITRE X

1. *Un dilemme fondamental.* — Dans le chapitre précédent, en parlant des facteurs nouveaux qui interviennent dans les phénomènes sociaux et les différencient des phénomènes biologiques, nous avons déjà touché quelques mots de la théorie qui cherche à expliquer les faits sociaux en les rattachant étroitement aux faits psychologiques dont les premiers ne seraient, suivant cette théorie, que la complication ultérieure ou le développement. Nous avons fait remarquer les conséquences naturelles qui découlent de cette façon de voir et ne tendent à rien moins qu'à faire de la sociologie une annexe, une étude concrète complémentaire de la science abstraite et fondamentale qui manque à la série scientifique établie par la philosophie positive et qui est la psychologie. Nous avons indiqué aussi, à ce propos, d'une manière générale, que cette explication péchait par sa base, fondée comme elle est sur une supposition entièrement gratuite concernant la nature intime des phénomènes psychiques. Mais ces remarques n'étaient qu'incidentes et ne faisaient qu'effleurer la question.

Dans le chapitre présent, nous abordons, au contraire, de front cette partie importante et cette suite naturelle de notre sujet.

Les rapports qui relient les études sociales aux études psychologiques forment l'objet d'un problème particulièrement intéressant, mais malheureusement hérissé encore de difficultés de plus d'une sorte.

Au seuil même de la question se dresse ce dilemme inévitable : ou bien les phénomènes psychiques appartiennent entièrement à l'ordre biologique, et alors leurs rapports avec les phénomènes sociaux sont réglés nécessairement par les lois qui régissent les rapports de ces derniers avec les phénomènes biologiques, et notre tâche ici est achevée avant même d'être commencée; ou bien ces phénomènes forment, à un titre quelconque, un ordre particulier qui ne rentre pas par tous ses points dans l'ordre biologique, alors il nous faut préciser ces points, il nous faut en indiquer la position véritable dans le domaine du savoir général, il nous faut enfin déduire de ces prémisses les rapports nouveaux et particuliers qui doivent se former entre les études psychologiques et les études sociales. Chacune des faces de ce dilemme doit être examinée.

2. *L'école positive et la psychologie.* — Des efforts considérables ont été faits par l'école positive pour démontrer que les phénomènes psychiques devaient être rangés, pour toutes fins, et particulièrement en vue de leur investigation scientifique, parmi les phénomènes étudiés par la physiologie cérébrale. Un débat excessivement important s'ouvrit sur ce terrain avec l'école psychologique, qui, quoique répudiant les idées *à priori*, universelles et nécessaires de l'ancienne psychologie métaphysique et s'en tenant exclusivement aux idées *à posteriori*, relatives et contingentes, n'admettait pas la possibilité de faire de la psychologie un simple chapitre de la biologie, mais revendiquait pour les études psychologiques une place à part, et souvent même la première place, dans la philosophie des sciences et dans leur ordre sériel effectif. Dans ce débat, on laissait volontiers de côté ce principe des biologistes, qui n'est qu'une généralisation expérimentale, que la pensée est liée à la substance nerveuse comme la gravitation et la chaleur le sont à toute matière; ou plutôt, de part et d'autre, on y acquiesçait tacitement. Mais l'admission de tel ou tel *substratum* particulier ne permettait nullement de préjuger le caractère philosophique et scientifique de la propriété correspondante, qui pouvait être considérée ou comme étant purement biologique dans toutes ses manifestations, ou comme présentant une complication nouvelle, supérieure et irréductible dans la série des propriétés naturelles.

En conséquence, dans le débat en question, on différait radicalement, quoique encore tacitement, sur ce point.

Je résume plus loin les traits essentiels de ce débat, ou plutôt je laisse M. Littré les résumer pour moi, et je transcris seulement les passages les plus saillants de son étude sur ce sujet [1].

---

1. *De la méthode en psychologie*, deux articles parus en 1867 dans la *Philosophie positive.*

Je commence par l'historique du débat, car l'histoire est, dans toute sorte de questions, une lumière bienvenue.

« Quand Descartes (il est inutile de remonter plus haut que lui), dit M. Littré, se mit à philosopher avec la méthode déductive qui lui est propre, il prit pour point de départ un axiome qui fut longtemps célèbre (*cogito ergo sum*) et en tira toute la métaphysique. Ainsi fut établi le règne philosophique de la psychologie, règne contre lequel M. Comte s'insurgea si vigoureusement quand il fit de la psychologie une portion de la biologie. Ce cartésianisme ne tarda pas à se partager en deux branches : dans l'une, la psychologie fut employée à fournir les fondements de la métaphysique, en instituant la doctrime des idées innées, universelles, nécessaires, qui devenaient les garants de l'existence objective des êtres surnaturels; l'autre, à partir et sur l'exemple de Locke, se renferma dans l'étude positive de la nature humaine intellectuelle et morale, telle qu'on pouvait l'observer dans ses actes et ses produits. Beaucoup d'hommes éminents y travaillèrent : Locke, Condillac, les Ecossais et, sous le nom d'anthropologie, Kant, avec ses disciples et successeurs. Pourtant, quelle que fût la dissidence entre les deux psychologies, on demeura convaincu, dans l'un et l'autre camp, que là était la source des premiers principes et, par conséquent, celle de la philosophie. Ainsi érigée en science première, la psychologie n'en souffrait pas moins d'un mal latent, alors inaperçu de tous; c'était de fonder la doctrine générale sur la doctrine de la nature humaine, si particulière dans la constitution du monde. Aussi ne tarda-t-elle pas à montrer des signes de décomposition. Locke et les siens ne cessèrent d'attaquer les fondements de la psychologie métaphysique, à savoir, l'innéité, l'universalité, la nécessité des idées; et l'école écossaise, la plus voisine des solutions positives, ne témoigna pas une grande répugnance à laisser aller où elles voudraient, où elles pourraient, les entités métaphysiques, et à concentrer toute la philosophie dans la connaissance de la nature humaine, de l'idéologie et de la morale [1]. Ce régime fut interrompu, comme je vais le dire, par M. Comte; mais, s'il eût duré, on peut se

1. La psychologie, en effet, comme le remarque dans un autre endroit le même auteur, « renferme encore tout un ordre de considérations, telles que, par exemple, la question de certitude, la théorie de la cause, la doctrine des notions générales, le raisonnement, les lois ou formes de la pensée et objets semblables. Tout cela se nomma, vers le milieu du xviiie siècle, métaphysique, et, vers la fin, idéologie, comme on le voit par cette phrase de d'Alembert : « La métaphysique a pour objet d'examiner la génération de nos idées, » et par celle-ci de Destutt-Tracy : « Deux

demander hypothétiquement ce qui en fût advenu : il aurait fini par se montrer stérile autant que le régime métaphysique proprement dit. Malgré sa prétention à être la mère des premiers principes, cette psychologie serait restée sans relation aucune avec les sciences (preuve profonde, pour qui méditera, qu'elle est mal placée hiérarchiquement). De plus, la physiologie cérébrale, avançant, lui aurait contesté son domaine, et l'on aurait vu cette source des premiers principes disputée entre la physiologie, qui évidemment ne peut prétendre à les posséder et la psychologie, de qui cette contestation suffit seule à prouver qu'elle ne les possède que nominalement. C'est en cet état de choses que M. Comte se leva pour déclarer que la psychologie n'était pas autre chose qu'un département de la biologie.... Des deux points de vue distincts de la physiologie et de la psychologie, M. Comte, dans le grand livre qui a fondé la philosophie positive, n'en a admis qu'un ; écartant la psychologie sous toutes ses formes, même sous celle que lui avaient donnée Locke et l'école écossaise, il ne fit de place, dans le chapitre de la biologie, qu'à la physiologie cérébrale.... Mais la psychologie répudia aussitôt l'arrêt prononcé par M. Comte. L'un de ses plus illustres représentants, M. J. Stuart Mill, tout en professant une profonde admiration pour la systématisation des sciences et la théorie historique dues au génie d'Auguste Comte, déclara que, tant que la psychologie serait absente, l'œuvre de M. Comte serait imparfaite, et que la création d'une philosophie positive complète était réservée à une élaboration ultérieure et plus compréhensive. Bien plus, M. Comte lui-même est revenu sur sa première et ferme opinion ; et, dans les derniers temps de sa vie, il a tracé, sous le nom de morale, les linéaments d'une psychologie. Le livre qu'il se proposait d'écrire avait pour objet d'instituer la connaissance de la nature humaine ; or, instituer la connaissance de la nature humaine est ce qu'ont voulu faire les psychologistes et ce qu'ils ont fait bien ou mal. »

Je reproduis encore la caractéristique suivante du développement général des idées sur la psychologie : « La psychologie, antérieure historiquement à la physiologie cérébrale, et instituant son investigation d'après les seuls phénomènes apparents

sciences non seulement différentes, mais opposées, et que l'on s'obstine trop à confondre, savoir, l'ancienne métaphysique théologique ou la métaphysique proprement dite, et la moderne métaphysique philosophique ou l'idéologie. » M. Littré donne à toutes ces doctrines le nom de psychologie secondaire, par opposition à la psychologie primaire ou théorie des facultés intellectuelles et affectives ; il subordonne l'idéologie à la physiologie intellectuelle et l'éthique à la physiologie affective.

d'intelligence et de sentiment, avait, tout d'abord et inévitablement, donné le caractère d'indépendance, d'universalité et de
nécessité aux notions et aux principes de ce mode de recherche, et c'est ainsi qu'elle est devenue la base provisoire de
la philosophie ; mais, à partir de Locke, une école psychologique s'est formée qui a de plus en plus tendu à faire prévaloir,
dans les études psychiques, l'élément relatif, et à éliminer
l'indépendance, l'universalité, la nécessité, c'est-à-dire l'absolu.
En vertu d'une telle tendance, dont tout esprit imbu des doctrines d'Auguste Comte apercevra tout de suite les moteurs
historiques, cette école s'est notablement rapprochée de l'école
biologique, qui, elle, en ébauchant la physiologie cérébrale,
achève le triomphe du relatif ; car le point de vue relatif que
poursuit la psychologie de Locke et de ses successeurs n'est pas
autre chose que l'introduction de la physiologie cérébrale dans
le domaine psychique. .Relativité et physiologie cérébrale sont
des termes connexes et équivalents. »

Je passe maintenant à la position des questions controver-
sées. « Le premier nœud du débat, dit M. Littré, est de savoir
en quelle place, au point de vue philosophique, il convient de
mettre la doctrine de la nature humaine. » Faut-il, comme
Comte dans sa première œuvre, condenser cette doctrine en
quelques généralités qu'on insérera à leur rang dans la philosophie biologique ; ou bien doit-on, avec les psychologistes de
toutes nuances, en faire une science fondamentale, qui sera probablement la science première, la base de l'édifice philosophique ?
« Le second nœud du débat est la compétition entre la physiologie cérébrale et la psychologie. » Quelle est la différence entre
l'analyse physiologique et l'analyse psychologique ? Laquelle des
deux offre des moyens plus sûrs et plus puissants pour arriver à
la découverte des lois qui régissent les phénomènes psychiques ?
Peut-on réunir ces deux modes, et peut-on procéder par l'un
des deux sans avoir recours à l'autre ? Et, en réalité, la physiologie moderne n'avance-t-elle pas vers la psychologie, et la
psychologie ne recule-t-elle pas vers la physiologie ?

Je donne enfin les linéaments essentiels des conclusions (qui
sont des réponses aux questions posées) par lesquelles M. Littré
clôt le débat et qu'il appuie toujours sur des preuves irrécusables,
fournies par la physiologie cérébrale aussi bien que par la psychologie positive, qui ne va pas au delà de la simple observation
et ne dédaigne ni ne redoute, comme naguère encore la psychologie de l'école, le secours de la physiologie ; mais, à mon grand
regret, je suis obligé d'omettre ici toutes ces preuves.

M. Littré commence par rappeler qu'un des principes sur lesquels est fondée la philosophie positive est la distinction entre le savoir abstrait et le savoir concret. « Sans cette distinction, qui est capitale, il eût été impossible de fonder sur les sciences une philosophie; car les principes généraux et les principes particuliers fussent restées dans une confusion inextricable. Suivant cette vue capitale, l'abstrait est seul incorporable à la philosophie. » M. Littré touche ici, sans s'en douter, au point essentiel de toute la question, comme nous le verrons à sa place ; mais, négligeant de tirer des prémisses posées leurs conséquences les plus importantes, il se contente de constater seulement que, « si l'on entreprend de faire la philosophie de la doctrine de la nature humaine, on reconnaît bien vite qu'elle appartient à la biologie, qui, seule, en détermine les fondements, les caractères, la place et la portée. La philosophie de la biologie résume la théorie cérébrale générale, dans laquelle la théorie cérébrale humaine n'est qu'un cas particulier. » « Mais, s'il est certain, poursuit M. Littré, que les principes généraux de la doctrine de la nature humaine sont dans la biologie, comment pourraient-ils en sortir pour aller jouer ailleurs le rôle de science initiale ou de science de couronnement? Comment pourraient-ils occuper deux places à la fois? Il y a là péché contre la méthode ; or la philosophie positive ne peut se séparer de sa méthode. Mettre à la suite n'est pas incorporer. Personne ne conteste que de la philosophie positive ne doivent dépendre une morale, une esthétique, une idéologie qui lui soient propres et qui restent à faire. Mais ces diverses sciences y tiennent non par incorporation, mais par subordination, comme la politique, le droit, l'éducation. »

Le même auteur juge sainement la portée de la révolution intellectuelle opérée par la déclaration de Comte quant à la psychologie. « Ce coup, dit-il, portait, en réalité, beaucoup moins sur la psychologie (car l'étude de la nature humaine, de quelque façon qu'on la conçût, devait toujours être faite, et le procédé psychologique était non vicieux, mais incomplet) que contre la philosophie qui prévalait alors. Quand dans l'école positive nous philosophons, cela veut dire que nous embrassons dans un ordre hiérarchique les principes généraux de la mathématique, de l'astronomie, de la physique, de la chimie, de la biologie et de l'histoire, tenant ainsi par les sommités tout le savoir humain. Quand dans l'école psychologique on philosophe, cela veut dire que l'on a construit la théorie des idées, tenant ainsi l'enchaînement des conditions mentales sous lesquelles on connaît. Avant M. Comte, nul n'avait pensé qu'on pût faire une philosophie dont les principes allassent de l'objet (y compris l'homme sous forme d'être vivant) au sujet. Toute philosophie était subjective, c'est-à-dire que ses principes allaient du sujet à l'objet. Ainsi posées en face l'une de l'autre, on peut se demander laquelle des deux philosophies est la vraie et débattre logiquement la supériorité du point de vue de l'une sur l'autre. Je ne doute pas qu'une discussion serrée et bien conduite ne donnât l'avantage au point de vue objectif sur le subjectif. Toutefois j'aime mieux m'en référer à l'argument expérimental, toujours plus contraignant que le raisonnement abstrait. L'argument expérimental est que la psychologie ou physiologie cérébrale de l'homme n'est qu'un cas particulier de la physiologie cérébrale générale, laquelle, à son tour, dépend des conditions biologiques, chimiques, physiques, mathématiques de la matière. Les principes subjectifs sont nécessairement subordonnés. Ainsi est tranché le débat par la seule hiérarchie positive ; tant il est vrai qu'à la méthode appartient toute primauté dans les hautes questions ! A la vérité, l'on objecte que la distinction entre les principes subjectifs et les principes objectifs est illusoire, et que tout est subjectif, puisqu'en définitive la connaissance de l'objet est l'œuvre du sujet. Soit ; mais là n'est pas la question ; elle est de savoir si, les notions étant une fois acquises tant sur l'objet que sur le sujet, il n'y a pas une subordination naturelle, nécessaire entre elles. Or la réponse est certaine : le sujet dépend de l'objet, la vie de la matière brute, et l'intelligence de la vie. L'homme est particulier dans l'espace où il n'occupe que sa planète ; il est particulier dans le temps, puisqu'il n'est pas même contemporain de sa terre ; il est particulier dans sa substance, puisque son corps n'est composé que d'un petit nombre des éléments chimiques qui constituent le globe... Il est physiologiquement avéré que le cerveau ne crée rien ; il reçoit tout. Sa fonction est de faire, avec ce qui lui est transmis, des sentiments et des idées ; mais il n'est pour rien dans ce qui constitue le substratum de ces idées et de ces sentiments. A vrai dire, tout lui vient du dehors ; car les dispositions organiques sans lesquelles ne s'entretiendraient ni la vie individuelle ni la vie collective, et sans lesquelles aussi il n'y aurait pas de sentiments, sont tellement extérieures, que la nature les réalise, indépendamment de tout terme cérébral ou psychique, dans les végétaux, et surtout dans les animaux les plus inférieurs. Il en résulte qu'il faut modifier quelque peu le sens du mot subjectif. Subjectif ne peut signifier quelque chose qui soit préexistant au développement de l'être humain, tel qu'un moi, une idée, un sentiment, un idéal ; il ne peut signifier que la faculté d'élaboration départie aux cellules nerveuses ; excepté en ce sens, le subjectif est toujours mêlé d'objectif. »

Il n'est pas difficile non plus, selon M. Littré, d'apercevoir les
rapports véritables de la psychologie avec la physiologie cérébrale. « Une remarque simple, dit-il à ce sujet, mais qui pourtant va au fond des choses, éclaircira ces rapports : tous les
physiologistes savent qu'on peut étudier un acte vital de deux
façons, ou bien simultanément dans l'organe et dans les phénomènes, ou bien isolément dans les phénomènes seuls ; par
exemple, pour le sommeil, bien qu'on ignore les changements
organiques qui le produisent, on n'en fait pas moins l'histoire
de cet acte propre au système nerveux. Semblablement, tous les
médecins savent qu'on peut étudier les maladies (qui ne sont
que la perversion d'un acte régulier) de deux façons, soit en
cherchant concurremment la lésion et les symptômes, soit en
s'occupant des symptômes seulement ; les névroses sont un
exemple bien connu de cette seconde manière de faire. Réunir
les deux modes est le but idéal de la science ; mais procéder par
le second sans le premier n'est ni antiscientifique ni improductif.
Cette remarque s'applique, de soi, au débat entre la physiologie
cérébrale et la psychologie. La physiologie cérébrale est l'emploi
des deux modes ; la psychologie est l'emploi du second mode.
Tous deux sont incomplets : du côté de la physiologie, parce
qu'elle n'atteint pas organiquement tous les états psychiques ;
du côté de la psychologie, parce qu'elle n'atteint pas psychi-
quement les états organiques. La conciliation sera quand les
biologistes, allant organiquement aussi loin qu'il leur est donné,
compléteront leur œuvre en embrassant tout ce qui ne peut être
traité que fonctionnellement et descriptivement. Le procès étant
ainsi jugé, il demeure établi que la psychologie est un chapitre de
la biologie, et que, philosophiquement, elle ne peut avoir d'autre
place. Etudiée positivement, la psychologie ne témoigne d'aucune différence essentielle avec la physiologie cérébrale. Tandis
que celle-ci poursuit l'investigation de la nature psychique de
l'homme à l'aide de l'anatomie, de la comparaison, de l'expérimentation et de la pathologie, celle-là en poursuit l'investigation à l'aide des seuls phénomènes de fonction. Les deux
procédés n'ont rien d'incompatible ; ils tendent dorénavant à
se confondre, et visiblement ils sont déjà assez voisins pour
reconnaître que des deux parts le sujet est le même. Cette
détermination de l'identité fondamentale entre la psychologie et
la physiologie cérébrale a une importance capitale en philosophie ; en effet, du moment qu'il est prouvé que la psychologie
n'est pas autre chose que de la physiologie cérébrale, il devient
impossible d'en faire la base d'une philosophie. La philosophie
subjective, qui y prenait son origine et qui a régné jusqu'à pré-

sent, cède la place à la philosophie objective introduite par Auguste Comte. L'étude de la nature psychique de l'homme étant un grand et important département qui s'élabore de plus en plus, ce qui en est général s'incorpore, dans le lieu propre, à la philosophie biologique, comme M. Comte l'a vu; et sert, pour sa part, à former la conception du monde telle que la donne l'étude de l'objet, étude où la vie en général et la physiologie cérébrale en particulier sont à leur rang hiérarchique. »

3. *Opposition rencontrée par la doctrine positive. Écoles adverses.* — La première face ou proposition du dilemme qui nous a barré la route dès notre entrée en matière me paraît suffisamment élucidée. Nous pouvons regarder comme acquis à la discussion ultérieure les deux points suivants. Premièrement, que l'intelligence, tant qu'elle ne possède que les idées simples produites par les impressions internes et externes et tant qu'elle n'a, pour s'élever au point le plus haut de son développement, pour former les combinaisons les plus complexes et accroître et perfectionner l'outillage mental, tant qu'elle n'a, pour atteindre tous ces buts, que les facultés primitives de la rétention et de l'association, et l'aide puissante qu'elle peut dériver de cette propriété de la vie, l'hérédité, qui facilite l'élaboration et crée les innéités mentales propres aux individus et aux races, que l'intelligence, disons-nous, et toutes les formes primordiales de la sensation, sont des phénomènes purement et exclusivement biologiques. Ensuite, cette conséquence nécessaire, que la psychologie, étant de la physiologie cérébrale, ne peut former une science qui servirait de base à une philosophie objective, à une conception du monde qui ne ferait pas du sujet pensant ou de l'homme le centre de l'univers, et le pivot qui fixe et attache tous les phénomènes et sur lequel roule l'océan immense et sans bords connus de l'évolution cosmique.

Maintenant, nous allons aborder la seconde moitié de la tâche qui nous est imposée par la nécessité d'éclaircir les doutes sérieux et de nous affranchir des principaux obstacles; nous allons considérer la seconde face de notre dilemme initial; nous allons nous persuader, ou bien que ce dilemme présente une alternative absolue et qu'en en acceptant un côté nous devons nécessairement rejeter l'autre, ou bien que l'option peut se faire au moyen d'une analyse plus profonde qui, séparant partout le faux du vrai, ne laisse subsister que ce dernier élément et arrive ainsi à une conciliation réelle (et qui montre encore une fois la relativité fatale de nos efforts cognitifs) entre des vues, s'entre-détruisant et s'excluant mutuellement en apparence. Nous allons, en un mot, nous demander si les phé-

nomènes psychiques ne forment pas, malgré tout, un ordre
particulier qui ne rentre pas *par tous ses points* dans l'ordre biologique, ce qui ne serait certainement possible que si la psychologie possédait, pour former une science particulière, des
titres quelconques autres que ceux qui viennent d'être exa-
minés et qui, se référant exclusivement aux racines biologiques
de ces phénomènes, tranchent négativement la question. Si des
titres pareils se manifestent, il conviendra, en outre, de rechercher le caractère propre et la place réelle dans le savoir humain de la science psychologique qui en serait issue.

Malgré l'argumentation serrée et en apparence triomphante
des positivistes, et malgré les succès incontestables des études
psycho-physiologiques, un nombre considérable d'esprits convaincus se refusent aujourd'hui plus obstinément que jamais à
admettre les conclusions de Comte et de son école. Parmi ces
esprits, les uns « vont cherchant ce qui est trouvé, décrit,
étudié depuis longtemps ». Ceux-là repaissent leur orgueil
naïf de l'espérance d'ouvrir à la pensée humaine des horizons
inconnus : ils aboutissent à faire pour la centième fois de la
vieille étude du sujet, sous le nom de théorie de la connaissance, le but suprême des efforts philosophiques. Ces philosophes sont ceux qui annoncent avec confiance qu'ils sont à la
veille de rajeunir le corps caduc de la philosophie en lui insuf-
flant l'air vivifiant de la science moderne, et enseignent à leurs
disciples qu'ils ont pour mission de fonder la « véritable » philosophie positive. Au fond, ils caressent, sous une forme nouvelle, l'ancienne chimère ; l'antique primauté de la connaissance du sujet sur la connaissance de l'objet leur tient à cœur,
et fidèles, malgré tout, à ce souverain naguère tout-puissant
et maintenant déchu, ils rêvent une réhabilitation, une restauration d'un régime mental mixte dans lequel la puissance antique et légitime du sujet sera pondérée par la puissance moderne et révolutionnaire de l'objet.

D'autres suivent dans cette question les traces de Stuart Mill
et se bornent à demander l'achèvement de la systématisation
des sciences qui est l'œuvre du positivisme, par la création
d'une science abstraite de la psychologie procédant par l'analyse subjective et par l'observation interne. De cette science
abstraite et inductive dépendrait à son tour une science déductive et d'application, l'éthologie ou l'étude des caractères [1] ;
la première aurait pour objet les lois les plus générales de la
nature humaine, c'est-à-dire qu'elle s'occuperait du genre ; la

1. Ribot, *La psychologie anglaise contemporaine*, p. 103.

seconde —, les lois dérivées, c'est-à-dire qu'elle s'occuperait de l'espèce et des variétés.

D'autres enfin, qui se rangent sous la bannière de l'illustre penseur anglais, Herbert Spencer, présentent un cas particulièrement intéressant et instructif. Brûlant les idoles qu'ils adoraient naguère et adorant celles qu'ils brûlaient autrefois, ces partisans de l'analogie réelle, ces enthousiastes de l'unité, ces fervents croyants du dogme philosophique de l'identité fondamentale des phénomènes, au lieu d'applaudir à l'idée, qui aurait dû leur paraître exceptionnellement heureuse, de ramener les phénomènes psychiques à leurs causes physiologiques, au lieu de donner leur assentiment à ce qui peut paraître une concession à leurs théories, ces philosophes font brusquement volteface précisément dans la question psychologique, et, se contredisant formellement eux-mêmes, déclarent que la psychologie est une science particulière qu'il faut intercaler entre la biologie et la sociologie. Il est vrai que le chef de l'école, plus avisé que la plupart de ses disciples, prend, personnellement, quelques précautions; il met la psychologie sur la même ligne que la biologie et la sociologie, mais il a soin de subordonner toute la série au groupe des sciences physico-chimiques. Malgré tout, cependant, la contradiction avec le principe fondamental est flagrante et n'est qu'aggravée par la prétention de faire d'une partie de la psychologie, la logique, la science abstraite par excellence et le fondement philosophique de tout le savoir humain.

4. *L'hypothèse psychologique et l'hypothèse bio-sociale.* — Nous aurions pu multiplier indéfiniment les exemples et citer ici encore quelques espèces moins connues du même genre; mais les trois variétés philosophiques que nous venons de caractériser en quelques traits suffisent amplement pour démontrer que les vues de Comte et de l'école positive sur le rôle qui appartient à la psychologie sont loin d'être généralement admises. Un genre peut présenter beaucoup d'espèces et de variétés, mais celles-ci doivent toutes avoir au moins un attribut en commun, et, dans le cas actuel, cet attribut commun s'aperçoit et se marque facilement. Les nuances diverses de l'opinion que nous discutons sont, en effet, unanimes dans leur déclarations que Comte et son école ont commis une *erreur grossière* en ne faisant pas de la science de l'esprit une science fondamentale distincte qui se placerait, soit au commencement de la série des sciences abstraites, pour indiquer que c'est le sujet qui saisit l'objet et se le subordonne, soit entre la biologie et la sociologie, si l'on n'attache qu'une valeur secondaire à l'axiome banal et si naïf dans

sa prétendue profondeur, de la subjectivité nécessaire de toute connaissance (l'objet est toujours subjectif, une fois qu'il est connu, mais le sujet dépend toujours, pour tout et en tout, de l'objet, une fois qu'il connaît sa véritable condition). On objecte à l'école positive qu'elle enfreint grossièrement son principe de classification ; car, dit-on, qui ne voit que les phénomènes psychiques sont des phénomènes spéciaux, plus compliqués, d'un côté, que ceux de la biologie et plus simples de l'autre que ceux de la sociologie? Et, se plaçant à ce point de vue, qui est certainement autorisé par quelques apparences, il est naturel aussi de rattacher à cette faute impardonnable les nombreux essais infructueux tentés jusqu'à présent pour fonder une science sociale, essais qui ressemblent aux tentatives qu'auraient pu faire les anciens physiologistes (et quelques-uns s'y sont employés réellement) pour fonder la biologie directement sur la physique, avant que la chimie fût constituée.

Nos adversaires conviennent toutefois — avec une certaine répugnance, il est vrai, mais ils en conviennent — que leur opinion quant au caractère réel des phénomènes psychiques ou quant à la complication supérieure de ces derniers relativement aux phénomènes de la vie, dans le sens qui attache à l'idée de complication la notion d'irréductibilité, est, tout bien considéré, une *simple hypothèse ;* mais ils font valoir que cette hypothèse explique à merveille les phénomènes correspondants. Cette hypothèse jette une clarté sur les questions devant lesquelles l'école positive s'arrête en avouant son ignorance.

Tout cela est possible ; tout cela est, peut-être, strictement vrai ; et nous n'objecterons même pas que cette clarté est une lumière intérieure, subjective et *à priori* dont nous n'avons que faire. Mais d'un autre côté, et vu l'état actuel des connaissances psychologiques et sociales, il serait probablement peu équitable de nous demander de produire à notre tour, pour convaincre nos adversaires, des faits incontestables ou des expériences décisives. Quand on possède des faits pareils, ou qu'on a institué de semblables expériences, on n'est plus tenu de combattre une hypothèse ; on la relègue *eo ipso* au rang des essais stériles de l'esprit humain. Mais ce à quoi on est toujours strictement obligé, c'est d'opposer à l'hypothèse qu'on rejette une autre hypothèse qui explique les faits aussi bien ou même mieux que la première. C'est à cette condition que nous allons essayer de satisfaire du mieux que nous pourrons dans les pages suivantes.

Que Comte et ses disciples soient tombés dans une erreur, que la psychologie soit une science distincte, et que, tant qu'elle n'est pas constituée, la sociologie ne sera qu'un mot, tout cela rentre parfaitement dans les possibilités de l'évolution scientifique. C'est à l'avenir, et non au présent, à décider cette grave question. Mais le présent, s'il veut être impartial, doit protester contre l'épithète de grossière qu'on applique couramment à la prétendue erreur de l'école positive. On ne saurait parler d'erreur grossière là où la vérité contraire n'est rien moins que prouvée. Je laisse de côté la preuve expérimentale, quoiqu'elle fasse évidemment plus défaut à nos adversaires qu'à nous ; mais, dans la prétendue « vérité » de l'école psychologique, quel manque même de clarté intérieure, d'évidence intuitive, de nécessité purement logique ! Et comme il est facile, sans quitter les voies de la logique déductive et en s'appuyant seulement sur quelques faits généraux bien connus de tout le monde, d'arriver à l'hypothèse diamétralement opposée !

Quel sera, en effet, l'objet de la nouvelle science ? Les phénomènes psychiques. Mais qu'est-ce que les phénomènes psychiques, sinon l'homme sentant, pensant, voulant ? Sans confondre pour cela une supposition avec un fait, rien ne défend de conjecturer que cet homme psychologique soit, non une cause, mais un effet, non un facteur, mais un produit, et que les véritables causes, les véritables facteurs sont les conditions biologiques et les conditions sociales. Comme le dit je ne sais plus quel philosophe, un être isolé ne sera jamais un être pensant, un être raisonnable. Ce produit possède d'ailleurs une histoire, il a subi une évolution. Il y a les phénomènes psychiques de l'état préhistorique, il y a ceux qui suivent et qui ont apparu à un intervalle considérable, tout comme la vie, par exemple, a suivi sur la terre, à un grand intervalle, les forces mécaniques et physico-chimiques.

. Laquelle de ces deux espèces de phénomènes devra être étudiée par la psychologie ? Si c'est la première, on répondra que les conditions biologiques y prédominent visiblement, quoique laissant un certain jeu aux conditions sociales rudimentaires ; si c'est la seconde, au contraire, on objectera que les conditons sociales y jouent, à leur tour, un rôle manifestement prépondérant. La communication des idées par la parole, leur transmission par l'écriture, par les arts techniques, par les beaux-arts et par mille autres symboles ou signes de ralliement et canaux de transmission, le fait complexe de la tradition orale, littéraire, esthétique et scientifique, le choc et la lutte sociale des sentiments, des passions et des intérêts, les institutions multiples de direction sociale, de gouvernement, etc., etc., forment une vaste série d'influences sociales enchevêtrées, s'alliant intimement aux conditions biologiques pour produire ce résultat : les phénomènes, mouvements ou manifestations psychiques, que l'observation la plus diligente ne découvre que dans l'homme vivant en un état d'association constante avec ses semblables. En conséquence, la psychologie, loin d'être considérée comme une science indépendante de la science immédiatement supérieure (comme la chimie, par exemple, l'est par rapport à la biologie, et la physique par rapport à la chimie), pourra être regardée, au contraire, comme une dépendance, un prolongement de la sociologie et comme une étude qui ne saurait devenir une science constituée que lorsque la sociologie aura atteint son plein développement. L'état peu avancé de la psychologie, loin d'être regardé comme une cause qui retarde les progrès de la sociologie, devra être envisagé comme une simple conséquence de l'état d'enfance dans lequel se trouve actuellement cette dernière science. C'est à l'élaboration lente et difficile de la science sociale qu'il faudra rapporter, dans une grande mesure, la stérilité frappante de la plupart des efforts faits jusqu'à présent par les psychologues pour constituer la science de l'esprit sur une base plus large que celle fournie par la simple considération des organes et des fonctions physiologiques, sur une base qui permette de sortir de l'étude des conditions premières et des rudiments pour embrasser la totalité des phénomènes psychiques.

5. *Développement de l'hypothèse bio-sociale.* — Développons encore notre conjecture. Les conjectures, comme le dit un naturaliste du XVIIIe siècle, Charles Bonnet, sont les étincelles au feu desquelles la bonne physique allume le flambeau de l'expérience. Si, comme nous le croyons, les phénomènes psychiques sont plutôt des produits de l'action combinée des conditions biologiques et de l'évolution sociale que des facteurs ou des éléments irréductibles dans le développement historique, la psychologie, cette science de l'avenir, sera non une science abstraite, mais une science concrète. Elle conservera son caractère de lien intime unissant la biologie à la sociologie ; mais ce lien ne sera, pour ainsi dire, qu'un lien rétrospectif.

La psychologie réunira en un seul foyer les lumières qu'elle tirera, tour à tour, de la connaissance des lois de la vie et des conditions organiques de la pensée et de la connaissance des lois sociales et des conditions historiques de la croissance et de l'évolution psychiques. Elle sera formée, au même titre, par ces deux ordres distincts de connaissances abstraites. Il est vrai que l'idéal de la science concrète est un peu différent de cette réalité ; car il entre dans l'essence et la définition générale de la science concrète de concentrer sur un agrégat complexe quelconque du monde réel les rayons convergents de toutes nos connaissances abstraites sans exception. Mais d'abord la science concrète de la psychologie tiendra, par la biologie, à toutes les autres sciences, et, si cette dépendance indirecte paraît insuffisante, il ne sera que juste de remarquer que la même objection est applicable à la plupart des études concrètes qui tendent à partager entre elles les sciences abstraites par paires de sciences et sont, dans ce sens, des ébauches de sciences concrètes plutôt que des synthèses vraiment universelles. Sur la psychologie, comprise et étudiée de cette façon, pourra, à son tour, être fondée cette science appliquée dont parle Mill : l'éthologie ou science du caractère.

Cette vue sur la psychologie est le contre-pied absolu de l'opinion régnante ; cette dernière fait de la psychologie la science abstraite, et de la sociologie la science concrète. Nous renversons cet ordre et nous intervertissons les rôles. Le lecteur est appelé à juger ces deux vues et à choisir entre elles. Mais, quel que soit son choix, l'opinion à laquelle il se rangera continuera longtemps encore à n'être qu'une simple hypothèse. L'état présent des études psychologiques et des études sociales ne permet pas d'espérer une prompte solution. Ici encore, le chaos est la condition de toute origine, et l'état actuel de la psychologie est, en vérité, chaotique. Telle qu'elle existe et se développe actuellement, la psychologie n'est ni une étude abstraite dans le sens de Comte, ni une étude concrète dans notre sens ; tout au plus pourrait-on la désigner comme une étude auxiliaire et essentiellement descriptive, qui facilite, au même titre, les tâches différentes du physiologiste et du médecin, de l'historien sociologiste et de l'homme d'Etat pratique. Quant au caractère essentiellement descriptif qui lui appartient dès aujourd'hui, je remarque que la psychologie est destinée à le conserver toujours, soit qu'elle prenne, dans la série scientifique, rang de science abstraite, soit qu'elle s'ajoute à cette série comme une science complémentaire et concrète [1].

1. A ma connaissance (et certes je serais bien aise de me tromper à cet égard), quelques auteurs seulement, dont l'un surtout d'un mérite exceptionnel, ont jusqu'à présent, quoique encore d'une manière vague et incomplète, reconnu les tendances de la psychologie à devenir une science concrète. M. G. Lewes déclare que la psychologie peut être une science concrète, mais il ajoute, selon nous erronément, « comme le sont la physiologie (zoologie?) et la botanique, » et il croit que cette science concrète ne sera dérivée que d'une seule science abstraite, la biologie (voyez Ribot, *La psychologie anglaise*, p. 336). Après lui, M. Guarin de Vitry reconnaît que certaines manifestations psychiques telles que les

6. *Objections.* — Des considérations de plusieurs espèces, venant à l'appui de l'hypothèse qui représente la psychologie comme une science concrète formée par les deux sciences abstraites et voisines de la biologie et de la sociologie, se pres-

sentiments moraux et religieux et les combinaisons transcendantes de la pensée) ne se produisent et ne peuvent se produire que dans l'homme social, c'est-à-dire qu'ils sont à la fois facteurs et produits de la sociabilité. Mais il n'en fait pas l'objet d'une science particulière ; il résout la difficulté en incorporant simplement à la science sociale, sous le nom de psychologie sociale (en cela il se rencontre avec M. Schäffle), tous les phénomènes psychiques d'une nature mixte ou indéterminée (*Phil. pos.*, t. XIV, p. 408). On voit qu'une théorie compréhensive des sciences concrètes fait complètement défaut ici. Du reste, et si on la rapporte exclusivement à la phase préparatoire traversée actuellement par la sociologie, on ne saurait refuser à l'opinion de M. Guarin de Vitry un caractère décidé d'opportunité. Cet auteur a vu clairement, par exemple, qu'il ne peut être question de faire de la psychologie sociale, comme le demande M. Schäffle, une division particulière de la sociologie. Sa « seconde psychologie » peut et doit, en effet, pendant toute la phase préparatoire, se trouver répartie entre diverses branches de la science sociale, telles que l'esthétique, l'éthique, la science des religions, celle du développement scientifique, etc., etc. La spécialisation des études est autant, sinon plus, un résultat qu'une cause du progrès scientifique, et tous ceux qui sont versés dans l'histoire des sciences comprennent la différence qui existe entre un chapitre particulier et une division distincte de la science. Il est au moins inutile de former une division là où un chapitre suffit, et ceci est parfaitement exemplifié par la biologie qui, ignorant à peu près, dans ses commencements, la neurologie, en a fait plus tard un chapitre important de la physiologie générale. La psychologie sociale a pour objet d'études une fonction qui est commune à la plupart des structures sociales, sinon à toutes ; il paraît donc naturel de rattacher l'étude des propriétés psychosociologiques à l'étude des structures sociales et d'en faire le bien commun des diverses analyses sociologiques ; en conséquence, ces propriétés, jusqu'à la formation définitive de la science psychologique concrète, devront être étudiées simultanément avec celles qui forment l'objet propre de l'anatomie ou statique et de la physiologie ou dynamique sociales.

Ces lignes étaient depuis longtemps écrites, et tout ce chapitre terminé, quand nous avons reçu communication du livre de M. Lewes, intitulé : *The physical basis of mind.* Nous y trouvons, dans la préface, ce passage : « L'esprit humain, en tant qu'accessible à l'investigation scientifique, a deux sortes de racines, puisque l'homme n'est pas seulement un organisme animal, mais encore une unité qui entre dans la composition de l'organisme social ; de la sorte, la théorie complète de ses fonctions et facultés doit être cherchée dans cette double direction. Cette conception (qu'on a déclaré équivaloir « à une révolution en psychologie »), lentement préparée par la conviction croissante que l'homme ne pouvait être séparé de l'humanité, a été exposée pour la première fois dans le volume qui ouvrait la série de mes *Problèmes de la vie et de l'esprit ;* du moins, je ne sache pas qu'aucun prédécesseur ait vu *comment* les facultés spécialement humaines de l'intelligence et de la conscience ne pouvaient être que les produits de la coopération des facteurs sociaux avec les facteurs biologiques. »

sent ici sous ma plume; mais je dois écarter la plupart de ces
considérations, sous peine d'étendre ce chapitre bien au delà
de ses limites. J'espère cependant que les quelques réflexions
qui suivent suffiront à éveiller dans l'esprit du lecteur un grand
nombre de celles que je suis obligé de passer sous silence.

Une objection peut nous être faite qui est tirée de ce que les
phénomènes psychiques sont essentiellement des phénomènes
biologiques, et que les étudier dans une science particulière concrète qui puisera ses lumières dans la sociologie aussi bien que
dans la biologie, serait ne pas assez rendre justice au caractère
fondamental de ces phénomènes. Nous répondons que, loin de
nier la primauté du caractère biologique dans la formation des
phénomènes psychiques les plus compliqués, nous la reconnais-
sons tellement que nous ne saurions nous représenter la biologie
sans cette partie, sans cette division essentielle, qui est la physiologie cérébrale (anatomie, physiologie, pathologie); — étude aussi
abstraite et certainement beaucoup plus abstruse que tout le
reste des analyses biologiques. Mais, cette étude abstraite ayant
une fois amené à la connaissance des lois générales des phénomènes correspondants, rien n'empêche d'instituer l'investigation
des agrégats réels complexes, formés par la jonction et la fusion
de ces phénomènes avec des phénomènes d'un ordre différent,
mais qui auront également été préalablement étudiés par une
ou plusieurs autres sciences abstraites. L'objection indiquée plus
haut paraît vraiment puérile, car la possibilité d'une étude
concrète de certains phénomènes, loin d'infirmer la nécessité
de leur étude abstraite, la présuppose, au contraire, de toute
évidence.

Ainsi l'existence d'une science particulière de la géologie ne
saurait être présentée comme un argument contre la nécessité
d'étudier séparément les propriétés physiques et les propriétés
chimiques des corps, ni comme un argument qui puisse faire préjuger la prééminence de l'un ou de l'autre ordre de propriétés,
dans les phénomènes géologiques. Dans tous ces cas, il s'agit
seulement de bien distinguer (j'emprunte ici à la chimie une de
ses notions les plus familières) les combinaisons de phénomènes
doubles, triples et, en général, multiples, de leurs combinaisons
simples; toutes sont objectivement réelles et doivent et peuvent
être étudiées, mais les dernières sont des agrégats qui exemplifient particulièrement *un seul ordre* quelconque de propriétés
naturelles irréductibles; ces agrégats servent, par conséquent,
de matériaux à l'étude abstraite des lois générales qui régissent cet ordre spécial de propriétés. Les premières, au contraire, sont des agrégats d'agrégats qui exemplifient particu-

lièrement l'*action combinée* de divers ordres de propriétés naturelles, ce qui équivaut à dire que ces agrégats complexes forment l'objet d'études concrètes ou d'études qui ont pour but de faire connaître les lois particulières qui résultent de l'action commune des lois générales précédemment établies [1].

Une autre objection, directement opposée à celle que nous venons d'écarter d'une manière sommaire, consiste à dire que les phénomènes sociaux sont tous, et cela simultanément, des phénomènes psychiques. Cette objection est bienvenue aussi. Elle nous offre spontanément un second appui sur lequel on peut asseoir les fondements de notre hypothèse. Certes, tous les phénomènes sociaux participent du caractère des phénomènes psychiques ; mais cela ne vient-il pas de ce que la bonne moitié de l'attribut psychique est encore due à l'action des propriétés sociales? L'un ne va pas sans l'autre, et cela est si vrai, que souvent même on paraît ne rencontrer que l'attribut, que la propriété psychique, et pourtant on sait de source certaine que le phénomène est éminemment social. Cette identité remarquable de certains phénomènes psychiques avec certains phénomènes sociaux va souvent très loin et embrasse leur genèse, leur évolution et les lois qui rendent compte de l'une et de l'autre [2].

1. Il faut se garder de confondre l'idée de composition avec l'idée de complexité, dans l'application qu'on fait de ces notions aux phénomènes étudiés scientifiquement. Dans le sens de la série scientifique, un phénomène étudié par la science concrète (par exemple un phénomène géologique) ne peut jamais être plus complexe que le phénomène le plus compliqué qui entre dans sa composition (c'est-à-dire, dans l'exemple choisi, que le phénomène chimique) ; il possède le même degré de complexité, mais il est composé de plus de manière à offrir un champ plus vaste et mieux adapté à l'étude concrète de différents ordres de propriétés. A son tour, le phénomène étudié par la science abstraite doit être choisi de manière à faire ressortir surtout un seul ordre de propriétés, ce qui permet de procéder à l'étude abstraite ou idéale de cet ordre seul.

2. Faut-il citer des exemples? En voici quelques-uns choisis au hasard entre des milliers de faits analogues et bien connus. La loi du contraste, comme le remarque Schäffle, s'affirme d'une manière identique dans les processus sociaux et les processus psychiques; dans le premier ordre de faits, la société passe volontiers d'un système à son contraire; dans le second, l'individu passe d'une idée ou d'un sentiment à ses contraires. Les phénomènes dits inconscients obéissent également à la même loi et suivent la même marche, soit qu'ils se produisent dans l'individu, soit qu'ils se manifestent dans la collectivité ; nous voyons certaines idées ou certains sentiments surgir et s'évanouir spontanément, et sans raison apparente, dans la conscience publique, dans la conscience gouvernementale, dans certaines classes, etc.; et le même phénomène se produit, de la même manière, dans l'individu psychique. Un sens profond gît à la base des expressions courantes *d'esprit public, de sentiment corporatif, d'épidémie*

Il est facile de voir, du reste, que notre hypothèse accorde
sa pleine valeur au principe de l'enchaînement sériel ou de
l'ininterruption des sciences abstraites ; on peut même dire qu'elle
raffermit la liaison interscientifique que l'intercalation de la psychologie entre la biologie et la sociologie voudrait établir, mais
qu'elle détruit en réalité. Notre vue tend à constater le lien inconnu mais certain qui unit les forces sociales aux forces vitales,
et à mettre hors de doute la dépendance directe des premières
à l'égard des secondes ; elle affirme que, si les conditions biologiques (et parmi celles-ci elle place les conditions cérébrales)
eussent été autres qu'elles ne sont , les conditions sociales
eussent été différentes aussi ; de même que, si les conditions
physiques changeaient, les conditions chimiques changeraient
infailliblement.

Mais cette dépendance n'est réelle, directe et immédiate que
dans un sens : lorsque du phénomène plus simple on passe
au phénomène plus compliqué. Dans un sens opposé, ainsi,
par exemple, lorsqu'il s'agit de déterminer l'action qu'un fait
social exercera sur des conditions biologiques ou cérébrales,
on ne pourra parler que d'influence, mais jamais de dépendance directe ; l'influence sera puissante ou faible, permanente
ou passagère, mais le changement qu'elle déterminera ne portera pas sur les conditions essentielles du phénomène plus
simple, ne détruira ni ne suspendra l'action des lois plus générales de la matière, n'induira pas un seul instant la nature à
dévier de son cours naturel. Mais, si l'on applique ce criterium
aux phénomènes psychiques qui, dépassant la sphère des conditions cérébrales, présentent, comme dit Spencer, un caractère
hyperorganique décidé, on voit aisément que, outre le rapport
de dépendance directe avec les conditions biologiques et cérébrales, et simultanément avec ce rapport, ces phénomènes présentent un rapport non moins étroit de dépendance avec les conditions, les données et les lois sociales. Mais ce dernier rapport
serait véritablement inconcevable, si les phénomènes psychiques
de cette catégorie eussent été moins compliqués que les faits
sociaux ; et ceci s'applique aussi bien à l'hypothèse qui considère les faits psychiques comme de simples phénomènes biologiques qu'à celle qui en fait une nouvelle catégorie abstraite de
phénomènes occupant une place et possédant un degré de complexité intermédiaire entre les faits biologiques et les phéno-

morale, *de psychiatrie des peuples,* etc. L'individu apparaît partout comme
le laboratoire où agissent les forces sociales et où elles se rencontrent et
se combinent avec les forces organiques, pour produire les résultats psychiques.

mènes sociaux. Dans l'un comme dans l'autre cas, la dépendance biologique aurait seule pu être constatée; mais l'influence sociologique, quoiqu'elle se fût certainement fait sentir, n'eût jamais pu acquérir le degré d'intensité qui appartient à ce que nous nommons la dépendance directe d'une science envers une autre, dépendance qui oblige à considérer les phénomènes de l'une comme des facteurs qui entrent intrinsèquement dans la composition des phénomènes de l'autre, et les lois particulières de la première comme régissant aussi, concuremment avec des lois encore plus spéciales, l'ensemble des faits étudiés par la seconde.

Notre hypothèse tend par conséquent à regarder les faits hyperorganiques de la pensée et du sentiment non comme des phénomènes biologiques, ni comme des phénomènes sociaux, — encore moins comme des phénomènes psychiques, dans le sens ordinaire qu'on attache à cette désignation, — mais comme des phénomènes *bio-sociologiques*, c'est-à-dire comme des phénomènes qui, dans le monde organique, jouent un rôle et possèdent une valeur scientifique analogue au rôle et à la valeur scientifique appartenant, dans le monde inorganique, à certains groupes de phénomènes physico-chimiques, tels que le groupe géologique et le groupe météorologique. Beaucoup d'indices qu'on découvre chaque jour tendent à confirmer cette supposition. Il est remarquable, par exemple, que nulle part, dans la série scientifique, les analogies ne sont plus aisées à établir et à poursuivre jusque dans les détails infimes, que dans les domaines voisins de la biologie et de la sociologie. Et pourtant, chaque fois que l'on compare les phénomènes biologiques avec les phénomènes sociaux, abstraction faite du terrain psychologique qui leur est commun, on est inévitablement frappé de l'absurdité évidente de ces analogies, qui, en somme, ne peuvent être maintenues qu'à l'égard des phénomènes psychiques. Mais ne faut-il pas en conclure que les forces biologiques et les forces sociales se rencontrent sur le terrain neutre de la psychologie pour enfanter une œuvre commune, comme les forces physiques et les forces chimiques se rencontrent sur le terrain de la géologie, de la météorologie et des autres sciences concrètes pour produire les divers phénomènes étudiés par ces disciplines? La ressemblance frappante de l'enfant avec son père et avec sa mère n'aurait, dans ce cas, rien que de très naturel. Ajoutons encore, en poursuivant la comparaison, qu'à des époques différentes de l'évolution historique, l'influence tantôt de l'un, tantôt de l'autre parent se fait particulièrement sentir. Il est indubitable, par exemple, que l'homme préhistorique pense , sent et veut autrement que l'homme civilisé ; la psychologie de l'homme antéhistorique ne fournirait certainement que des analogies faibles, sinon nulles, avec le mécanisme contemporain des sociétés humaines ; la ressemblance augmente dans la même mesure que la société façonne, développe, je dirais presque crée l'individu psychique. Il est enfin non moins curieux d'observer, à l'égard des analogies les plus frappantes, que, tandis que dans la société le mécanisme à l'étude — qu'il s'appelle gouvernement, système de coordination et de subordination, ou opinion publique, diffusion des idées et des croyances, ou enfin concentration de forces, phénomènes d'action et de réaction, etc., etc. — est comparativement facile à saisir et à comprendre, et paraît, par conséquent, fort simple, le même mécanisme, étudié sous sa forme psychique, est difficile et obscur, et paraît, par conséquent, beaucoup plus compliqué. Mais si cette difficulté croissante, éprouvée si souvent par les sociologistes et les psychologues quand ils passent de l'ordre social à l'ordre psychique, est objectivement fondée sur quelque chose, elle ne peut l'être que sur ce fait que, dans les phénomènes psychiques, la complexité des conditions sociales s'ajoute encore à la complication grande des conditions biologiques, et que ces phénomènes apparaissent constamment comme le produit de deux ordres de causes essentiellement différentes.

Quelques psychologues modernes ont employé, de préférence, pour représenter certains processus psychiques, des termes empruntés à la mécanique et à la physique. Ces comparaisons (seuil de la conscience, vagues du sentiment, etc.) offrent souvent des images parlantes ; mais un instant de réflexion suffit pour montrer que des comparaisons empruntées aux processus sociaux donnent une idée plus claire et plus exacte de ce qui se passe dans le monde psychique ; nous n'en voulons pour preuve que l'heureuse théorie qui attribue au simple acte de l'association des idées et des sentiments un rôle si considérable dans tous les phénomènes psychiques. Et, à ce propos, il est instructif de relever cet aveu caractéristique d'un partisan sincère de la méthode analogique [1], d'après lequel l'analogie ascendante, celle qui va de la psychologie individuelle à la psychologie sociale et cherche à expliquer les faits de la seconde à l'aide des faits de la première, ne peut produire, pour tout résultat, que l'obscurcissement inutile de l'intelligence des faits sociaux, et n'aboutit trop souvent qu'à la vaine tentative d'expliquer ce qui est par-

_____

1. Schäffle, *Bau und Leben des socialen Körpers*, p. 427.

tiellement inconnu par ce qui l'est totalement, sinon même par ce qui est inconnaissable.

Personne, d'ailleurs, ne conteste, et il est difficile de comprendre sur quoi on aurait pu s'appuyer pour le faire, que l'homme social ne soit le produit d'une action séculaire de la société, d'une pénétration lente et graduelle de l'individu par le milieu social. Mais l'homme social et l'homme psychologique étudiés par les savants modernes ne font qu'un en réalité. Et si l'on prétend savoir que l'homme biologique n'est ce qu'il est, entre autres causes, que parce qu'il est constamment baigné et pénétré par une atmosphère physique, constituée d'une certaine manière, et s'il est vrai que, au cas où cette dernière changeât brusquement, l'homme biologique cesserait d'exister, et que, au cas où elle se modifiât lentement, il se transformerait et s'y adapterait en conséquence, — rien n'empêche de transporter la même conception dans la sphère des causes et des agents plus subtils et moins apparents, mais certainement tout aussi matériels, en définitive, qui agissent au sein du monde social et du monde psychique.

Dire que, dans le premier cas, nous avons affaire à un agent extérieur différent et dans le second à une simple agrégation, une simple multiplication indéfinie de l'agent même qui subit la modification, serait une objection grossière, qu'il est par trop facile de réfuter. En effet, et sans nous arrêter à l'argument qu'on pourrait taxer de subtilité et qui consiste à rétorquer que l'air, composé d'azote et d'oxygène, n'est nullement quelque chose de substantiellement différent du corps humain, il est évident que la société, même la plus rudimentaire, n'est jamais composée uniquement d'êtres animés du genre *homo sapiens*, mais que toute société est toujours un complexus inséparable d'êtres organisés (de différentes espèces animales) et de matières inorganiques. Une société sans animaux domestiques, sans outils, sans provisions, sans capital, etc., etc., ne serait pas une société. L'élément *biens* joue au sein de la société un rôle tout aussi grand, tout aussi important et tout aussi marqué au sceau de la nécessité des lois naturelles, que l'élément *personnes*. Cette vérité est imprimée en caractères indélébiles dans l'existence sociale du sauvage aussi bien que dans celle de l'homme civilisé ; c'est par des angoisses indicibles et des souffrances intolérables que se révèle à la conscience du membre de la tribu sauvage la plus misérable, le lien indissoluble et éminemment social qui unit ces deux éléments constitutifs de toute société humaine ; comparées à ces angoisses et à ces souffrances, les larmes de feu et de sang qui sillonnent l'histoire des nations cultivées et les mille tortures auxquelles est exposé le descendant direct de l'homme primitif ne sont peut-être que peu de chose. En second lieu, un rapport quelconque entre deux objets, même quand l'identité de ces derniers est établie, ne saurait jamais être confondu avec chacun d'eux, et dans le cas actuel il s'agit évidemment d'un rapport entre des phénomènes qui sont loin d'être identiques. De la sorte, logiquement comme matériellement, la société peut et doit être considérée comme quelque chose de distinct, de séparé, de différent de l'homme biologique, comme un véritable milieu, un véritable agent extérieur par rapport à l'individu isolé.

7. *Vérification de notre théorie.* — Cette conclusion peut être vérifiée de différentes manières. On peut la traiter par l'une des méthodes ordinaires de la logique inductive, par l'élimination des différences, par la méthode des résidus ou celle des variations concomitantes. Si la société est vraiment un facteur essentiel dans la production des phénomènes psychiques, ou si elle est vraiment le milieu propre à ces phénomènes, là où ce facteur sera faible et insignifiant, on devra évidemment constater l'amoindrissement proportionnel des processus psychiques correspondants, et là où ce milieu fera ostensiblement défaut, on devra constater leur absence complète. Or c'est ce que l'on constate, en effet, dans tous le cours et à tous les degrés de l'évolution historique.

Au lieu de s'attacher à l'évolution historique, on peut encore considérer l'évolution biologique ; dans ce nouvel ordre d'idées, on trouvera également des preuves qui militent en faveur de la vue exposée plus haut. Parcourant successivement les divers degrés de l'échelle de la vie, et appliquant à ces degrés le criterium psychique qui est accepté par toutes les opinions, on verra clairement la difficulté, je dirais même l'impossibilité de ranger les phénomènes sociaux dans l'une des catégories biologiques. Prenons, par exemple, l'échelle biologique de Hæckel qui prétend rendre raison de tous les ordres de phénomènes vitaux, sous tous leurs aspects : l'aspect morphologique ou anatomique, l'aspect physiologique (biontique dans la terminologie de l'auteur), l'aspect embryologique (ontogénétique) et même l'aspect paléontologique (phylogénétique) Cette échelle représente la vie comme une série ininterrompue de degrés qui forment autant d'unités vitales s'ajoutant successivement les unes aux autres, pour produire la variété infinie des phénomènes biologiques.

Six degrés forment la série complète : 1° les *plastides*, matière plasmatique sans structure reconnaissable (cellinæ, cystodes), ou véritables cellules ; 2° les *organes*, formant une série ascendante d'amas cellulaires, d'organes simples, de systèmes d'organes et d'appareils ; 3° les *antimères*, ou réunions de tissus, d'organes et d'appareils formant une unité organique compliquée (par exemple, chez les animaux supérieurs, une vertèbre, une paire costale) ; 4° les *métamères* ou suites d'antimères, réunions de celles-ci (par exemple, une colonne vertébrale); 5° les *personnes* (prosopes) ou individus dans le sens propre du mot (par exemple, les animaux supérieurs et les pousses des plantes) ; enfin 6° les *associations biologiques*, telles que l'union des pousses qui forment la plante, l'union d'individualités animales dans un polypier, etc., etc. Mais dans cette série il n'y a pas de place pour les associations plus élevées, telles que les ruches des abeilles, les sociétés des fourmis, les attroupements des animaux supérieurs et, à plus forte raison, les sociétés humaines. La série biologique comprend tout le règne végétal ; mais, dans le règne animal comme dans le règne humain, elle s'arrête au point précis auquel apparaissent des propriétés particulières qui ne peuvent être réduites à des propriétés vitales connues. Une nouvelle série, qui est sociologique et qui attend encore un Hæckel pour en débrouiller et classifier les degrés, commence aussitôt, sans la moindre interruption ; entée, pour ainsi dire, sur la série biologique, elle continue la grande série qui embrasse toutes les propriétés de la matière et tous les phénomènes de la nature ; mais, dès son apparition, elle prend une direction différente de la ligne suivie par la série partielle qui la précède. C'est ainsi qu'un obstacle insurmontable, l'irréductibilité, temporaire ou définitive, subjective seulement, ou subjective et objective (nous n'en savons rien), des nouvelles propriétés qu'on rencontre au fur et à mesure qu'on avance sur la grande route de la science universelle, oblige celle-ci à dévier de la ligne droite et à faire à plusieurs reprises des coudes qui servent à marquer les frontières naturelles des différents domaines scientifiques.

Un motif plus particulier pour clore la série biologique au point précis où le fait Hæckel, en excluant rigoureusement la plupart des associations entre animaux et toutes les associations humaines, est fourni par l'emploi judicieux du criterium psychique. Ce motif est digne d'être remarqué, surtout parce qu'il forme le point sur lequel se rencontrent et tombent d'accord les deux doctrines directement opposées qui cherchent à expliquer la genèse et le rôle des phénomènes psychiques. En effet, on peut considérer ces derniers comme des facteurs déterminant l'apparition des phénomènes de la société, et entrant directement dans leur composition, ou bien l'on peut n'y voir que des

résultats, des produits du facteur social. On peut, en conséquence, regarder la psychologie comme une science essentiellement abstraite, ou bien n'y reconnaître qu'une science concrète et dérivée ; mais il est évident que, d'une part comme de
l'autre, on s'attendra toujours également à voir un phénomène
psychique accompagner constamment un phénomène social. Il
ne peut y avoir qu'une voix et qu'une opinion quant au fait
expérimental de la concomitance de ces deux espèces de phénomènes. Mais si l'on réfléchit à cet autre fait d'expérience, qu'arrivé au point culminant de la série biologique, à ce sixième
degré de l'échelle vitale auquel apparaît l'association biologique, on ne voit nullement augmenter l'intensité des propriétés psychiques, qui, au contraire, diminuent ici rapidement,
on est bientôt convaincu que l'ordre biologique est essentiellement distinct de l'ordre sociologique et que le phénomène
d'association qui a lieu au sein du premier est essentiellement
différent du phénomène d'association qui prend place dans le
second.

Dans l'ordre biologique, il n'y a pas concomitance nécessaire
des phénomènes d'association et des phénomènes psychiques,
et rien qui ressemble au rapport étroit de dépendance mutuelle,
si proéminent dans l'ordre sociologique, entre ces deux catégories de phénomènes. Sans prétendre que ces derniers s'excluent
absolument dans le domaine de la vie, on peut toutefois noter
entre eux un certain antagonisme, qui s'affirme dans cette
circonstance remarquable que ce n'est pas le phénomène de
l'association, mais son contraire, le processus de l'individualisation (dans le cinquième degré de l'échelle vitale), qui sollicite ici les propriétés psychiques et présente les conditions
biologiques les plus favorables à leur développement. Certes,
l'individu biologique, isolé de ses semblables, ne manifeste
que les propriétés psychiques élémentaires, celles qui sont
intimement liées aux conditions cérébrales, comme la distinction, la rétention et les divers mouvements psychiques réflexes qui en résultent ; les manifestations les plus hautes de
la pensée et du sentiment lui sont totalement inaccessibles et
doivent, en conséquence, être considérées comme le produit de
l'action combinée de l'agent biologique et de l'agent social.
Néanmoins, l'individu est encore incomparablement plus apte à
réaliser les conditions cérébrales nécessaires et à fournir le type
biologique qui entrera tel quel sur la scène de l'évolution historique, que les associations purement biologiques qui présentent à peine quelques traces des premiers rudiments psychophysiques. Mais vienne l'association, qui appartient à l'ordre

particulier de phénomènes étudiés par la science sociale, et aussitôt les phénomènes psychiques de tout genre arrivent à un développement extraordinaire. L'individu biologique lui-même, transporté dans ce milieu, se transforme, par rapport à ses facultés intellectuelles et affectives, jusqu'à la méconnaissance ; il devient atome social, véhicule d'influences nouvelles, ingrédient dans des combinaisons totalement inconnues en biologie [1].

8. *Conséquences de l'interversion des rapports entre la sociologie et la biologie.* — Concluons. L'hypothèse exposée dans les pages précédentes entraîne, de soi, une rectification si radicale dans

---

1. Je ne saurais quitter ce sujet sans mentionner par un mot le langage des signes et des sons, qui est la base commune et le ciment universel des sociétés animales et des sociétés humaines, et surtout sans appeler l'attention du lecteur sur la preuve de l'origine sociale de la plupart des phénomènes psychiques qui est dérivée de la langue parlée et écrite. Comme le dit l'anthropologiste Steinthal, « l'homme à l'origine ne pense qu'en société ; pour l'homme préhistorique, penser, c'est parler. » Et c'est encore grâce au langage parlé et surtout écrit que l'homme biologique contemporain fait, dans une vingtaine d'années, le chemin que l'humanité du passé a mis des milliers de siècles à parcourir. Nos idées, comme le reconnaissait déjà le philosophe Herbart, sont un produit de la vie en commun ; quant au langage, il est l'agent matériel spécifique au moyen duquel les conditions de la vie en société influent directement sur les conditions cérébrales et leur communiquent l'impulsion nécessaire pour produire des résultats qui, sans cette intervention, ne seraient pas possibles. Herbart dit notamment : « Nul homme n'est seul, et aucune époque connue ne dépend que d'elle-même ; à chaque moment du présent vit et agit le passé, et ce que l'individu isolé appelle sa personnalité n'est, même dans le sens le plus strict du mot, qu'un tissu de pensées et de sentiments dont la part incomparablement la plus considérable, ne fait que refléter ce que la société, au milieu de laquelle il vit, possède et régit comme un bien commun..... La masse des idées et des notions vient du dehors aussi certainement que la langue maternelle. » (*Œuvres complètes*, t. IX, p. 385.)

Rappelons encore cette remarque si judicieuse et qui a son poids dans la bouche ¡d'un écrivain comme de Bonald : « Ce ne sont pas seulement les individus qui constituent la société, mais la socité qui constitue les individus, puisque les individus n'existent que dans et pour la société. » — Voyez aussi Cattaneo, *Alcuni Scritti* (Milan 1846-47). Selon Cattaneo, la société prend une part immense dans la formation de l'esprit individuel ; nous ne pensons jamais seuls, car nous pensons avec les mots d'une langue qui est l'œuvre d'une multitude innombrable d'êtres humains. La psychologie véritable est celle des « esprits associés. » Les idées sont le lien qui unit les membres d'une société les uns avec les autres... Une nation meurt quand la prolifération et la lutte des idées s'y épuise. (Espinas, *Philosophie expérimentale en Italie*, p. 66-67.) Comp. la note à la page 189.

Pour finir, un mot sur la logique. La logique est une partie de la science concrète de la psychologie ; les méthodes logiques, l'art de raisonner et ses perfectionnements divers sont presque en entier un produit de l'évolution sociologique.

les vues existantes sur les rapports de la psychologie avec la sociologie que cette rectification équivaut à une interversion régulière des rôles ordinairement attribués à chacune de ces sciences. Du moment qu'il est admis que les manifestations psychiques ne présentent pas un ensemble uniforme et compact de phénomènes appartenant à une seule et même catégorie scientifique, mais forment une masse de faits essentiellement hétérogènes dont une partie est de l'ordre abstrait et rentre dans la science abstraite de la biologie, et une partie, de beaucoup la plus considérable, est de l'ordre concret et ne peut être convenablement étudiée que dans une science *ad hoc*, il devient impossible de faire de l'étude de tous les phénomènes psychiques indistinctement la base naturelle de la sociologie. Ce rôle ne peut dorénavant être conservé qu'à la seule physiologie cérébrale. Quant aux études ordinairement désignées sous le nom de psychologie, elles doivent, à l'avenir, dépendre directement de la sociologie, qui leur servira, concurremment avec la biologie, de véritable fondement scientifique.

Les conséquences de cette interversion des rapports qui unissent la sociologie à la psychologie sont innombrables. Dans l'ordre philosophique, l'automorphisme subit par là un nouvel échec, et le coup qui atteint cette indéracinable illusion de notre esprit est d'autant plus grave qu'il est porté dans une région qui seule paraissait pouvoir rationnellement défier toute critique à cet égard. La société et les phénomènes qu'on y observe ne sont plus le reflet naturel, la portraiture plus ou moins ressemblante de ce type universel qui naguère encore envahissait tout le domaine de la connaissance, — l'homme psychique. Il devient avéré que la position centrale et le majestueux isolement de cet être sans pareil ne tiennent plus même dans ce domaine spécial, et qu'au lieu de façonner tout dans l'univers à son image, l'homme porte l'empreinte de tout, jusqu'à l'empreinte, qui n'est pas la moins profonde et la moins féconde en résultats, de la société dont il forme une partie intrinsèque.

Dans l'ordre scientifique, la sociologie et la psychologie se débarrassent du même coup des dernières entraves qui les retiennent encore dans le cercle des spéculations *à priori* et empêchent leur passage définitif de la phase métaphysique à l'état positif. La science sociale ne pouvait pas devenir positive d'un coup, et de l'état d'enfance où l'avait trouvée Comte, fondée comme elle l'était sur l'hypothèse providentielle et la notion des finalités harmoniques de l'histoire, passer subitement à cet état de maturité scientifique qui non seulement ignore la détermination surnaturelle et la finalité, mais encore répudie toute explication faisant entrer en ligne de compte des agents distincts des phénomènes eux-mêmes, des entités opérantes qui ne se découvrent qu'à l'œil spirituel et ne se confondent pas strictement avec les conditions de coexistence et de succession observées dans les propriétés des choses.

La transition indispensable a été fournie par l'école psychologiste, dont le credo, en matière sociologique, est entièrement contenu dans ces mots de Buckle, le brillant historien de la civilisation anglaise et le représentant fidèle du point culminant de la période de transition : « La découverte des lois de l'histoire de l'Europe s'est fondue en une découverte des lois de l'esprit humain. Ces lois mentales, quand on les aura établies d'une manière certaine, deviendront la base de l'histoire de l'Europe : on regardera les lois physiques comme étant de moindre importance et n'ayant d'autre résultat que de soulever des troubles dont la force et la fréquence ont sensiblement diminué durant plusieurs siècles. » (T. I, p. 177.) J'ignore comment on regardera à l'avenir les lois physiques et si leur importance sociologique est destinée à décroître infailliblement; mais je relève ceci dans la vue que je combats : les lois mentales y ont pris toute la place et n'en ont guère laissé aux lois sociales. Je remarque, en outre, que ce remplacement complet, cette résolution de l'évolution historique en une évolution simplement mentale ressemble fort à l'introduction en sociologie d'un agent distinct des phénomènes spéciaux qu'on y doit étudier. L'évolution historique est non seulement un fait que l'on constate expérimentalement et qu'on ne peut déduire de la connaissance des lois de l'esprit; c'est encore, comme cela est également prouvé par l'expérience, un fait qui impose à l'esprit humain des conditions spéciales, nombreuses, excessivement importantes et fondamentalement distinctes des conditions purement cérébrales ou biologiques. Ces conditions sont sociales du commencement à la fin; les ignorer est impossible, mais les détacher de l'ensemble des faits sociaux pour en faire un groupe particulier qui ne sera pas sociologique, encore moins biologique, qui sera psychologique, c'est les arracher violemment du sol très réel qui leur est propre pour les jeter sur un terrain inconnu, c'est courir volontairement le risque de former en sociologie une véritable entité métaphysique.

Enfin, expliquer l'évolution historique par l'ensemble des conditions mentales sans en retrancher ou en déduire préalablement les conditions que cette évolution impose elle-même à l'esprit humain, c'est pécher d'une autre manière encore contre la méthode, c'est expliquer partiellement la cause par un de ses résultats, et faire dépendre, au moins en partie, les lois générales des lois particulières qui y sont contenues. Une erreur semblable est commise par l'économie politique, qui, à force de tout expliquer par un groupe particulier de faits psychiques, les sentiments égoïstes, transforme imperceptiblement ces derniers en une véritable entité répondant admirablement aux exigences dialectiques de notre esprit, mais ne faisant pas avancer d'un pas la connaissance réelle des phénomènes économiques. Le même reproche peut être adressé à la plupart des théories modernes [1] qui cherchent avec ardeur dans le domaine des faits psychiques l'explication ultime des phénomènes sociaux, et représentent autant d'étapes dans la période de transition actuellement traversée par la science sociale. Cette période semble, d'ailleurs, destinée à continuer jusqu'à l'épuisement des combinaisons psychologiques les plus générales et la démonstration de leur inapplicabilité.

Tout cela pourra et devra se modifier, lorsqu'on aura enfin reconnu la véritable nature des rapports de la science sociale avec la psychologie, et qu'on se sera convaincu que ces rapports, au lieu d'être toujours de la même espèce, offrent un caractère bien défini de dualité. Le nuage métaphysique des conceptions empruntées à la science concrète des phénomènes psychiques, qui existait entre la sociologie et la physiologie cérébrale, se dissipera aussitôt; or ce nuage obscurcissait la vue claire des rapports étroits qui unissent les conditions biologiques en général et, en particulier, les conditions cérébrales aux conditions et phénomènes sociaux. La physiologie céré-

---

1. Pour ne citer qu'un exemple, telle est la théorie ingénieuse produite par un savant anglais, M. Murphy, dans un ouvrage qui a paru sous le titre de *Habit and Intelligence* (Londres, 1864). M. Ribot lui a consacré quelques pages dans son étude sur la psychologie anglaise. Nous y lisons : « L'idée générale qui domine dans cet ouvrage est la réduction des phénomènes organisés à deux faits irréductibles : l'habitude et l'intelligence. Faites deux parts de tout ce qui existe ; mettez d'un côté le monde inorganique, de l'autre le monde organisé, compris dans son sens le plus large, c'est-à-dire embrassant non seulement le domaine de la vie, mais encore celui de la pensée, de la politique et de l'histoire : dans ce dernier, tout s'explique par les lois de l'habitude et celles de l'intelligence. Ces deux principes sont propres à la vie et ont la même étendue qu'elle (*coextensive with Life*). J'ai donné, dit l'auteur, au mot « habitude » une extension inaccoutumée. J'entends par habitude la loi en vertu de laquelle les actions et caractères des êtres vivants tendent à se répéter et à se perpétuer, non seulement dans l'individu, mais chez ses descendants. C'est la loi fondamentale de la vie et de l'esprit. « La loi de l'association des idées, qu'on regarde justement comme une loi fondamentale de l'esprit, n'est qu'un cas de la loi d'habitude. » (PRÉFACE, p. VI.)

brale deviendra alors réellement, et non seulement en théorie, la base scientifique de la sociologie dont la positivité augmentera en proportion.

Mais tous les phénomènes psychiques d'une nature mixte, c'est-à-dire tous les phénomènes à l'égard desquels il peut être constaté expérimentalement qu'ils se produisent sous la double influence des conditions psychiques primordiales et de l'évolution historique, seront soigneusement écartés de l'investigation psycho-cérébrale aussi bien que de l'investigation sociologique, pour être considérés à part (comme cela est toujours obligatoire en pareil cas) dans un domaine scientifique spécial, entouré de toutes les garanties et présentant toutes les facilités de l'étude concrète de la nature. Une analyse féconde des phénomènes sociaux ne nous paraît possible qu'à ces conditions, c'est-à-dire qu'à la suite d'un triage préalable de la masse confuse et chaotique des phénomènes vitaux, sociaux et psychiques. La sociologie véritablement abstraite ou la science des lois les plus générales de la vie collective est à ce prix, mais nullement, certes, la multitude des disciplines sociales qui poursuivent, à un degré plus ou moins grand et d'une manière plus ou moins ouverte, des buts d'application et des fins pratiques de toute sorte : la politique, l'histoire, l'économie politique, la linguistique et la plupart des spécialités sociologiques actuelles.

Ces disciplines élaborent les matériaux nécessaires à la science abstraite, et à ce titre, comme aussi parce que la sociologie abstraite est une science essentiellement descriptive, elles rentrent dans cette dernière. On ne saurait pourtant contester que ces mêmes disciplines, à mesure qu'elles dépassent cet office et qu'elles cherchent à atteindre des buts d'utilité pratique, ne présentent en même temps des germes d'une sociologie concrète future qui devra avoir pour base, outre la biologie et la sociologie abstraites, les combinaisons scientifiques auxquelles ces sciences donnent lieu. Dans ce nombre, la psychologie envisagée comme science concrète occupe la place la plus importante. Il est donc impossible de refuser aux différentes spécialités sociologiques le droit de puiser librement, dès aujourd'hui, dans le vaste domaine des phénomènes psychiques concrets, et d'en tirer les arguments et les explications qui peuvent le mieux servir leurs buts scientifiques et pratiques.

9. *Conclusion.* — Dans ce chapitre et dans le précédent, nous avons constaté que les rapports qui existent entre les différentes sciences prenaient leur source dans la nature réelle et intime des phénomènes correspondants, autant que cette dernière peut nous être connue, c'est-à-dire autant qu'elle se manifeste à nous.

comme une suite de complications dans les propriétés diverses
des objets qui nous environnent. Plusieurs de ces complications
sont irréductibles et donnent naissance à autant de sciences
inductives abstraites ; mais la majeure partie en est réductible
aux premières et donne lieu à une longue série d'études qui sont
tantôt plus abstraites que concrètes, formant des sciences inductives auxiliaires par rapport aux sciences abstraites, tantôt
plus concrètes qu'abstraites, formant des sciences concrètes et
déductives. Sur les unes et sur les autres se greffent, à leur
tour, différentes études déductives appliquées qui poursuivent
des buts exclusivement pratiques.

Nous plaçant à ce point de vue, qui peut être appelé celui de
l'objet, nous nous sommes efforcés de déterminer le triple rapport qui unit les sciences de la vie, de l'esprit et des sociétés,
et nous sommes arrivés aux conclusions suivantes : 1° La biologie est la seule science inductive abstraite qui s'intercale entre
l'étude du monde inorganique et l'étude des sociétés et fournit
à la science, également inductive et abstraite, de la sociologie,
sa base immédiate, son fondement véritable. 2° Cette base,
néanmoins, n'est à l'heure présente ni assez large, ni assez
solide pour soutenir l'édifice entier des phénomènes sociaux ;
elle doit, en conséquence, être élargie et fortifiée, élargie par
l'adjonction à la biologie des études psycho-physiques qui considèrent les fonctions psychiques dans leur dépendance immédiate des structures cérébrales et nerveuses, fortifiée par l'élimination de son sein des études psychologiques, qui considèrent
les phénomènes psychiques comme ne relevant plus que média-
tement des conditions biologiques, par l'intermédiaire des conditions et des influences modificatrices ou même créatrices de la
vie en société. 3° Enfin, les études psychologiques ainsi éliminées,
doivent former une science concrète fondée simultanément sur
les deux sciences abstraites de la biologie et de la sociologie.

Après ce résumé sommaire, et avant de quitter le sujet important qui nous a pris tant de place, nous tenons à rappeler au lecteur que, à côté des rapports tirés de la considération de l'objet
et les complétant, il y a, entre les trois sciences examinées, des
rapports étroits et multiples qui jaillissent de la considération du
sujet observant et analysant les phénomènes biologiques, psychiques, sociaux. Ce point de vue qui est celui de la méthode
ou de l'ensemble des procédés rationnels employés par le sujet
pour arriver à la connaissance des lois qui régissent l'objet, a
été longuement développé dans la première partie de notre
travail. Il suffira donc de rappeler ici notre conclusion générale, à savoir : que les phénomènes de la vie, de l'esprit et de

la société ne peuvent être étudiés d'une manière féconde que moyennant l'emploi de la grande méthode descriptive qui est la forme spéciale que l'observation et, jusqu'à un certain point, même l'expérimentation (enregistrement et classification rationnelle des expériences spontanées) revêtent, quand elles se trouvent en face des difficultés qui proviennent de la complication supérieure des phénomènes. Considérées à ce dernier point de vue, les trois vastes catégories de phénomènes en question apparaissent comme appartenant à une seule et même espèce, comme rentrant tous dans la grande famille des phénomènes organiques. De là, pour les trois sciences qui les étudient, la nécessité de ne jamais se perdre de vue et d'être toujours prêtes à s'entre-aider par leurs données respectives et à s'éclairer par les résultats que chacune d'elles obtient séparément à l'aide d'une méthode, demeurant identique quant à ses traits essentiels, mais variant pourtant de l'une de ces sciences à l'autre quant à quelques-uns de ses caractères secondaires. J'indique sommairement ces caractères. Dans les sciences abstraites de la biologie et de la sociologie, la description sera surtout inductive, c'est-à-dire qu'elle analysera, classifiera et comparera des phénomènes du même ordre, biologiques, sociaux. Cependant, et vu la dépendance naturelle et rationnelle des derniers envers les premiers, la sociologie pourra avoir recours, dans certains cas, à la description déductive, à la vérification de ses théories et de ses lois par leur comparaison avec les théories et les lois plus générales de la biologie, et même par leur déduction rationnelle de celles-ci.

Dans la science concrète de la psychologie, la description sera, au contraire, surtout déductive. Ceci se comprend facilement, lorsqu'on songe que les phénomènes psychologiques sont dûs à l'action combinée des conditions biologiques et des influences sociales. Théoriquement, dès lors, toutes leurs lois, sans exception, peuvent et doivent être déduites simultanément des lois biologiques et des lois sociales. Dans la pratique, cependant, une pareille déduction est souvent, sinon presque toujours, inefficace ; on y remédie par l'emploi des moyens descriptifs ordinaires et par la découverte de lois purement empiriques. Mais il est évident que ces lois ont toujours besoin d'une vérification ultérieure qui, dans ce domaine particulier, où tout fait est réductible à des éléments étudiés par d'autres sciences, ne saurait être valable et complète qu'à la condition de rattacher rationnellement les lois des phénomènes et des propriétés dérivés à quelques-unes des lois des propriétés irréductibles.

CONCLUSION

Rem bene, si poteris, si non, quocunque
modo, rem.   Horace.

1. *Théorie des sciences abstraites et des sciences concrètes. Groupement méthodologique de l'ensemble du savoir abstrait.* — Ce livre n'a nullement la prétention d'être une exposition complète ou systématique de la philosophie de la sociologie. Néanmoins, nous y passons en revue les questions les plus importantes de cette philosophie. Quel est le vrai caractère des relations que la science sociale a pour but d'établir entre les phénomènes qu'elle étudie? quels procédés met-elle en œuvre pour découvrir ces relations? quelle place occupe-t-elle dans l'ensemble du savoir humain? comment se divise-t-elle? et enfin quelle est la nature de ses rapports avec les sciences voisines, la biologie et la psychologie? Toutes ces questions ont été successivement examinées.

Nous avons rencontré un obstacle au début même de la route que nous venons de parcourir : l'impossibilité évidente d'obtenir des résultats durables dans la philosophie de telle ou telle branche de nos connaissances avant d'avoir établi une *théorie exacte des sciences abstraites et des sciences concrètes.* L'anarchie qui règne de nos jours dans le domaine de la philosophie des sciences, ne pourra faire place aux premiers et vagues linéaments d'un ordre naturel, qu'à cette seule condition qui n'est actuellement remplie par aucune des classifications existantes, sans en excepter celle de Comte, si parfaite à tous les autres égards. C'est donc dans cette direction que nous avons dû diriger nos premiers pas. Le lecteur connaît les vues que nous avons exposées quant aux attributs qui, dans la masse générale de nos connaissances, puisées aux sources les plus différentes et appliquées aux buts les plus divers, différencient les problèmes du savoir abstrait et la série correspondante des sciences abstraites des problèmes du savoir concret et de la série correspondante des sciences concrètes.

Un rapport étroit et indissoluble relie cette théorie du savoir au groupement méthodologique des sciences. L'unité fondamentale de la méthode scientifique forme le point de départ et la base naturelle de ce groupement. Toutes les voies *à posteriori* aboutissent nécessairement à la découverte de la vérité et sont applicables à toutes les sciences, mais non pas également, du moins quand on se place au point de vue relatif et conditionnel, le seul acceptable pour un positiviste qui ne préjuge rien à l'égard des résultats possibles de l'*expérience future*. Cette distinction est essentielle. L'expérience du passé, pouvant ou ne pouvant pas être artificiellement reproduite, et l'expérience du présent fournissent à la prévision si nécessaire à la pratique et à la théorie une base suffisante, quoique toujours strictement limitée. Entre prévoir des événements futurs et préjuger les résultats d'une expérience contingente il y a un abîme, qui ne saurait être comblé que par l'emploi de la méthode *à priori*. L'adoption de ce point de vue nous paraît nécessaire, si l'on veut porter un jugement équitable sur les mérites et les défauts des thèses principales qui ont été soutenues dans ce livre par rapport à la méthodologie générale des sciences.

Il n'y a rien d'absolu dans nos propositions méthodologiques. La distinction entre les différents modes d'observation, entre les formes diverses de l'expérience, et les méthodes dialectiques qui servent à développer les résultats directs et indirects de l'observation ou les formes logiques de la pensée; la prédominance de l'induction dans la série des sciences abstraites et de la déduction dans la série des sciences concrètes; enfin le groupement de la première série dans un ordre déterminé par les formes de l'expérience et nullement par les formes logiques de la pensée, toutes ces propositions ont été présentées comme dépendant directement des résultats effectifs, atteints *jusqu'ici* par le développement de la pensée scientifique, ou dérivant de ce que l'on pourrait appeler la projection générale du savoir humain sur le fond de l'actualité. C'est encore à ce même point de vue qu'il faut se placer pour juger nos quatre catégories méthodologiques : l'expérience intuitive ou immédiate, l'observation directe, l'expérimentation et la description scientifique.

Dans cette progression, on ne peut nier l'évidente supériorité de chaque membre précédent sur le suivant, et l'on ne doit pas s'opposer systématiquement et quand même à l'introduction dans telle ou telle science des moyens d'investigation plus simples et plus efficaces employés par les sciences immédiatement antérieures dans l'échelle historique et logique du savoir humain. Mais l'introduction dans la science supérieure des méthodes de la science inférieure est soumise à des conditions déterminées, et tout agrandissement du champ de ces méthodes rencontre des limites qui ne sauraient être arbitrairement franchies. Nous n'affirmons aucunement que ces conditions ne puissent changer et que ces limites ne puissent être élargies et reculées au fur et à mesure des progrès de nos connaissances générales et particulières. Les conquêtes récentes de la méthode expérimentale dans le domaine de la physiologie fournissent un exemple frappant de ces changements graduels dans les conditions qui président au développement des sciences et aux transpositions de leur centre de gravité méthodologique. Tout cela ne donne pourtant pas le droit d'ignorer les restrictions fondamentales imposées par les conditions objectives des phénomènes au processus subjectif de l'investigation et de la connaissance, comme la ferme croyance au caractère progressif de l'évolution historique, par exemple, ne donne pas le droit d'ignorer de parti pris le revers de la question, les restrictions inéluctables que comporte la marche de l'humanité. La méthode descriptive est certainement inférieure à la méthode expérimentale; mais elle restera longtemps, sinon toujours, la méthode prédominante de tout un groupe de sciences, et, ce qui est plus important, elle donnera à ces sciences l'entière possibilité de découvrir dans leurs domaines respectifs des lois naturelles aussi générales et aussi abstraites que le sont les lois qui, dans d'autres domaines, sont fournies par des moyens d'investigation plus simples et par conséquent plus parfaits.

C'est sur la base de ces deux théories, auxquelles nous avons tâché de donner une forme définitive, la théorie des sciences abstraites et concrètes, et celle concernant le rôle joué par la *description scientifique* dans le groupe des sciences du monde organique, que nous avons appuyé toutes nos déductions concernant le caractère scientifique et la méthode de la sociologie. Le problème sociologique et la voie la plus sûre pour arriver à sa solution ont été indiqués clairement; ce problème ne diffère pas essentiellement de ceux que poursuivent les autres sciences abstraites, et cette voie coïncide dans beaucoup de ses parties avec celle sur laquelle sont entrés depuis longtemps, quoiqu'avec une conscience incomplète de son utilité directe, de nombreux investigateurs du vaste domaine des faits sociaux.

2. *Place de la sociologie dans la hiérarchie du savoir.* — La seconde division de cet ouvrage traite de la place de la sociologie dans la série des sciences abstraites. La constitution de la sociologie et son passage définitif à l'état de science peuvent être attribués à la philosophie positive, dans ce sens seulement, qu'Auguste Comte a le premier déterminé clairement le caractère fondamental de la sociologie, comme dernier chaînon expérimental dans la série des sciences abstraites, comme seul et unique couronnement réel de tout le savoir humain. Le mérite exceptionnel de cette grande conception n'est aucunement diminué par ce fait que, à l'époque où elle a été établie, elle n'a pu être, en réalité, que la conséquence logique, nécessaire du développement scientifique antérieur, la conclusion obligée des prémisses posées par la longue lignée des partisans de la méthode expérimentale. Il est difficile, en vérité, d'exagérer la valeur de cette conception. Elle relie définitivement le positivisme de tous les temps et de tous les peuples, la conception scientifique de l'univers, contenue en germe dans les couches superposées des religions et des systèmes métaphysiques, au positivisme du xix\ siècle, à la conception scientifique du monde éclose au grand soleil de la science moderne ; elle fait du positivisme conscient de nos jours le prolongement légitime et l'héritier direct du positivisme inconscient des époques antérieures. Comme tout produit d'une évolution, elle est en même temps un fait de différenciation ; elle détermine et permet d'apprécier à sa juste valeur la relation qui existe entre le positivisme d'Anaximandre, de Démocrite, d'Epicure, de Lucrèce, d'Aristote, d'Erasme, de Bacon, de Hobbes, de Locke, de Voltaire, de Diderot, de Condillac et de Kant, et le positivisme de Comte, de Littré, de Mill, de Bain, de Lewes et de Spencer. Cette relation est celle d'un savoir positif éparpillé, fragmentaire et trébuchant à chaque pas au milieu des contradictions sans cesse renaissantes, avec une première tentative ayant pour but de fondre toutes les parties de ce savoir en une philosophie totale, en une conception complète de l'univers.

C'est par la science des lois qui régissent les sociétés que se termine notre connaissance des lois de la nature. Mais la chaîne du savoir positif n'est pas brusquement interrompue à la sociologie ; cette chaîne est plutôt comparable à un cercle fermé, dont tous les anneaux seraient intimement liés les uns aux autres. L'humanité forme en même temps l'objet final de l'exploration scientifique et le point initial du développement de la science. Dans la science de l'humanité, le fait objectif se fond avec la destination subjective, la théorie avec la pratique, aux fins de laquelle elle est constamment asservie. L'unité fondamentale du savoir humain trouve ainsi son expression suprême dans la classification des sciences d'après le principe de la généralité décroissante et de la complexité croissante des phénomènes. Une loi historique sert en même temps d'explication et de vérification à l'ordre hiérarchique de nos connaissances, et l'histoire est encore de la nature. Nous avons tâché de rendre son véritable caractère à cette loi naturelle, en essayant de la dégager des éléments étrangers qui se sont mêlés à sa formule, telle qu'elle est donnée par l'école positive. A cet effet, nous avons examiné soigneusement les objections que la formule positiviste soulève parmi les adhérents d'une même philosophie scientifique. Notre attention a été surtout attirée par la doctrine de Spencer, dont les travaux philosophiques nous paraissent en plus d'une circonstance devoir être envisagés comme une réaction naturelle contre la systématisation philosophique de Comte, réaction qui est utile, en ce sens, qu'elle force l'école positive à revoir, à vérifier à nouveau ses conceptions fondamentales, et à creuser plus profondément les conséquences qui en découlent. Nous nous sommes trouvés là face à face avec la nécessité si clairement aperçue par les encyclopédistes, — la nécessité d'élargir la base de l'exploration expérimentale des lois de la nature, en laissant pénétrer dans le domaine du savoir théorique, outre les formules générales et les lois servant d'expression aux faits, se répétant toujours identiques dans des conditions identiques, une partie considérable de ces faits eux-mêmes, rejetés ordinairement dans le domaine du savoir concret ou descriptif.

Une telle opposition entre le fait et la loi, entre le contenu réel et sa représentation idéale ne nous paraît en aucune façon découler des conditions fondamentales de l'étude objective de la nature. Cette séparation nous paraît être, au contraire, en contradiction flagrante avec la règle générale de la méthode expérimentale, d'après laquelle le particulier précède le général, le concret sert de base à l'abstrait, le fait forme le substratum de la loi. S'ensuit-il que Comte se soit grossièrement trompé, en affirmant que les sciences concrètes sont les premières à apparaître et les dernières à se constituer sur une base positive, que les progrès du savoir concret dépendent entièrement du développement du savoir abstrait, qu'une connaissance véritablement concrète des phénomènes restera toujours hors de la portée de notre intelligence, qu'enfin nos besoins théoriques sont entièrement satisfaits par la connaissance abstraite, seule entièrement accessible? Nullement. Ces vues de Comte sont par-

faitement justifiables ; mais Comte ne leur a pas donné toute
l'extension possible et désirable. Il ne les a pas développées
jusqu'à leurs extrêmes limites, jusqu'au point où il aurait infailliblement rencontré une théorie du savoir concret aussi compréhensive que strictement conséquente dans toutes ses parties.
Les difficultés inhérentes à ce problème n'ont pas été mieux
résolues par les positivistes de l'école anglaise. La réaction qu'ils
ont produite nous oblige pourtant à chercher la solution dans
trois directions parallèles : la distinction de la connaissance
descriptive d'avec la connaissance concrète ; l'introduction de
la première dans les sciences abstraites, comme formant leur
fonds réel ; enfin la reconnaissance du véritable caractère des
sciences concrètes, comme étant des constructions synthétiques,
que l'esprit humain bâtit avec les résultats définitifs d'une série
plus ou moins longue de sciences abstraites.

3. *Division du travail scientifique dans les différents domaines de
la connaissance et caractère particulier de cette division dans la
sociologie.* — Dans la troisième partie, nous avons examiné les
questions multiples soulevées par la classification intérieure de
la sociologie. L'impossibilité d'une division *à priori* de la science
sociale est prouvée non seulement par la stérilité radicale des
nombreuses classifications proposées jusqu'à présent, mais encore et surtout par des considérations tirées de la nature du
problème et de l'exemple des autres sciences. La division de la
sociologie ne saurait être que le résultat d'un développement
lent et graduel des études sociologiques, qu'un fait *à posteriori*.
Cette conclusion est renforcée encore par des arguments puisés
dans la comparaison de phénomènes du même ordre entre eux,
tels que les conditions essentielles de la division du travail, sur-
gissant spontanément au fur et à mesure des progrès des sciences
abstraites précédant la sociologie.

Mais à côté du problème de la subdivision de la science sociale,
qu'on ne peut résoudre encore à l'aide des données prises exclusivement dans le domaine de sa philosophie particulière, se
dresse une question qui appartient à la philosophie générale
des sciences, celle du degré relatif de divisibilité de la sociologie comparativement aux autres sciences. La confrontation,
sous ce rapport, du groupe des sciences expérimentales avec
celui des sciences descriptives, est particulièrement intéressante ; car elle nous montre clairement dans quelle direction il
faut chercher une issue aux nombreuses difficultés naturelles
qui enveloppent de toute part la question de la division du travail scientifique dans les sciences supérieures. Ces difficultés
se résument dans l'antithèse ou, plutôt, dans l'antinomie sui-

vante : plus les phénomènes étudiés par une science sont complexes, plus il est nécessaire d'avoir recours à l'analyse isolée de toutes les catégories, même les plus infimes, de conditions auxquelles ces phénomènes sont soumis, de causes qui les produisent et de changements qui les accompagnent ; mais en même temps, et dans la même proportion, moins il est possible de satisfaire dans la pratique à cette condition fondamentale de toute étude sérieuse de ces phénomènes. En d'autres termes, l'urgence de la division d'une science est en raison directe, et sa divisibilité elle-même est en raison inverse du degré de complexité des phénomènes qu'il s'agit d'y analyser. Nous nous verrions acculés ici à une véritable impasse, et il nous faudrait abandonner tout espoir de progrès sérieux dans les sciences abstraites supérieures qui constituent le groupe descriptif, s'il n'existait une issue naturelle, non pas imaginée ou inventée *à priori*, mais trouvée depuis longtemps et appliquée d'une manière inconsciente par la pratique scientifique. Cette issue est fournie par la spécialisation, la divisibilité extrême des objets d'étude dans tout le domaine de ce que nous avons appelé l'*histoire naturelle* des phénomènes les plus complexes, tels que ceux présentés par les corps vivants ou les sociétés, et la compensation naturelle de cette spécialisation, la restauration de l'unité et de la généralité momentanément perdues de vue dans ces analyses préparatoires. Cette restauration, cette intégration qui est le fait de la science naturelle des mêmes phénomènes, s'y manifeste par un synoptisme constant, c'est-à-dire par la prévalence légitime et nécessaire des vues d'ensemble sur les vues de détail. La spécialisation des études dans la première moitié de toute science descriptive est toujours en rapport direct avec le caractère synoptique de sa seconde moitié.

Cela est clairement exemplifié déjà par la biologie qui poursuit activement, dans sa partie générale, l'intégration des conditions statiques et dynamiques, de la végétalité et de l'animalité, de l'état normal et de l'état pathologique, tandis que les nombreuses spécialités biologiques se livrent de préférence à une différenciation poussée à l'extrême. Ce phénomène — la division du travail scientifique non d'après l'objet qu'on étudie, mais d'après les procédés d'investigation qu'on emploie, et la double tendance signalée qui en découle — n'atteint cependant son point culminant que dans l'étude des phénomènes sociaux. Ici, comme nous l'avons dit en son lieu, plus la dissection hypothétique des agrégats complexes et l'analyse isolée de ces phénomènes sont poussées avant dans les études morcelées et monographiques, moins ces mêmes procédés d'isolement et de séparation deviennent indispensables aux succès de l'investigation qui a pour objet la découverte des lois générales des phénomènes sociaux.

Le développement que nous donnons à ces vues dans notre septième chapitre tend à confirmer encore davantage la théorie de la stratification, du dédoublement de la sociologie en *histoire naturelle* et *science naturelle* des sociétés. Cette théorie, remarquons-le en passant, peut facilement être rattachée, par un lien logique, à notre théorie des sciences abstraites et concrètes, ainsi qu'à nos propositions méthodologiques générales. Mais, la nécessité logique et historique d'un pareil dédoublement une fois admise, le problème de la classification ultérieure de ces deux grandes divisions de la sociologie perd beaucoup de son importance. Considérée sous cet aspect nouveau, la division de la sociologie en statique et en dynamique proposée par Comte est très loin de résoudre la question. Toutes les autres classifications sont encore moins satisfaisantes ou, pour parler plus exactement, sont tout à fait illusoires. La véritable cause de cet état de choses doit être cherchée bien moins dans l'incapacité des classificateurs que dans l'inutilité *relative* et *conditionnelle* de la classification dans le domaine de la sociologie générale, et dans l'existence actuelle, dans le domaine de l'histoire naturelle des sociétés, d'une subdivision déjà suffisante, quoique pouvant se développer et se perfectionner [1].

4. *Nature des rapports entre la biologie, la sociologie et la psychologie.* — Les vues que nous avons exposées sur les rapports qui existent entre les sciences abstraites et les sciences concrètes, ont servi de base à l'argumentation par laquelle nous avons tâché de prouver le caractère éminemment abstrait de la science sociale. Le nouveau groupement méthodologique que nous avons proposé pour la série des sciences abstraites nous a permis de discerner clairement la méthode spéciale qui doit nécessairement prévaloir dans les études sociologiques. L'examen détaillé de la classification des sciences d'après le principe de la généra-

---

1. On m'a reproché, à cet égard, de n'avoir fermé une porte aux sciences concrètes que pour leur en ouvrir aussitôt, grâce à la distinction entre l'histoire et la science naturelles des phénomènes biologiques et sociaux, une seconde, par laquelle elles peuvent tranquillement reprendre leur ancienne place dans la classification du savoir. J'accepte l'objection en ce sens, que je n'ai jamais voulu amoindrir la valeur scientifique des disciplines constituées, telles que la botanique, la zoologie, le droit etc., et encore moins les faire disparaître des cadres de nos connaissances en les absorbant dans la science abstraite. Ma théorie du savoir concret a une portée purement philosophique. Il s'agit non de changer ce qui existe, et ce qui a des raisons pour exister, mais de le comprendre le mieux possible, c'est-à-dire le généraliser, le systématiser, l'unifier.

lité décroissante et de la complexité croissante des phénomènes et la défense de cette classification contre les principales attaques dont elle a été l'objet, nous ont conduit à une conclusion déterminée quant à la place qui appartient à la sociologie dans la hiérarchie scientifique. Enfin les considérations que nous venons d'indiquer d'une façon sommaire dans le paragraphe précédent, et qui sont principalement basées sur l'observation du fait de l'inévitable « dédoublement » des sciences les plus compliquées en histoire naturelle et en science naturelle des phénomènes correspondants, nous ont facilité la tâche qui consistait à établir une vue générale sur la nature et les difficultés particulières du problème de la division de la sociologie.

Ainsi, plusieurs des questions les plus importantes de la philosophie de la science sociale ont été examinées dans le dessein exprès d'en trouver autant que possible les solutions positives. Il était naturel, après cela, d'essayer de compléter cette série d'esquisses analytiques par une détermination sommaire des rapports intimes de la sociologie avec la science qui s'occupe spécialement de la base matérielle immédiate de toute vie collective, — des phénomènes de la vie individuelle. L'individualisation préalable des parties apparaît comme la condition nécessaire qui rend possible leur action, leur manifestation collective subséquente ; la décomposition et la mort des individus forment la condition dont la réalisation est indispensable au renouvellement de l'agrégat collectif et par conséquent à son développement progressif ; enfin la transmission de la vie au moyen du processus génétique forme la condition sans laquelle il serait impossible de concevoir une continuité quelconque dans la marche historique et une filiation directe entre les différents états de l'humanité. La sociologie possède donc ses racines principales dans la biologie, science abstraite qui comprend nécessairement tout le domaine des faits psycho-physiques, la théorie de la structure et des fonctions cérébrales, mais non la psychologie.

Ici, nous nous trouvons en présence d'un problème d'une obscurité profonde et qui soulève par lui-même les plus graves difficultés. Il est évident, pourtant, que sa solution effective devra exercer une influence immense non seulement sur la marche à suivre à l'avenir dans l'étude des phénomènes purement sociaux, mais encore sur la direction de la pensée philosophique des plus proches générations. La psychologie est-elle une science abstraite fondamentale? De la réponse affirmative ou négative à cette question dépendront en grande partie et la source principale des informations et des connaissances du sociologiste de l'avenir, et l'opinion du philosophe futur sur les tentatives qui ont pour but de faire de l'élément psychique la pierre angulaire de l'édifice d'une philosophie objective.

Le lecteur sait dans quel sens et à l'aide de quelle hypothèse scientifique nous proposons de résoudre cette question; il sait comment nous envisageons le triple rapport qui unit entre elles les sciences de la vie, de l'esprit et des sociétés. A la fin du dixième chapitre, nous avons formulé d'une manière précise nos conclusions générales sur la liaison qui existe entre ces sciences, au double point de vue objectif, dérivant de la nature intime des phénomènes, et subjectif, basé sur la considération des méthodes employées par le sujet pour arriver à la connaissance des lois de l'objet.

5. *Récapitulation philosophique. Monisme et Positivisme.* — Il y a un chapitre qui semble à première vue ne pas rentrer directement dans le plan général de cet ouvrage : c'est le huitième, que nous avons intercalé à titre d'introduction spéciale à la quatrième et dernière division de notre livre. Nous y examinons la légitimité de l'analogie réelle comme principe directeur dans l'investigation de la nature, dans la recherche scientifique, et dans la coordination des résultats généraux de la science, dans la recherche philosophique. Le problème ainsi posé est rattaché à la question des rapports qui existent ou doivent exister entre la science sociale et les domaines avoisinants du savoir biologique et psychologique. Mais il est facile de voir que ce même problème peut être formulé d'une manière plus générale encore : on peut étendre sa portée à tous les domaines du savoir humain indistinctement. C'est ce que nous avons fait plus d'une fois dans le courant de ce travail; nous avons abordé ce problème dans plusieurs chapitres, et nous avons chaque fois fait ressortir son importance particulière dans la phase actuellement traversée par la philosophie scientifique. On voit que cette question aurait pu former une division spéciale dans le plan de notre livre; nous avons préféré la traiter d'une façon moins systématique. En revanche, nous croyons nécessaire de lui donner une place à part dans ce résumé final.

A côté du positivisme des disciples d'Auguste Comte et sous son influence directe, quoique trop souvent niée, il s'est formé, dans ces derniers temps, un positivisme d'une nuance quelque peu différente. A raison de l'un de ses caractères les plus saillants nous lui donnerons ici le nom de positivisme *monistique* ou simplement de *monisme* scientifique[1]. Cette philosophie présente

1. Il est bien entendu que cette direction en philosophie ne doit pas être confondue avec le monisme métaphysique, tant idéaliste ou panthéistique que purement matérialiste.

deux formes principales, la philosophie de l'évolution en Angleterre, élaborée surtout par Spencer, et les systèmes monistiques
plus purs qui se sont formés en Allemagne sous différentes
influences, mais principalement sous celle des grandes hypothèses unitaires de la science moderne.

Le positivisme monistique peut être signalé comme une vic-
toire sérieuse remportée par l'esprit nouveau dâns le domaine de
la pensée philosophique. Et d'abord, cette forme du positivisme
s'est répandue d'une manière extraordinairement rapide ; elle
a jeté des racines partout ; ses partisans se comptent par milliers, et dans leurs rangs figurent un nombre considérable d'esprits qui peuvent être regardés à juste titre comme les chefs
intellectuels de l'humanité contemporaine. En outre, ce nouveau
positivisme a presque définitivement chassé l'antique métaphysique des derniers retranchements où elle se réfugiait encore
après l'apparition du positivisme de Comte : de la science, de la
philosophie, de la littérature, de l'enseignement supérieur des
pays les plus civilisés. A ce double titre, le monisme scientifique ou positif, qui repousse tout lien de parenté avec les
hallucinations monistiques de la philosophie subjective et s'appuie uniquement sur la science, inaugure une phase fort intéressante dans l'histoire du développement de la pensée moderne.
Il représente l'affaiblissement sensible, sinon la cessation complète de la lutte à outrance que la philosophie positive a ouvertement engagée dans la première moitié du siècle contre
toutes les nuances de la métaphysique. L'impuissance radicale
de cette dernière et les nombreuses défaites qu'elle a essuyées
ont rendu de nos jours la lutte passionnée d'autrefois impossible.

Mais un nouveau combat commence, qui promet d'être plus
intéressant encore, malgré son caractère de guerre intestine.
L'ennemi extérieur et commun est vaincu ; pourtant, et cela
heureusement pour l'humanité, l'apaisement est encore éloigné.
Cet apaisement serait la stagnation, de même que le repos
absolu dans le domaine de la vie organique équivaut à la mort.
Le dernier et le plus important service rendu à la pensée moderne par le monisme scientifique actuel a été le défi qu'il a
porté au positivisme des disciples de Comte ; il les a ainsi em-
pêchés de s'endormir sur les lauriers des triomphes. faciles
remportés sur l'antique métaphysique. L'école positive avait
évidemment traité beaucoup trop superficiellement certains
problèmes des plus importants de la philosophie. Le positivisme de Comte avait besoin d'un travail d'élaboration ultérieur ;
il appelait, par conséquent, une contradiction aussi radicale
que possible.

Ce service inappréciable lui a été rendu par le positivisme monistique, qui est apparu, juste au moment nécessaire, comme l'ennemi qu'il faut vaincre et détruire pour vivre soi-même d'une existense plus complète et moins exposée à tous les hasards de la lutte. Ce phénomène se répète continuellement dans l'histoire des doctrines philosophiques ; ce n'est que dans cette opposition mutuelle des systèmes se succédant sans cesse, qu'on peut chercher leur liaison intime et leur unité finale. Qu'est-ce que le positivisme, sinon l'héritier direct·du mouvement intellectuel, dont les étapes successives sont marquées par les noms d'Aristote, de Bacon, de Locke, de Diderot, de Condillac, et qu'est-ce que la philosophie de l'évolution ou le spencérianisme, par exemple, sinon le mécanisme renouvelé, développé de Descartes? Dans une sphère plus étroite, dans le domaine du savoir social, après Vico et Condillac qui parlent déjà en sociologie la langue de Comte et de Quetelet, il a fallu la longue réaction inaugurée par les écrits de Rousseau. Cette réaction a pourtant été la contradiction nécessaire dont nous avons parlé plus haut, et qui a permis aux vues superficielles de Vico et de Condillac de se développer, de gagner en profondeur et en exactitude jusqu'à ce qu'insensiblement elles soient devenues les idées de Comte·et de ses successeurs.

Nous avons appelé lutte intestine la nouvelle lutte à laquelle nous assistons ; elle est, en effet, livrée des deux côtés sur le terrain exclusif de la philosophie objective ou scientifique. Sur ce terrain, il n'est plus question d'absolu d'aucune espèce, ni des entités d'autrefois, réduites maintenant à de simples conceptions qui ne sont souvent que des lueurs fausses, de notre esprit. Le positivisme des deux groupes philosophiques ne quitte plus le sol ferme du relatif, du cognoscible ; il ne connaît que les propriétés et les manifestations de la matière, n'étudie que leur invariable répétition, ne généralise, n'élève au rang de lois que leurs relations les plus constantes. Mais, s'il en est ainsi, demandera le lecteur, où voyez-vous l'apparence d'une lutte et où sont les éléments d'un combat, qui, du propre aveu des deux adversaires, ne saurait finir qu'après la défaite complète de l'un d'eux?

Ces éléments ne se sont trouvés que trop vite, et ils sont caractéristiques. Tant qu'il ne s'agissait que des propriétés de la matière, le néopositivisme n'était qu'une simple reproduction du positivisme de Comte, ou plutôt il n'existait pas comme direction particulière en philosophie. Mais l'esprit humain s'interroge et interroge la nature sur la propriété générale et unique de ces propriétés diverses, et transporte sur le terrain de la philosophie objective le problème qui, pendant tant de siècles, a été inutilement débattu sur le terrain de la philosophie subjective, et le néopositivisme surgit d'un coup. Dans cette question, les positivistes de la nouvelle école font acte d'affirmation ou de foi, selon le tempérament intellectuel de chacun, tandis que les positivistes de l'ancienne, suivant en cela leur tempérament individuel, nient ou doutent seulement. A première vue, ces nuances diverses paraissent peu importantes. Une simple réflexion suffira pourtant pour en faire ressortir la gravité. *Affirmer* ou *nier* l'identité finale de toutes les propriétés, de toutes les manifestations de la matière est antiscientifique au même degré; espérer des progrès ultérieurs de la science une solution de la question dans un sens affirmatif ou douter de la possibilité d'atteindre jamais un pareil résultat, est également permis.

Le lecteur connaît la position que nous avons prise dans ce débat. A l'arme puissante de l'hypothèse, que les monistes manient avec une rare perfection, nous opposons une arme non moins efficace, non moins fertile en résultats scientifiques — le doute [1]. Mais notre scepticisme a des limites strictement définies; il ne s'étend qu'à un seul domaine que nous défendons soigneusement contre les envahissements, non pas de telles ou telles théories, mais de certains moyens d'investigation, de certaines méthodes pour découvrir la vérité. Ce domaine est celui de la philosophie, autant qu'il peut être distingué du domaine de la science exacte, et ces méthodes de la pensée sont les hypothèses

---

1. Nous ne disons pas la *critique*, pour éviter toute confusion avec une direction spéciale de la philosophie scientifique qui s'intitule elle-même critique. Cette école dirige sa critique d'un tout autre côté : elle place au premier plan, dans la série des sciences, la psychologie, et voit dans les questions préliminaires, dans la théorie de la connaissance, la base véritable de la philosophie. Sa critique est sollicitée non par l'objet, par le monde extérieur dans lequel l'homme est loin d'occuper la place principale, mais exclusivement, comme dans l'ancienne métaphysique, par le sujet, le monde intérieur, dans lequel tout ce qui se passe au sein de l'intelligence joue un rôle absolument prédominant. Cette école oublie que, si autrefois, dans l'ignorance ou l'on était de la véritable physique, on faisait spontanément de la métaphysique, il n'est que trop facile, dans l'ignorance ou nous sommes des lois qui régissent l'esprit, de méconnaître aujourd'hui leur rang véritable dans l'ordre naturel et de faire, à notre tour, ce qu'on pourrait appeler de la *métalogique*. Comme école psychologique, la philosophie critique peut porter des fruits inattendus; mais, comme système philosophique, elle nous paraît condamnée à une inévitable stérilité, lot ordinaire des tentatives de ce genre, qui sont loin d'être nouvelles. Dernièrement encore, un penseur d'une incontestable originalité, Stuart Mill, tombait visiblement dans la même erreur; et, à ce titre, le grand logicien anglais pourrait être légitimement considéré comme un des principaux chefs de cette nouvelle direction au sein du positivisme.

dans le sens étroit du mot, autant qu'elles peuvent être distinguées des simples suppositions qui, existant momentanément dans la pensée du philosophe et se vérifiant immédiatement, ne servent que d'artifices logiques aidant la déduction rationnelle. L'hypothèse, et nous parlons de celle qui demeure longtemps à l'état de supposition problématique et invérifiable, est certainement un moyen très ordinaire et très-efficace pour arriver à la connaissance de la vérité; elle peut et doit être tolérée, admise, acclamée même dans tout le domaine de la science, mais dans celui de la philosophie il n'y a plus de place pour elle; le premier devoir du philosophe est d'exclure rigoureusement toute espèce de construction hypothétique.

La cause de cette distinction est très simple et très compréhensible : la science observe, expérimente, décrit et *vérifie* constamment ses observations, ses expériences, ses descriptions au moyen d'observations et d'expériences nouvelles; dans ces conditions, l'hypothèse est inoffensive, utile, nécessaire. Mais à quels agrégats, à quels objets réels d'observation la philosophie peut-elle s'adresser d'une façon directe, sur quoi peut-elle expérimenter? que peut-elle décrire? dans quels sens, en un mot, peut-elle former une science à part dans la série des autres sciences, et cela sans les répéter simplement, sans les comprendre ou les contenir toutes à la fois d'une manière implicite? Et surtout, que vérifie-t-elle dans un sens scientifique, et comment, de quelle façon? Dans la science, le droit de recourir aux hypothèses s'achète par la possibilité toujours présente d'en faire la vérification; mais où donc est cette possibilité dans tout le vaste domaine de la philosophie, si l'on s'y renferme strictement et si l'on n'en sort pas continuellement pour entrer dans les différentes sciences particulières? La philosophie n'observe aucune catégorie de phénomènes concrets et n'institue aucune espèce d'expériences. Elle forme ses hautes abstractions et ses dernières généralisations, en employant des matériaux préparés d'avance et en suivant une voie purement rationnelle et déductive. Ces matériaux peuvent être indifféremment des vérités scientifiques solidement établies ou des hallucinations d'un sujet névropathique quelconque, et la philosophie sera, selon le cas, ou scientifique, positive, ou arbitraire, subjective. Mais donnez à la philosophie le droit de construire et de développer *ses propres* hypothèses, et appelez-la cent fois scientifique et positive, elle ne sera, en réalité et finalement, que de la métaphysique plus ou moins bien déguisée. Ce n'est que dans ce sens qu'on peut adresser le reproche d'être encore de la métaphysique au *matérialisme*, qui réalise fort bien l'idéal d'une philosophie scientifique construisant et développant ses hypothèses générales, sans souci de leur vérification immédiate, évidemment impossible dans le domaine de la philosophie et par ses propres moyens. N'était ce dernier trait, il est évident que le matérialisme qui existait déjà, eût été le type d'où devait sortir et se développer une véritable philosophie scientifique. Tout cela est assez clair et ne demande pas d'explication.

Mais, dira-t-on, si la philosophie est, en effet, privée de toute possibilité quelconque de vérifier elle-même ses hypothèses, rien ne semble s'opposer à ce qu'elle fasse des suppositions et ait recours à des conjectures, dont la vérification exacte devra se faire dans les sciences particulières. Pourquoi se priver volontairement d'un mobile si puissant de progrès ? La philosophie est la source vive et fortifiante qui empêche les sciences particulières de se renfermer complaisamment dans le cercle étroit des résultats acquis, qui les excite constamment à élargir leurs limites, à marcher vers de nouvelles conquêtes dans le domaine de l'inconnu, qui rallie les sciences à un but unique et commun et les empêche de poursuivre séparément des fins identiques. A tous ces lieux communs il ne peut y avoir qu'une réponse. Les hypothèses philosophiques échappent, par leur nature même, à tous les moyens de vérification que possèdent les sciences particulières ; la philosophie ne construit pas d'hypothèses physiques, chimiques, vitales ; ses hypothèses embrassent, de toute nécessité, l'ensemble total du savoir humain ; toutes les sciences doivent, par conséquent, être appelées simultanément à leur vérification. Cet appel est-il possible et réalisable ? Peut-on réunir, en une seule personne, ou même dans un même but, toutes les branches de nos connaissances, rassembler toutes les spécialités, en les faisant converger vers un foyer commun ? Et comment s'engager dans la vérification d'une relation qui, n'ayant pas trouvé de place dans les diverses sciences particulières, doit nécessairement embrasser la totalité des phénomènes ? Que peut-on donc observer dans ce cas, et sur quoi faut-il faire des expériences ? C'est là un problème qui dépasse les limites du savoir de l'homme et les forces de son esprit. Cela est tellement vrai, que jamais encore une hypothèse réellement philosophique n'a pu être scientifiquement vérifiée. Une connaissance, le plus souvent fortuite, de pareilles hypothèses a pu stimuler des savants isolés à former des suppositions ou des conjectures appartenant en propre à une science particulière, spécialement adaptées à ses conditions, qui se sont vérifiées plus tard dans le domaine de cette science et par ses méthodes.

Mais de pareils faits ne prouvent rien par eux-mêmes. La

pomme de Newton a joué aussi un rôle considérable dans l'histoire des découvertes scientifiques . Nous n'avons d'ailleurs jamais songé à nier les droits que la métaphysique la plus abstraite possède à la reconnaissance de l'humanité. Il est évident que, avant de tomber dans le domaine des sciences particulières, toute hypothèse vraiment philosophique doit d'abord se scinder en autant d'hypothèses, considérablement modifiées, qu'il y a de sciences. Chaque science doit alors considérer à nouveau et à sa manière la supposition ainsi réduite, la spécialiser dans les limites de son propre sujet, poser la question de manière à transformer la construction théorique invérifiable en une hypothèse purement scientifique et d'une vérification possible ; en un mot, la science particulière doit créer, sur son terrain et avec les moyens ordinaires de la logique des sciences, une hypothèse qui lui appartienne en propre. Mais un semblable travail n'est-il pas une fonction de la science particulière, et en outre une fonction que celle-ci remplit spontanément, sans y être aucunement sollicitée du dehors ? Le stimulant philosophique peut dans ce cas avoir ou n'avoir pas existé, comme la chute d'une pomme a pu suggérer ou ne pas suggérer une grande découverte à Newton ; mais l'existence de la philosophie ne saurait être fondée sur de semblables motifs. Il n'y a pas un seul système métaphysique qui ne puisse, à l'occasion, rendre à la science et au progrès de nos connaissances des services identiquement pareils. Il est donc au moins étrange d'entendre de la bouche même de ses partisans les plus convaincus cette défense de la philosophie hypothétique qui consiste à la représenter comme un stimulant nécessaire à la découverte de la vérité, comme un premier point de départ dans nos recherches ; car l'aiguillon le plus puissant pour découvrir la vérité a toujours été l'erreur, une fois reconnue et démontrée. Répétons-le donc bien haut, nous aurions depuis longtemps déjà pris place dans les rangs du matérialisme, et nous n'aurions jamais pu devenir disciple de la philosophie positive, si nous avions pu admettre un seul instant la légitimité des constructions hypothétiques dans le domaine de la philosophie. Nous aurions depuis longtemps rejeté la nécessité et l'utilité de toute espèce de philosophie, si nous avions pu nous convaincre que la véritable fonction de la philosophie consiste à créer des conjectures qui, pour devenir vérifiables, doivent subir par la suite une nouvelle élaboration dans des sciences particulières.

Les vues indiquées plus haut déterminent la valeur réelle des opinions sur la question de l'irréductibilité des propriétés fondamentales de la matière, défendues à plusieurs reprises dans ce livre. Cette question trace une ligne de démarcation profonde entre les néopositivistes de l'école monistique et les positivistes de l'école de Comte. Nous faisons une distinction très nette entre la science et la philosophie. Sur le terrain de la première, nous n'avons rien à objecter à la théorie mécanique de la chaleur, aux belles recherches sur la transformation et l'équivalence des forces, aux principes simplificateurs de la thermochimie, de la biochimie, etc. ; mais sur le terrain de la seconde nous accordons, par exemple, aux constructions hypothétiques de M. Spencer une valeur qui ne saurait différer beaucoup de celle assignable à l'hypothèse mécanique de Descartes ou à la théorie du cosmos organique d'Aristote, dont l'évolutionisme spencérien n'est d'ailleurs, à nos yeux, qu'un développement. Nous ne pouvons qu'adhérer aux tendances unitaires de la science moderne, quels qu'en soient les résultats futurs ; les hypothèses hardies nous paraissent ici parfaitement à leur place, les entraînements peu dangereux, les erreurs facilement réparables. Il est vrai que c'est surtout dans la science que nous repoussons la théorie connue sous le nom d'analogie réelle ; mais c'est parce que cette théorie n'est rien moins qu'une hypothèse scientifique, c'est-à-dire suffisamment spécialisée pour devenir vérifiable. En tant qu'hypothèse, l'analogie réelle appartient à la catégorie des suppositions purement philosophiques, des conjectures qui embrassent l'ensemble des phénomènes et ne sont, par conséquent, vérifiables dans aucune des sciences particulières.

Quand le positivisme de l'école de Comte oppose un scepticisme radical aux efforts de l'école monistique pour établir théoriquement l'identité essentielle de toutes les propriétés, forces ou manifestations de la matière, il n'est que strictement conséquent à sa doctrine et fidèle à ses principes fondamentaux ; c'est à cette condition seulement qu'une doctrine philosophique a le droit d'exister. Le positivisme est la philosophie de l'expérience ; il n'est que la philosophie de l'expérience, mais il est aussi toute la philosophie de l'expérience. Il n'y a pas de « nouveauté » expérimentale qui ne puisse à son heure trouver sa place dans cette philosophie. Prenons, par exemple, cette vérité empirique, que l'oxygène, l'azote, l'hydrogène et le carbone sont susceptibles d'organisation, tandis que des substances telles que le chlore, le soufre ou l'iode ne peuvent pas former des combinaisons manifestant des propriétés vitales ; et supposons qu'on vienne demain à démontrer expérimentalement l'existence de composés organiques dus à l'action combinée du chlore et du soufre ; il est évident que rien, dans les principes philosophiques du positivisme, ne pourrait s'opposer à l'accueil d'une pareille découverte. Telle est aussi sa situation à l'égard de l'irréductibilité finale des propriétés fondamentales des phénomènes. Cette irréductibilité est un fait d'expérience, que l'expérience confirme toujours, mais que des hypothèses rationnelles, produisant en leur faveur un nombre constamment croissant de données expérimentales, battent toujours en brèche. Dans ces conditions, le positiviste, s'il veut rester fidèle à son drapeau philosophique, ne peut pas ne pas incorporer à sa conception du monde la notion de l'irréductibilité de certaines propriétés de la matière, qu'il appelle, pour les distinguer des propriétés réductibles, des *propriétés fondamentales*. Mais supposons un instant la balance de l'expérience penchée du côté opposé, l'hypothèse de l'identité ayant acquis un degré de certitude scientifique tel, que l'opinion contraire devienne à son tour une hypothèse appuyée sur un certain nombre de faits encore inexpliqués ; la conception positive du monde ne peut qu'accepter ce nouvel ordre de choses et s'enrichir de cette nouvelle et importante notion. Ou bien encore, et passant à un ordre d'idées cher aux idéalistes de toutes les nuances, supposons que ce n'est plus sur l'autorité d'un nom, fût-ce celui d'un Descartes, d'un Leibnitz ou d'un Kant, mais sur des faits acquis et des expériences vraiment scientifiques que se base la doctrine qui prétend que le monde n'est pas ce que nous montrent nos sens ; supposons encore que les conditions imposées à la connaissance par la nature de l'esprit humain justifient pleinement les vues puisées dans l'observation introspective ; supposons enfin que les explications scientifiques des faits de conscience confirment la plupart des pressentiments des philosophes idéalistes : il est évident que cette doctrine, ces conditions, ces explications et ces faits entreront de suite et de plain-pied dans la conception positive, qui n'en souffrira pas le moins du monde dans ce qu'elle a d'essentiel, sa méthode, et restera toujours parfaitement conséquente à son seul principe supérieur, l'expérience.

L'ignorance et sa compagne ordinaire, la mauvaise foi, sont seules capables de porter contre la philosophie positive cette absurde accusation qui consiste à dire que, dans son état actuel, cette philosophie est un véritable obstacle à la marche progressive du savoir humain. Nos adversaires ne se rendent évidemment pas compte de tout ce qu'il y a d'étrange dans ce reproche, fait à une philosophie expérimentale par excellence, de suivre pas à pas l'expérience et de ne vouloir jamais la précéder. On est plus étonné encore de voir y ajouter cette autre accusation : la prétention de se considérer comme la phase dernière et véritablement conclusive de tout le développement philosophique. Nos adversaires oublient qu'il n'y a que les systèmes convaincus de contradiction avec les données de l'expérience qui quittent la scène historique, laissant la place libre à des conceptions plus en harmonie avec la réalité telle qu'elle nous est graduellement dévoilée par la science; mais si l'on suit prudemment et pas à pas l'expérience, sans jamais essayer de la devancer, il est évidemment impossible de tomber en désaccord avec elle. Dans ce sens, le monisme, par exemple, pourra être remplacé par un ensemble d'idées philosophiques plus juste; il pourra s'évanouir un jour devant un système basé sur une hypothèse plus scientifique, tandis que le positivisme, qui marche pas à pas avec la science exacte, qui reste même quelque peu en arrière des hypothèses avancées de celle-ci, ne peut s'égarer sur sa route; il ne peut se voir dans la nécessité de céder une place qu'il trouva jadis inoccupée. Ne pas abandonner la voie de la science et ne pas marcher plus vite qu'elle, voilà la vraie devise du positivisme. Cette formule répond peu à l'idéal ordinaire des philosophes. Il est donc beaucoup plus rationnel de refuser au positivisme tout caractère philosophique, que de lui opposer les objections que nous venons d'examiner. Il est plus logique de dire que le positivisme n'est pas une philosophie (mais qu'est-il alors?), que de le représenter comme une philosophie fermée et immobile, une philosophie qui devra disparaître tôt ou tard pour faire place à un nouveau système.

Bien différent est le caractère de tous les systèmes métaphysiques. Ils sont, dans toutes leurs parties, les œuvres achevées de l'esprit liées à un principe absolu unique; ils tombent et se relèvent avec lui, conservant toujours le même ordre et la même disposition intérieure — aussi se transforment-ils perpétuellement et dans leur entier. Ces systèmes durent le plus souvent autant que l'homme de génie qui les a créés et ses plus proches disciples. La philosophie positive, tout au contraire, est faite de parties qui gardent une valeur invariable, indépendante de leur connexion, qui peut exister ou ne pas exister, être déjà faite ou être encore à faire à une certaine époque (et c'est là le véritable office de la philosophie). Ces parties sont les sciences particulières et les vérités qui s'y découvrent et s'y accumulent journellement. Le positivisme, comme la science, dont il dérive et qu'il considère comme une première et inébranlable assise, qu'il s'incorpore, qu'il transforme continuellement en sa propre substance, restera toujours inachevé, parce qu'il est, par sa nature même, inachevable. C'est pour cela que, contemporain des sciences, il a existé d'abord à l'état latent, plus tard à l'état d'ébauche à peine esquissée, et que, arrivé maintenant à la pleine conscience de sa destination finale, il peut affirmer qu'il aura le même sort et la même durée que la science. Un exemple entre mille suffira pour faire apprécier à sa juste valeur cette confiance suprême que le positivisme a dans sa force et sa vitalité. A l'heure qu'il est, et tandis que toutes les autres philosophies qui, elles aussi, prétendent relever directement de l'esprit expérimental ou scientifique, prennent à tâche d'établir ce qu'elles considèrent dès à présent comme la pierre angulaire de tout l'édifice philosophique, une théorie exacte du sujet pensant, le positivisme se tient prudemment à l'écart, attendant les résultats effectifs de ce grand mouvement intellectuel pour les rejeter si, comme cela est très probable, ces résultats sont nuls ou négatifs, ou se les approprier et se les assimiler, si la psychologie alliée à la psychophysique parvient à les démontrer. Cette patience du positivisme ne saurait être ébranlée ni par les reproches qu'on lui a toujours jetés à la face d'arrêter le progrès scientifique, en donnant à la pensée humaine, selon le langage de Bacon, pour lest le plomb de l'expérience, ni par les invitations insidieuses qu'on lui adresse non moins souvent aujourd'hui de venir se joindre aux efforts communs, essayer sa jeune force dans la lice ouverte à tous. La philosophie positive est fermement persuadée que les matériaux — les observations si difficiles quand elles sont exactes, et les expérimentations si délicates quand elles vont au cœur des questions — manquent à un tel point dans le domaine des faits psychiques, qu'on ne peut aujourd'hui sans présomption songer à construire la philosophie de la connaissance ; par suite, elle laisse faire les sciences particulières directement mises en cause : la biologie, la psychologie, la sociologie ; elle se désintéresse sciemment dans ces recherches et dans ces débats. La science d'abord, c'est-à-dire beaucoup de temps, beaucoup d'erreurs, beaucoup d'efforts perdus, la philosophie ou synthèse des faits scientifiques ensuite. La synthèse suit l'analyse, ne la précède pas. On emploie mal son temps et on raisonne en pure perte en comparant la philosophie à un flambeau éclairant la marche des sciences. Nous pouvons accepter la comparaison, car, quelle que soit la place qu'on assigne à la philosophie dans l'ensemble des connaissances humaines, personne ne niera son caractère éminemment lumineux ; mais il nous sera permis de demander comment, par quels procédés ce flambeau s'allume ? Peut-il brûler en dehors des matériaux fournis par les sens extérieurs et l'expérience ? Nous nions résolument cette possibilité ; c'est là tout le secret de la réserve du positivisme, c'est là aussi sa force. Pour en revenir à la théorie de la connaissance, la philosophie positive attendra courageusement (car elle ne saurait être indifférente à cette question des questions, à ce problème par excellence) que la vérité jaillisse enfin sur ce sujet, et jaillisse des mêmes sources qui l'ont répandue lentement et petit à petit sur le reste de nos connaissances. Ce n'est qu'après ce travail préliminaire, après la constitution définitive de la psychologie (biologique ou sociologique, le doute est permis à cet égard) qui aura à déterminer par des méthodes précises la valeur de la connaissance humaine, que la philosophie positive pourra décider, sans craindre de verser à chaque pas dans de grossières erreurs, si la théorie du sujet pensant doit réellement former la pierre angulaire de l'édifice philosophique, comme cela est affirmé depuis que le monde existe et pense, ou bien si cette opinion n'est qu'une dernière illusion automorphe plus difficile à déraciner que les autres.

En réalité, toute conception de l'univers, quel que soit son type général, fût-elle supranaturaliste, subjective ou objective, est caractérisée bien moins par son contenu, par l'explication de l'ensemble des phénomènes, que par sa méthode, par les procédés et moyens qu'elle emploie pour distinguer la vérité de l'erreur. A la question toujours renaissante : Qu'est-ce que la philosophie? il n'y a vraisemblablement qu'une réponse à faire; et elle est identique à celle qui doit être donnée à la même question posée à l'égard de la science. Celle-ci n'est pas seulement une réunion ou un ensemble de lois et de formules qui expriment des rapports généraux entre des phénomènes d'une catégorie ou d'un groupe donné; elle est avant tout et principalement une réunion de procédés certains, de voies sûres ou de méthodes efficaces pour arriver à la découverte de rapports, à l'explication de plus en plus claire de la réalité. Mais la philosophie est aussi avant tout et principalement une méthode. C'est là peut-être sa définition la plus courte et la plus exacte. En dernière analyse, une philosophie se distingue d'une autre par la direction qu'elle imprime à l'esprit, cherchant toujours à s'expliquer la nature, l'homme et leurs rapports, en un mot l'univers et ses phénomènes. Cette thèse se justifie, du reste, amplement par l'exemple des deux philosophies qui nous occupent. Toutes deux, en effet, se considèrent comme positives, scientifiques, et sont également opposées à toute espèce de supranaturalisme et de subjectivisme. Et pourtant l'objectivisme de la philosophie positive, telle qu'elle est enseignée par les disciples de Comte, se sépare radicalement de l'objectivisme de la nouvelle école monistique. Il est impossible de confondre ces deux directions de la pensée moderne. Tout schisme a besoin d'un symbole visible; le schisme que nous signalons ici a le sien : il est dans la question de la réductibilité ou de l'irréductibilité de certaines propriétés de la matière, considérées des deux côtés comme fondamentales, en ce sens qu'elles sont étudiées à part dans des domaines distincts de la connaissance. C'est à propos de cette question particulière que l'antagonisme des deux écoles a éclaté dans les formes les plus aiguës; et cependant sa solution dans l'un ou l'autre sens n'est évidemment liée à aucun intérêt vraiment vital des deux camps en présence. Que signifie cela? Simplement que les deux écoles sont divisées moins par la question elle-même que par les moyens employés par chacune d'elles pour arriver à la résoudre.

En se plaçant à ce point de vue, le seul qui nous paraisse admissible, on aperçoit de prime abord l'inanité de l'accusation courante, dirigée contre le positivisme et motivée par son abstention philosophique dans des catégories entières de questions fort importantes, qu'il relègue dans le domaine de l'*inconnaissable*. Cette accusation confond l'effet avec la cause, le résultat qui est purement négatif, d'un certain mode d'action avec cette action elle-même. L'objection qui consiste à dire, que dans une philosophie du relatif, comme l'est indubitablement la philosophie positive, il n'y a pas de place pour l'inconnaissable, par cette simple raison que l'inconnaissable relatif n'est encore que de l'inconnu, est un vain jeu de mots qui, jugé au point de vue indiqué ci-dessus, ne mérite pas d'être réfuté. Oui, nous disons que ce qui n'a jamais été trouvé dans une certaine voie, que nous déterminons exactement et que nous décrivons scrupuleusement, est introuvable dans cette voie; mais nos adversaires savent parfaitement qu'en somme, nous ne défendons que la direction dans laquelle nous marchons, nullement ce qui peut ou ne peut y être rencontré. Ils comprennent certainement aussi que, dans cette direction, on peut moins que partout ailleurs se flatter de découvrir quoi que ce soit à l'aide d'une simple distinction grammaticale entre le non-trouvé et l'introuvable.

La science et la philosophie mènent à la vérité. Toute philosophie explique l'univers à sa façon. Mais cette explication est précédée par un mode d'explication, comme tout effet est précédé par sa cause. C'est par ces modes divers que se différencient, en dernière analyse, toutes les conceptions du monde, tous les systèmes philosophiques. Il est évident aussi qu'à toutes les époques du développement mental de l'humanité, la science et la philosophie ont toujours dû présenter entre eux un rapport déterminé. Quel a été ce rapport? La réponse à cette ques-

tion contient la seule caractéristique des différents systèmes de
philosophie qui puisse présenter encore un intérêt à notre époque. Il est évident — et cette évidence gît à la base de la
célèbre loi des trois états — que, posée de cette manière, la
question ne peut admettre que trois solutions : ou bien la science
et la philosophie s'écartent de plus en plus, par suite de leur
antagonisme (le supranaturalisme et la science); ou bien elles
marchent parallèlement (le subjectivisme et la science), ou bien
enfin elles coïncident sur tout leur parcours (l'objectivisme et
la science). Telle est la triple relation que la philosophie peut
avoir, et qu'elle a eue en effet, avec la science. La philosophie
scientifique n'est pas autre chose que la dernière de ces trois
solutions du problème.

Cette solution s'est spontanément présentée à beaucoup d'esprits avant Comte; elle a mûri et reçu une forme systématique
dans son œuvre; elle se développe enfin et se creuse de plus en
plus dans l'œuvre de ses disciples. Mais, une fois entrée dans
cette dernière phase, l'évolution s'est manifestée d'abord, comme
cela arrive toujours, par un antagonisme, par un choc violent
des opinions. A peine parvenue à établir d'une façon durable sa
domination sur les esprits, la philosophie scientifique a vu
naître dans son sein une division qui en a fait d'un coup deux
philosophies distinctes. Des penseurs qui venaient de reconnaître
solennellement l'unité définitive de la science et de la philosophie, se sont vus subitement séparés en deux camps ennemis.
Il n'y avait, en apparence, au fond de cette division, qu'une différence partielle d'opinions; il y avait, en réalité, beaucoup plus;
le dissentiment touchait à la position prise par chacun des adversaires à l'égard de la science. Il devint évident que, tout en
restant dans la même direction et ne s'en écartant jamais, on
pouvait y occuper deux positions au moins : on pouvait *marcher en avant* de la science, se proposant de la diriger vers de
nouvelles conquêtes et de nouveaux progrès, et l'on pouvait
suivre la science, se proposant un but infiniment plus modeste,
celui de l'unifier en la résumant. Avant la vérification par les
faits, ce double rapport entre la philosophie scientifique et la
série des sciences fondamentales pouvait être l'objet de conjectures, de suppositions plus ou moins plausibles. Aujourd'hui,
l'expérience est faite. La phase actuelle du développement philosophique est marquée surtout par cette différenciation, ce
dédoublement de la pensée scientifique [1]. D'une part, nous avons

---

1. Il ne sera que juste, pourtant, de faire remarquer que bien avant la
schématisation scientifique, proposée par Comte pour supprimer toute espèce de métaphysique, on a souvent tenté de faire de la philosophie une

une philosophie qui se croit appelée à guider les sciences en les *précédant*, en déblayant leur route, en les vivifiant et les inspirant par des hypothèses philosophiques embrassant la totalité des phénomènes; de l'autre, une philosophie qui guide les sciences en les suivant pas à pas. Cette dernière résume et fixe toutes les sciences particulières, s'assimile constamment leurs résultats généraux et les transforme en une conception de l'univers qui non seulement peut, mais qui nécessairement doit se modifier d'une époque à l'autre, puisque ce qu'on lui demande avant tout est d'être toujours strictement conforme à un état donné de nos connaissances scientifiques.

L'avenir décidera de quel côté est l'erreur et donnera raison ou aux partisans de la philosophie des hypothèses, actuellement représentée par l'école monistique, ou aux partisans de la philosophie des relations générales et des lois exactement vérifiées, actuellement représentée par l'école de Comte. Une chose est claire et certaine dès à présent : nous devons, avant de nous rallier à l'une ou l'autre de ces deux directions de la philosophie scientifique, résoudre la question de la nécessité ou de l'inutilité des constructions hypothétiques dans le domaine de la philosophie. L'expérience viendra tôt ou tard décider pour tous et sans appel cette question dont l'importance capitale saute aux yeux. Nous espérons qu'on trouvera légitime la place considérable que nous lui avons donné et dans le corps de notre livre et dans ce chapitre qui en est le résumé.

sorte de poste avancé des théories et des propositions purement scientifiques. Le mérite de ces tentatives appartient au matérialisme qui, dans ce sens, peut être considéré comme l'ancêtre direct des récentes théories monistiques. Mais les anciennes écoles matérialistes n'ont jamais témoigné beaucoup d'aversion pour la méthode *à priori*. Cela nous oblige à les ranger parmi les manifestations de la pensée métaphysique. Tel n'est plus le cas du monisme contemporain. Il a ouvertement rompu avec la métaphysique, il a renoncé pour toujours à l'emploi de la méthode subjective et, s'il construit des hypothèses philosophiques, il prend à cœur de les mouler exactement sur celles qui ont cours dans les sciences positives. Il forme, par conséquent, une manisfestation de la pensée scientifique, il est, en réalité, un système de philosophie scientifique.

FIN

TABLE DES MATIÈRES

QUESTIONS CONNEXES

FIN DE LA TABLE DES MATIÈRES

COULOMMIERS. — Typ. PAUL BRODARD.

www.ingramcontent.com/pod-product-compliance
Ingram Content Group UK Ltd.
Pitfield, Milton Keynes, MK11 3LW, UK
UKHW020150130726
13696UKWH00002B/449